Otto Köhler

Die große Enteignung

Wie die Treuhand eine Volkswirtschaft liquidierte

Das Neue Berlin

Inhalt

»Wer damals an den Montagsdemonstrationen teilnahm, musste um seine Freiheit und um sein Leben fürchten. Doch die Menschen gingen trotzdem auf die Straße. Sie haben in wenigen, dramatischen Monaten die SED-Diktatur besiegt und sich die Freiheit erkämpft: demokratisch, mutig, friedlich und besonnen. Die Menschen in der DDR haben damit eines der schönsten Kapitel der deutschen Geschichte geschrieben, und sie haben es uns allen in Deutschland geschenkt.«

Bundespräsident Horst Köhler,
zum Tag der Deutschen Einheit in Erfurt am 3. Oktober 2004

»Und als 1989 in der DDR die Protestdemonstrationen begannen, kam es schon bald auch zum Ruf nach der DM. Sie wurde in Ostdeutschland zunehmend als Symbol der Freiheit und des westlichen Wohlstandes angesehen. Und so war es auch nicht verwunderlich, dass bei den Demonstrationen auch schon bald die Forderung aufkam: ›Kommt die DM, bleiben wir, kommt sie nicht, gehen wir zu ihr.‹«

Hans Tietmeyer,
Kuratoriumsvorsitzender der Initiative Neue Soziale Marktwirtschaft und bis Dezember 1989 Vorgänger von Horst Köhler als Staatssekretär im Bundesfinanzministerium, beim Bonner Wasserwerk-Gespräch der Konrad-Adenauer-Stiftung am 25. August 2008

Vorwort

Der Verlag fragte mich Ende letzten Jahres, was ich von einer Neuauflage meines Buches »Die große Enteignung. Wie die Treuhand eine Volkswirtschaft liquidierte« aus dem Jahr 1994 halte.

Ich zögerte. Musste nicht vieles von dem, was ich vor siebzehn Jahren geschrieben hatte, überholt, manches sogar widerlegt sein? Beim Wiederlesen merkte ich zu meinem Erschrecken: Das ist es nicht.

Und trotzdem gibt es ein gewaltiges Manko meines Buches von 1994: Es fehlt ein entscheidendes Stück Vorgeschichte. Das erkannt zu haben verdanke ich Horst Köhler.

Hitlers erfolgreichster Marinerichter Hans Filbinger, den Horst Köhler am 23. Mai 2004 in der Bundesversammlung freudig mit Handschlag begrüßte, hatte zusammen mit vielen anderen Wahlfrauen und Wahlmännern ihn, den Chef des Internationalen Währungsfonds (IWF), zum Bundespräsidenten gewählt.

Ich war neugierig auf den Mann und fuhr eine Woche später nach Berlin, wo er neben dem Brandenburger Tor in der Rotunde der Dresdner Bank eine Internationale Pressekonferenz abhielt. Der Andrang war groß. Köhler stellte sein frisch erschienenes Buch vor: »Offen will ich sein und notfalls unbequem«.

Das wollte ich ergründen. Darum stellte ich Horst Köhler

die laut *Berliner Zeitung* einzige »wirklich unbequeme Frage« auf dieser Internationalen Pressekonferenz, wie seine Forderung auf Seite 135 zu verstehen sei, die (damalige) Kanzlerkandidatin Angela Merkel solle »bei der Tiefe und Breite der Reformpolitik« durchaus »Maß nehmen« an Maggie Thatcher.

Wenn Angela Merkel, so fragte ich, als mögliche Bundeskanzlerin so grundlegende Reformen anpacken solle wie Maggie Thatcher – solle sie sich dann auch an dem Reformprogramm orientieren, mit dem der IWF unter Horst Köhlers Führung Argentinien in die Krise gestürzt habe? Die Antwort des eben gewählten Bundespräsidenten war kurz und angemessen. »Diese Frage«, sagte Horst Köhler, »ist nicht zielführend«.

Aber Horst Köhler sagte noch etwas, wonach ich nicht gefragt hatte. Er sagte: »Im Übrigen, Herr Köhler, wir sind weder verwandt noch verschwägert.«

Darüber war ich froh.

Ich behielt den Mann im Auge und stieß eines Tages auf ein Buch, an dem er mitgewirkt hatte: »Tage, die Deutschland und die Welt veränderten«. Der Untertitel war zielführend: »Vom Mauerfall zum Kaukasus. Die deutsche Währungsunion«.

Herausgegeben hatte diesen Sammelband (gemeinsam mit einem ausgedienten *Welt*-Chefredakteur) Theo Waigel, der in jenen Veränderungstagen als Bundesfinanzminister seinem anwachsenden Land diente. Als Staatssekretär half ihm Horst Köhler, der bereits am 17. Juli 1990 als Bonner Beamter in den Verwaltungsrat der DDR-Treuhandanstalt einzog. Er hatte sich schon in seiner Dissertation von 1977 mit seinen Aufgaben von 1990 beschäftigt, besaß aber andererseits nicht die unbegrenzten intellektuellen Kapazitäten, um all die Probleme, die sich nun stellten, zu bewältigen.

Da war es für ihn ein Glücksfall, dass ihm ein Freund zur Seite stand, den er in dessen »Eigenschaft als Leiter des Referates ›Finanzpolitische Fragen von Bundesbahn und Bundespost‹« – bei deren Privatisierung also – »als scharfsinnigen, einsatzbereiten und loyalen Beamten kennen- und schätzengelernt« hatte.

Der Scharfsinnige hatte sich 1974 ebenfalls wissenschaftlich mit Problemen beschäftigt, die sich nun mit der deutschen Wiedervereinigung in der Praxis stellten. Und konnte darum, wie Köhler bestätigt, als Leiter der Arbeitsgruppe »Innerdeutsche Beziehungen« den »größten Teil der fachlichen Vorarbeiten für eine deutsche Währungsunion« leisten. Der Minister ernannte ihn schließlich zum Leiter der Unterabteilung »Treuhandanstalt« im Bundesfinanzministerium.

Dieser einsatzbereite Scharfsinnige ist heute einer unserer führenden Sozialdarwinisten und besitzt obendrein den Vorzug, treues und renommiertes Mitglied der Sozialdemokratischen Partei Deutschlands zu sein.

Ich hatte das alles in meinem Treuhandbuch von 1994 nicht beachtet, nicht beachten können, weil Waigels Buch zur selben Zeit erschien.

Deshalb klaffte bis heute in meiner Schrift zur »Großen Enteignung« von 1994 eine tiefe Lücke. Sie wird jetzt mit dem neuen ersten Kapitel und dem Nachwort 2011 geschlossen.

Otto Köhler
Hamburg, im Juni 2011

1. Kapitel

»Kobra, übernehmen Sie!«

Wie Horst Köhler und Thilo Sarrazin den Anschluss ausbrüteten

Seit neun Wochen ist die Mauer auf, alles ist vorbereitet, jetzt fällt die Entscheidung. In Bonn lässt der Bundesminister der Finanzen Theo Waigel seinen Vertrauten Horst Köhler zu sich kommen. Keiner sagt ein Wort, sie sprechen nur mit den Augen. Bis schließlich der Minister den Mund öffnet und Köhler anweist: »Kobra, übernehmen Sie!«

Darauf hat Köhler seit zwei Monaten gewartet, vorbereitet ist er längst. 1989 war er noch Leiter der Abteilung »Geld und Kredit«, seit Jahresbeginn 1990 ist er beamteter Staatssekretär im Finanzministerium. Mit seinem Team, wie man solche Leute heute nennt, hat er alles sorgfältig ausgearbeitet.

Dies hat Kobra Köhler selbst so bezeugt in einem Beitrag für das viel zu wenig bekannte Buch, das Waigel noch während seiner Ministerzeit herausgab und das die Aufschrift trägt: »Tage, die Deutschland und die Welt veränderten«.

In diesem Tagebuch schrieb der spätere Bundespräsident auf den Seiten 118 bis 134 das Kapitel »Alle zogen mit« – ein Titel, der die Zuverlässigkeit seiner Leute gebührend

unterstreicht. Und da steht auf Seite 119: »So war ich auch nicht ganz unvorbereitet, als mir Minister Waigel etwa Mitte Januar 1990 in einem Vier-Augen-Gespräch sagte, er schließe für die Entwicklung in der DDR überhaupt nichts mehr aus, auch nicht eine Entwicklung, die er mit dem Titel einer früheren amerikanischen Fernsehserie umriss: ›Kobra, übernehmen Sie‹.«[1]
So ist es gewesen: Kobra hat Deutschland – damals noch die beiden Deutschland – und die Welt verändert.

*

Die Kobra ist eine gefährliche Schlange, die ihrem Gegner zunächst auch aus weiter Entfernung Gift in die Augen spritzt, um ihn wehrlos zu machen. Dann beißt sie zu und lähmt mit dem Gift, einem Neurotoxin, das zentrale Nervensystem, wodurch das Atemzentrum gelähmt wird und Herzstillstand eintritt.
Aber das hat Theo Waigel, der, wie Köhler ihm bestätigt, »kein Politiker der forschen und der lauten Art ist«,[2] nicht eigentlich gemeint. »Kobra, übernehmen Sie« – das war vielmehr eine US-amerikanische Aufklärungsserie, die alle Menschen der freien Welt die korrekte Unterscheidung zwischen Gut und Böse lehrte. In der Bundesrepublik wurde sie zwischen 1967 und 1977 von der ARD und dann 1990 mit frisch gewonnener Aktualität von den Kommerzstationen ProSieben und Kabel eins ausgestrahlt.
Heute gibt es nur noch auf Fan-Seiten im Internet schnelle und zuverlässige Auskunft, worum es sich bei dieser von Theo und Horst – sie sind längst Freunde geworden – herangezogenen Agentenserie handelt, die sie im Januar 1990 zur Entscheidungsfindung über die Fortentwicklung in der nun schnell ehemaligen DDR nutzten.
Zu Beginn jeder Serienfolge erfolgt die Auftragserteilung

durch die oberste Instanz, den Minister also, an den Agenten Jim Phelps, der sein Team anführt – stets so wie hier bei der Serienfolge »Der Code«: Phelps bekommt ein Tonband und hört ab: »Guten Abend, Mister Phelps. Dieser Mann [ein Bild wird gezeigt], Vincente Bravo, ist der Diktator von Nueva Tierra. Er plant einen Überfall auf den demokratischen Nachbarstaat San Cristobal. In den nächsten 48 Stunden wird der Invasionsplan aus der vereinigten Volksrepublik übermittelt, denn dort sitzen die wahren Drahtzieher [die Kommunisten, wie einer weiteren Information zu entnehmen ist]. Dieser Mann [ein anderes Bild wird gezeigt], Nikor Janos, ist ein Vertreter dieses Landes. Er soll die Invasion leiten und Bravo als Präsident einer Marionetten-Regierung in San Cristobal einsetzen. Sollten Sie den Auftrag übernehmen, Jim, erwarte ich von Ihnen, dass Sie die Einzelheiten des Invasionsplanes herausfinden und die Allianz zwischen Nueva Tierra und der Vereinigten Volksrepublik zerschlagen. Sollten Sie oder jemand aus Ihrem Team in Gefangenschaft geraten oder getötet werden, der Minister weiß von nichts, wie immer. Dieses Band wird sich in fünf Sekunden selbst vernichten. Viel Glück, Jim. Kobra, übernehmen Sie!«[3]

So sehr sich auch die Inhalte der einzelnen Kobra-Filme unterscheiden, stets geht es nur um das Eine: die Verteidigung der westlichen Wertegemeinschaft in der weltumspannenden Auseinandersetzung zwischen Gut und Böse. Die Auftragserteilung an den Agenten des Guten verläuft nach dem Schema: Der Minister, der von nichts weiß, schickt den Auftrag auf einem Band, das sich selbst zerstört. Und die malerische Bezeichnung »Vier-Augen-Gespräch«, die Horst Köhler für die Auftragserteilung gefunden hat, ist die korrekte Metapher für das sich selbst vernichtende Tonband. Jim Phelps – das ist Horst Köhler.

Und zusammen mit seinen Leuten hörte er auf die Sammelbezeichnung Kobra. Das muss nicht verwerflich sein, es entspricht dem Wertekanon christlicher Politiker.

Worin der Auftrag genau bestand, das geht aus der knappen Beschreibung, die Horst Köhlers Aufsatz liefert, nicht hervor. Da aber der spätere Bundespräsident die Agentenserien-Sozialisation seines Ministers teilt, war er für seine Aufgabe schon gut vorbereitet. Und einiges lässt sich rekonstruieren.

Wenn wir von der Seite 116, auf der Horst Köhler seine Kobra-Order entgegennimmt, im Deutschlandunddieweltveränderungsbuch zurückblättern auf die Seite 97, finden wir ein ganzseitiges Foto: Aus dem Dunkel der Nacht, die mutmaßlich die Masse der ins Licht der Freiheit drängenden Demonstranten im Osten verbirgt, erhebt sich ein Transparent. Auf weißem Untergrund die schwarze Schrift: »Kommt die DM, bleiben wir, kommt sie nicht, gehn wir zu ihr!«[4]

Dieses Foto hängt mit Horst Köhlers Auftrag zusammen – die Frage ist nur, wie. Es ist das Aufmacherbild, das erste in einem Block von insgesamt acht Tiefdruckbildseiten. Es ist das einzige Foto, das unerläutert bleibt. Das kein Datum trägt. Kein Ort ist genannt. Es ist der Gesamtschrei unserer Schwestern und Brüder in Unfreiheit nach Erlösung durch unser kostbarstes Gut.

Etwas fällt auf: Das Tuch mit der nach Westen dräuenden Aufschrift ist nicht etwa an zwei Holzlatten befestigt, wie man sie damals selbst im Not- und Mangelstaat DDR leicht bekommen konnte. Befestigt ist der Schrei nach der unverfälscht Deutschen Mark an zwei Bambusstangen. Und die waren in der DDR noch etwas rarer als Bananen. Das muss nichts bedeuten, aber wir kommen noch drauf.

Köhler hatte zwei ausgezeichnete Helfer in seinem Kobra-Team. Der eine war der inzwischen verstorbene Gerhard

Haller – Köhler nennt ihn einen »wirklich engen Freund«. Haller wurde 1993 sein Nachfolger als Staatssekretär im Finanzministerium, wechselte 1995 vom Staatsdienst als oberster Chef des W&W-Finanzkonzerns (Wüstenrot & Württembergische) in die kommerzielle Versicherungswirtschaft über und kehrte 2006 als nunmehr oberster Beamter der Republik an die Seite des Freundes zurück. Für nur einen symbolischen Euro arbeitete er fortan als Chef des Bundespräsidialamtes für Horst Köhler, bezahlt wurde er für seine Arbeit hingegen von dem Finanzkonzern, dem es guttat, dass ein Lobbyist der Versicherungswirtschaft oberster Einflüsterer und Freund des ersten Mannes der Republik war.
Wolfgang Lieb kommentierte das auf der kritischen Website »NachDenkSeiten« unter der Überschrift »Gekaufte Republik. Staatssekretär bei Bundespräsident Köhler arbeitet ohne Gehalt – sein Geld bekommt er von einer Finanzgruppe« etwas miesepetrig so:
»Es ist ja bekannt, dass Bundespräsident Köhler dafür eintritt, dass der Sozialstaat nur noch die ›großen Lebensrisiken‹ absichern soll und etwa eine angemessene Altersvorsorge oder die Altenpflege ›eigenverantwortlich‹, also privat versichert werden sollen. Mit dem Vertreter eines Finanzkonzerns als Chef seines Amtes hat er nun jemanden aus der Versicherungswirtschaft, von der wiederum bekannt ist, dass sie an der privaten Vorsorge ein massives Geschäftsinteresse hat. Bisher mussten die Versicherer teure ganzseitige Anzeigenserien schalten und massive Lobbyarbeit betreiben, um ihre Umsatzinteressen in die Politik einzuspeisen, jetzt hat ein Versicherungskonzern einen ihrer Fürsprecher gleich zur rechten Hand des Staatsoberhauptes gemacht. Für diesen direkten Draht können die Versicherer locker für dessen Gehalt geradestehen. Das zahlt sich um ein Vielfaches aus.«[5]

Tatsächlich verlor der Bundespräsident an neoliberaler Geradlinigkeit, ja klagte während der Finanzkrise verwirrt »Monster« an, als der Freund wegen schwerer Krankheit den Platz an seiner Seite verließ.
Dieser Haller war in den deutschgeschwängerten Weihnachtsferien 1989 oft »allein durch die Wälder in der Bonner Umgebung« gegangen und hatte schon dabei nachgedacht, welche »Aufgaben gerade mit Blick auf die DDR auf mich zukommen« könnten.[6] Und das hatte Folgen für die Eingeborenen des erwähnten Landes.

*

Der andere Gehilfe, der Köhler beim Einsatzkommando Kobra beistand, stellt sich gern selbst vor: »Ich hatte das Glück, als zuständiger Fachreferent in einem Schlüsselmoment der deutschen Geschichte Anstoßgeber und Ideenlieferant sein zu können, und das doppelte Glück, in der fachlichen und politischen Hierarchie über mir kritische, neugierige und« – das war der Ossis Pech – »mutige Gesprächspartner zu finden.«
Sein Name ist Sarrazin. Thilo Sarrazin. Der mutige Gesprächspartner in der fachlichen Hierarchie über ihm: Horst Köhler. Er hat Sarrazin »als scharfsinnigen, einsatzbereiten und loyalen Beamten kennen- und schätzengelernt«. Und er hat Sarrazin dem Minister Theo Waigel vorgeschlagen als Leiter der Arbeitsgruppe »Innerdeutsche Beziehungen«, die unter seiner eigenen Oberleitung zusammentrat.[7]
Anstoßgeber blieb dieser Ideenlieferant noch lange nach dem Schlüsselmoment der deutschen Geschichte. Wer kennt ihn da nicht: Als SPD-Finanzsenator des rotroten Berliner Senats drängte er seit 2002 die Linke erbarmungslos an die Wand. Dort steht sie – nachdem er zur Bundes-

bank überwechselte und auch die seines wohlgepflegten Rassismus' wegen verlassen musste – noch immer mit erhobenen Händen im Kobragift erstarrt an der Wand und verliert und verliert das Vertrauen ihrer Wähler.

Was er sich nach der Großen Wende unter Horst Köhler in Waigels Finanzministerium zur richtigen Behandlung der Ostdeutschen ausdachte, das hat er auch als Senator im zusammengefügten Berlin angewandt: Die Stadt Berlin gebe zu viel für die Hartz-IV-Menschen aus, und wen die steigenden Heizkosten drücken, erklärte er, der darf keine Forderungen stellen, sondern muss gefälligst Vernunft annehmen. »Wenn die Energiekosten so hoch sind wie die Mieten«, dann sollten sich »die Menschen« überlegen, ob sie »mit dickem Pullover nicht auch bei 15 oder 16 Grad Zimmertemperatur vernünftig leben können«. Der Staat jedenfalls könne da nichts tun. Seinesgleichen im vornehmen Golfclub Wannsee aber schob dieser Sparkommissar ein Riesengrundstück zu so günstigen Preisen zu, dass sogar die Staatsanwaltschaft Ermittlungen aufnahm. Doch da saß er schon – zuständig für Bargeld und Risiko-Controlling – im Vorstand der Bundesbank, die er bald wieder verließ, nachdem ihn »Deutschland schafft sich ab«, sein Kampfbuch gegen türkische Kopftuchmädchen, zum Millionär gemacht hatte.

*

Vor zwei Jahrzehnten erwies sich Sarrazin im Ministerium Horst Köhlers als Finanzkoryphäe für die eilige Währungsunion, die er schon bald zur schnellen Übernahme der DDR ausheckte.

Zwar war auch Köhler ein Finanzfachmann, er hat es – als Verlegenheitslösung – bis in den Chefsessel des Internationalen Währungsfonds geschafft. Aber klüger als Sarrazin ist er mutmaßlich nicht. Er übertrifft ihn allenfalls an Einsatzbereitschaft. Seit seinen Studienjahren in Tübingen.

Es ist nichts Berühmtes, was Horst Köhler da 1977 an der Universität Tübingen nach langer, mühevoller Arbeit als Dissertation veröffentlicht hat. Sein Institutsdirektor, Professor Alfred Eugen Ott, der »nie ein akademischer Glasperlenspieler«[8] war, wie man ihm bei seinem Tod nachrief, muss trotzdem nicht gutmütig gewesen sein, als er für dieses schmale Opus ein echtes magna cum laude spendierte. Denn des Werkes Titel »Freisetzung von Arbeit durch technischen Fortschritt« lag voll im Trend. Und auch den Fleiß muss jeder loben, acht Jahre brauchte Köhler für die 172 Druckseiten.

Diese Dissertation ist kein Plagiat der Bayreuther Schule. Ob es sich allerdings um eine »selbständige wissenschaftliche Arbeit« im Sinne des baden-württembergischen Hochschulgesetzes handelt, darf hinterfragt werden, nachdem der FDP-Europapolitikerin Silvana Koch-Mehrin der Doktor-Titel für ihre Dissertation (»Historische Währungsunion zwischen Wirtschaft und Politik«) dieser Gesetzesbestimmung wegen aberkannt wurde. Denn Köhlers Arbeit – wir müssen im Rahmen dessen, was wir hierzulande »Wiedervereinigung« nennen, auf sie zurückkommen – beruht auf einem drei Jahre alten Gutachten seines Instituts für das baden-württembergische Arbeitsministerium, an dem er nicht als Einziger mitgeforscht hat.

Der Titel dieser Auftragsarbeit war weniger zielgerichtet als Köhlers Dissertation, klang aber so ähnlich: »Qualitative Auswirkungen des technischen Wandels auf die Arbeitskräfte in Baden-Württemberg«. Horst Köhler steht unter den Autoren dieser Studie an erster Stelle, aber nur nach dem Alphabet, vor Helge Majer und Susanne Wied-Nebbeling. Im Vorwort seiner Dissertation erwähnt der promovierte Köhler neben Professor Ott, dem er »nicht zuletzt« dankt, keinen Zweitgutachter. Das wird seinen Grund haben – zum akademischen Brauch gehört es nicht.

Noch bevor seine, sicherlich mühselige, Arbeit vollendet war, suchte das Bundeswirtschaftsministerium des damals noch unbescholtenen Otto Graf Lambsdorff »einen theoretisch versierten und ordnungspolitisch standfesten Ökonomen«. Wie immer der Professor Ott es gemeint haben mag, jedenfalls sagte er laut Köhlers eigenem Zeugnis: »Das ist Ihnen doch auf den Leib geschrieben.«[9]

Und war ihn endlich los.

Den neuen Chef, an den der Professor den noch nicht gänzlich Promovierten schon mal weitergereicht hatte, bewunderte Köhler auch, als er schon Bundespräsident und der im Flick-Spendenskandal vorbestraft war: »Graf Lambsdorff stand für ordnungspolitische Geradlinigkeit, und er hat den Mut gehabt, daraus die politischen Konsequenzen zu ziehen.«[10]

*

Fünf Jahre lang weilte der junge Horst Köhler in jener Grundsatzabteilung des Bundeswirtschaftsministeriums, die mit einem Stück Papier eine Sprengladung gegen den Sozialstaat fabrizierte. »Lieber Graf Lambsdorff, ich darf sagen«, sprach der Bundespräsident Horst Köhler in seiner Tischrede zum 80. Geburtstag, »wir waren damals stolz darauf, die Grundsatzabteilung eines Ministers zu sein, dem man abnahm, dass er selber Grundsätze hatte. Wir haben Ihre Geradlinigkeit bewundert.«[11]

Diese geradlinigen – man kann auch sagen: asozialen – Grundsätze des Grafen führten zu dem berühmten Papier »zur Durchsetzung einer Anpassung der sozialen Sicher-

heitssysteme an die veränderten Wachstumsmöglichkeiten«,[12] das 1982 den Bruch der sozialliberalen Koalition unter Helmut Schmidt herbeiführte. Zum Papier des mutigen und geradlinigen Grafen wg. Lambsdorff – »wg.« ist ein neuerer bundesdeutscher Adelstitel, der im Rahmen der Großen Flick-Affäre eingeführt und vom Konzernbeauftragten für Korruption verliehen wurde –, zu diesem nachhaltigen Papier stand Horst Köhler auch als Bundespräsident. Hätte man das Lambsdorff-Papier konsequent umgesetzt, so verkündete er unmittelbar vor seiner Amtsübernahme, »stünden wir heute besser da«.[13]
1982 stieg Horst Köhler ins Finanzministerium um, zu dessen »Selbstwertgefühl« er, laut Theo Waigel, beitrug: Von einem Haushalts- und Steuerressort habe er sich zu einem internationalen Akteur entwickelt. Als 1989 die Wende auf die DDR übergriff, nahm Köhler das »mit großer Freude und zugleich einer gewissen Ungläubigkeit« wahr. Und sofort wurde ihm »klar, dass nun viel Arbeit auf mich zukam«.[14] Seit dem Sommer schon war er zum Nachfolger des Ende 1989 zur Bundesbank wechselnden Staatssekretärs Hans Tietmeyer erkoren. Faktisch hatte er jetzt schon dessen Amt übernommen.
Das hieß: Noch am Nachmittag nach der Maueröffnung veranstaltete er ein »Brainstorming«[15] im Finanzministerium. Und schon am Abend des 10. November legte Horst Köhler zusammen mit dem Referatsleiter »Nationale Währungsfragen« Thilo Sarrazin dem Minister ein Papier vor, das Theo Waigel mit seinem Namen unterzeichnete und noch bevor dieser Tag nach der Maueröffnung zu Ende war an den Kanzler weiterleitete. »Wir müssen diese historische Stunde nutzen«, forderte das Papier.
Wozu? »Um auch von uns aus den Menschen in der DDR eine neue politische und wirtschaftliche Perspektive zu geben.«[16] Von uns aus.

Zur Nutzung der Stunde ließ Horst Köhler das Bundesministerium für Finanzen (BMF) rotieren. In seinem Bekenneraufsatz »Alle zogen mit« erinnert er sich 1994: »Noch vor Weihnachten 1989 wurde ich aus dem BMF fast überschwemmt mit Papieren und Analysen zur wirtschaftlichen und monetären Entwicklung in der DDR.« Die erwiesen sich aber als unbrauchbar, denn, so Köhler: »In ihren Schlussfolgerungen liefen sie alle auf einen Stufenprozess für eine deutsch-deutsche wirtschafts- und währungspolitische Integration hinaus. Dies entsprach auch bis zu diesem Zeitpunkt meinen eigenen ökonomischen Einschätzungen.«[17]

Stufenprozess. Das bedeutet einen langsamen und geplanten Übergang vom planwirtschaftlichen System der DDR zum marktwirtschaftlichen der Bundesrepublik. Mit Rücksicht auf die ökonomischen Voraussetzungen der DDR. Eine langsame Angleichung des DDR-Wirtschaftssystems. Ein Reformprozess. Und keine Sturzgeburt, bei der das Baby auf den Kopf fällt.

Doch Thilo Sarrazin hatte Horst Köhler am 21. Dezember, rechtzeitig vor der Weihnachtspause, noch einen zweiten Weg, eine Heerstraße für den Durchmarsch zur Einheit gezeigt, die er später so definierte: »Dieser zweite – der offensive Lösungsweg – endete, stringent durchdacht, bei der Schaffung einer Wirtschafts- und Währungsunion zum frühestmöglichen Zeitpunkt.«[18]

Warum?

Der offensive Lösungsweg war längst beschlossen: »Der Bundeskanzler hat mich gebeten, abends in seinem Bungalow an einem Gespräch mit persönlichen Freunden teilzunehmen, die ihm helfen wollen, die Kommunikationsstrategie der Bundesregierung zu verbessern«, notierte Kanzlerberater Horst Teltschik am 20. November in sein Tagebuch. Und: »Im kommenden Jahr erwartet uns ein

Wahlkampfmarathon, und dem Kanzler ist klar, dass er in die Offensive gehen muss.«[19]

*

Tropisches Sommerwetter statt kaltem deutschem Winter. Horst Köhler ist Sherpa, in Florida, Key West, neunzig Meilen vor Kuba. Sechzehn Tage sind vergangen, seit Thilo Sarrazin ihm die breite Heerstraße gezeigt hat, zur Einheit. Es ist der 6. Januar 1990.

Wieso eigentlich Sherpa? Köhler ist – seit sechs Tagen nun auch amtlich – Staatssekretär des Finanzministers Theo Waigel. Aber hier, in der Sonne des Südens, verhandelt er auch schon als Sherpa des Bundeskanzlers, als Lastenträger für Helmut Kohl. Als einer seiner engsten Berater auf internationalem Parkett.

Es ist mutmaßlich das erste Mal, dass ein deutscher Regierungschef seinem ganz besonderen Vertrauensmann, seinem internationalen Unterhändler, den Titel »Sherpa« verleiht.

Das kommt aus dem Tibetischen, heißt eigentlich »Ostmensch«. Köhler wurde in Polen, in Skierbieszów, geboren und, als die deutsche Herrschaft zu Ende war, in die DDR umgesiedelt. Mit der Familie kam er als anerkannter Flüchtling aus Markkleeberg bei Leipzig in die Bundesrepublik. Warum hat Helmut Kohl ihn zum Mann des besonderen Vertrauens gemacht?

Er trifft sich nicht weit von Hemingways ehemaligem Wohnhaus mit den Sherpas der übrigen G7-Mächte, um die Zusammenkunft der damals sieben bedeutendsten westlichen Industriestaaten vorzubereiten. Die Atmosphäre ist idyllisch. Man spricht über das Allgemeine Zoll- und Handelsabkommen GATT, über Afrikas Schulden, ja und auch über eine mögliche Wiedervereinigung Deutschlands. Doch da bemerkt Mitterands Sherpa Jacques Attali eine Unstimmigkeit: »Der deutsche Sherpa Horst Köhler ist beunruhigt über seine eigene Regierung: Der Kanzler geht ökonomisch zu weit, aber politisch hat er keine Wahl.«[20]

Warum war Köhler, falls Attali richtig beobachtet hat, beunruhigt? Ahnte er, dass ökonomisch ein Desaster aufzog, nur weil Helmut Kohl keine Alternative zu seiner Politik sah? Doch bekümmerte ihn das wirklich?

Ja und nein. Eineinhalb Jahrzehnte später wird er sich – er ist schon zum Bundespräsidenten gewählt – solchermaßen an Helmut Kohl und die Menschen da im Osten erinnern wollen: »Für Helmut Kohl war die menschliche Seite von überragender Bedeutung. Er gab den Ostdeutschen das Gefühl, dass sie willkommen sind. Ich denke, vor allem dies ist seine große Leistung.«[21]

Das schöne Gefühl der anderen. Das muss es gewesen sein. Helmut Kohl führte die Menschen im Osten in die gefühlte Freiheit.

*

So ähnlich oder anders war es ja auch. Im Frühherbst 1989, als das Volk der DDR begann, sich auf der Straße zu entdecken (»Wir sind das Volk«), da traute keiner Helmut Kohl zu, dass er im nächsten Herbst die Bundestagswahl noch einmal gewinnen könnte. Er hatte abgewirtschaftet, einen Putsch seines Generalsekretärs Heiner Geißler konnte er im Sommer auf dem CDU-Parteitag gerade noch unterdrücken. Sein Ansehen stand auf dem Tiefpunkt. Es war nicht abzusehen, wie die Union mit Kohl die Bundestagswahl 1990 gewinnen könnte.

Die Öffnung der Mauer überraschte den Bundeskanzler beim Staatsbesuch in Warschau. Am nächsten Nachmittag flog er nach Westberlin zu einer Kundgebung, und seine Rede ging in einem stürmischen Pfeifkonzert unter, dem eine bezaubernde und mitreißende Kakophonie jenes Deutschlandliedes folgte, das auch heute noch als Nationalhymne benutzt wird.

Andere witterten, wie sie es gelernt hatten: »O Freiheit! Kehrst du zurück? In den Herzen der Deutschen läuten die Glocken«,[22] dichtete auf Seite 1 der darauffolgenden *Zeit* deren Chefredakteur Theo Sommer, der auf der Adolf-Hitler-Schule solche Lyrik eingebimst bekommen hatte.

Diese Töne machten das alte Kampfross Helmut Kohl wieder munter. Und er beschloss: Ich will der Kanzler der Einheit werden.

Aber wie? Hauptsache schnell. Es durfte nur keiner merken, solange sich noch die falschen Leute auf den ostdeutschen Straßen und Plätzen herumtrieben. Also legte Kohl am 28. November erst mal ein gemäßigtes »Zehn-Punkte-Programm zur Überwindung der Teilung Deutschlands und Europas« vor. Darin stand kein Wort von der Übernahme der DDR durch die Bundesrepublik, vom Anschluss, wie er dann erfolgte, sondern viel von Hilfe und von einer Konföderation beider deutscher Staaten.

Das war die Tarnkappe für die »Offensive« (so die Überschrift zum entsprechenden Kapitel in Kohls »Erinnerungen 1982-1990«), die klaren Zielen diente: Modrow ausschalten, Allianz für Deutschland schmieden und die D-Mark als einzigen und wahren Gott verkünden.

Dresden, das Tal der Ahnungslosen, war mit seiner historisch autoritätsgläubigen Bevölkerungsmehrheit der ideale Ausgangspunkt für Kohls Offensive. Im ehemaligen Dritten Reich, falls man das Wort »ehemalig« der DDR stehlen dürfte, der es mit gläubiger Inbrunst vorbehalten ist, im Dritten Reich also hatte Dresden (neben dem damaligen Breslau) die höchste Dichte von NSDAP-Mitgliedern. Nach Dresden flog der Kanzler angeblich nur, um sich dort mit dem DDR-Ministerpräsidenten Hans Modrow zu treffen. Indes: »Tausende von Menschen erwarten uns auf dem Flughafen, ein Meer von schwarzrotgoldenen Fahnen wehte in der kalten Dezemberluft.« Westdeutsche Fahnen, die nicht von Hammer und Zirkel kontaminiert waren.

Woher flutete dieses Meer von schwarzrotgoldenen Fahnen so schnell in den letzten Winkel der notleidenden DDR? In Kohls Erinnerungen ist nach Seite 688 ein Foto von der Dresdner Kundgebung zu sehen. Nur eine einzige in diesem schwarzrotgoldenen Ozean ist eine alte DDR-Fahne, aus der man diesen Spalterkram herausgeschnitten hat, wie schon einmal, 1945, etwas anderes.

Einige der neuen Fahnen flatterten – erinnern wir uns an das Foto in Waigels Buch – an Bambusstangen.

Kohl war angekommen und schon glücklich: »Als die Maschine ausgerollt war, stieg ich die Rolltreppe hinab und sah Modrow, der mich etwa zehn Meter davon entfernt mit versteinerter Miene erwartete. Da drehte ich mich zu Kanzleramtsminister Rudolf Seiters um und sagte: ›Die Sache ist gelaufen.‹«[23]

Das war der 19. Dezember in Dresden. Das Treffen mit Modrow verwandelte der Magier Kohl – »Ein wogendes Meer schwarzrotgoldener Fahnen umgab mich«[24] – unversehens in eine Großkundgebung für sich selbst. Allerdings: Die fabrikneuen Textilien waren zuvor aus einem Fahrzeug verteilt worden – vom Schumacher-Schnelldienst aus Bonn? Auf den kommen wir noch. Kanzler-Intimus Horst Teltschik, der sich am Rand der Menge postiert hatte, ängstigte sich zunächst: »Es herrscht kein Überschwang. Im ersten Augenblick vermute ich fast Teilnahmslosigkeit.« Doch das änderte sich schnell: »Die Menge skandiert ›Deutschland, Deutschland‹, ›Helmut,

Helmut‹ und ›Wir sind ein Volk‹. Dem Kanzler selbst schnürt es die Kehle zu …«[25]

Ein anderer, der auch dabei war, Ewald König, der damalige Deutschland-Korrespondent der Wiener *Presse,* erinnert sich geringfügig anders:

»Ich dagegen stand in vorderster Reihe vor dem Podium, und ich erlebte da vorne ganz andere Szenen als Teltschik weiter hinten. Um mich herum standen viele große blonde Männer, die ihre Fäuste in den Himmel stießen und sich in militantem Rhythmus die Seele aus dem Leib brüllten: ›Deutschland! Deutschland! Deutschland! Deutschland!‹ Auch zwanzig Jahre danach erzeugt der Nachhall noch Gänsehaut. Vermutlich stand ich da vorne falsch? … Oder waren die Germanen um mich herum mit ihrem lautstarken ›Deutschland!!!‹ und ›Einheit!!!‹ gar als Einpeitscher hinbestellt worden?«[26]

Er stand, wo er stehen sollte. Dort bemerkte auch der in ein Verehrungsorgan umfunktionierte Hamburger *Spiegel*:

»Bei seinem ersten offiziellen DDR-Besuch im Dezember 1989 in Dresden brach Helmut Kohl mit einer als historisch geltenden Rede die Herzen der Ostdeutschen.«[27]

Einen Tag vor diesem historischen Herzinfarkt hatte eine Umfrage ergeben, dass nur 27 Prozent der Ostdeutschen wünschten, dass die DDR »mit der BRD einen gemeinsamen Staat bildet«. 71 Prozent meinten dagegen, die DDR solle »ein souveräner Staat bleiben«.

Und Kohl wusste bei seiner Rede in Dresden auch, dass er selbst mit Rücksicht auf Paris, Moskau und London vorsichtig sein musste. Sehr bedachtsam sprach der baldige Kanzler aller Deutschen zwei Sätze aus: »Wir wollen, dass sich die Menschen hier wohl fühlen. Wir wollen, dass die Menschen in ihrer Heimat bleiben und hier ihr Glück finden können.«[28]

Ein guter Wille, sehr gut. Aber das hatte Helmut Kohl sehr

gründlich bedacht: Das Glück der Menschen, die ihm zujubelten – ja, es gab auch andere –, dieses Glück hieß D-Mark. Wenn die nicht käme, dann …
Die Offensive hatte begonnen.

*

Zwei Tage später, wir wissen es schon, überreichte Thilo Sarrazin seinem Vorgesetzten Horst Köhler das Papier mit dem zweiten, dem »offensiven Lösungsweg«.
Claus J. Duisberg, für »Gesamtdeutsches« im Auswärtigen Amt zuständig, hat damals bei den Verhandlungen zwischen den Ministerien genau beobachtet: »Staatssekretär Horst Köhler vom Finanzministerium, der die Verhandlungen sehr effizient vorbereitete und dann auch weiter begleitete, übernahm die Arbeit mit der ihm eigenen Frische und Tatkraft, bekannte aber bei einer der ersten Begegnungen ganz offen, dass er recht unsicher sei, was auf ihn zukomme.«[29]
Am 9. Januar forderte Finanzminister Waigel von Köhler eine Stellungnahme des Hauses, und Sarrazin legte schon am nächsten Tag einen Vermerk vor, mit dem er die bisherigen Pläne zu einer Wirtschafts- und Währungsunion mit der DDR ad acta legte. Es bleibe nur noch eine »ganz andere Form von Währungsunion«, formulierte er mit Köhlers Billigung: »Die Aufnahme der DDR als wirtschaftspolitischer Pflegefall.«
Später, 1995, gestand Horst Köhler in einem Interview – es trug den generösen Titel »Ich kann den Verdruss verstehen« – mit der *Zeit*: »Hinterher ist man immer schlauer. Sie dürfen nicht vergessen: Die Wirtschafts- und Währungsunion war eine Sturzgeburt.«[30]
Er wusste es. Er kann den »Verdruss« der Ostdeutschen verstehen. Trotzdem hat er die abenteuerliche Sturzgeburt

eingeleitet. »Meyers Enzyklopädisches Lexikon« von 1978 unterstellt: Sturzgeburt, das ist eine Geburt, bei der »aufgrund ungünstiger Umstände« das Kind »ohne fachgerechte Hilfe zur Welt kommt und eventuell Schaden nimmt«. Die Rechtsmedizin ist – und insofern war Horst Köhlers Geständnis unvorsichtig – etwas weiter. Sie schreibt vor: »Wichtig ist gegebenenfalls die Klärung der Frage, ob ein Neugeborenes an den Folgen einer Sturzgeburt verletzt worden oder gestorben sein kann, oder an den Folgen von Misshandlungen durch die Mutter oder Dritte.«

Ja, Dritte. Mitte Januar 1990 – gleich als Minister Waigel das Kommando »Kobra, übernehmen Sie!« gegeben hatte – setzte Köhler sich mit Haller und Sarrazin zusammen und überlegte. Man musste eine Situation herbeiführen, die er vier Jahre später als Ergebnis einer vertrauten Lebensweisheit darstellte:

»Es bestätigte sich dramatisch die alte Erfahrung, dass Währungsfragen vor allem Vertrauensfragen sind: Die ostdeutsche Bevölkerung entzog der DDR-Mark ihr Vertrauen bruchartig und verband alle Hoffnungen mit Verfügbarkeit der D-Mark.«[31]

Damals im Kobra-Team überlegte das Trio: Soll man die DDR-Mark stabilisieren? Mit festen Kursen konvertibel machen? Unsinn. Haller, der während der Weihnachtsferien grübelnd durch einen deutschen Wald spaziert war, hatte die entscheidende Idee: »Was wäre, wenn wir keine Währungsreform im eigentlichen Sinne machen, sondern die D-Mark in die DDR bringen?«

Das war das Ei. Dann – als es ausgebrütet war – kamen die Hennen, mit dem Transparent. Haller: »Das spätere Schlagwort vieler DDR-Bewohner ›Entweder kommt die D-Mark zu uns, oder wir gehen zur D-Mark‹ begann bereits damals durch rapide Zuwanderungen nach Westdeutschland Realität zu werden, so dass dieses Thema von Tag zu Tag bedeutsamer wurde.«[32]

Wofür?

Das Problem war doch – so Haller: »Die weitreichenden Überlegungen, den Anschluss der DDR über den Artikel 23 des Grundgesetzes herzustellen, durfte man überhaupt nicht in den Mund nehmen.« Schlimmer noch: »Das Wort ›Anschluss‹ war tabu, weil man befürchtete, mit solchen Vokabeln würde die Aufbruchstimmung in der DDR massiv beeinträchtigt.«[33]

Man befürchtete? Horst Köhler war der Chef dieses Teams, das immer daran denken sollte, aber nicht laut davon reden durfte, und das in den ostdeutschen Bürgerrechtlern nützliche Patrioten oder so etwas Ähnliches sah, denen man nicht gleich verraten durfte, worum es wirklich ging: um den Anschluss der DDR an die Bundesrepublik.

*

Mit dem neuen Jahr, dem Jahr der dräuenden Einheit, schoben die nützlichen Patrioten (»Wir sind ein Volk«) die protestierenden Bürgerrechtler (»Wir sind das Volk«) ins Abseits. In Paris, am 8. Januar, notierte Köhlers französischer Sherpa-Kollege Attali, was sein Präsident wahrnahm: »Massive Demonstrationen in zahlreichen Städten Ostdeutschlands. François Mitterand: Das organisiert die CDU. Hinter allem steckt Kohl. Mir sagt er, er hätte überhaupt nichts gemacht, aber hinter meinem Rücken heizt er ein. Und er glaubt, ich würde das nicht merken!«[34]

Es musste schnell gehen, es durfte nicht lang überlegt werden. Und Helmut Kohl wusste um den Mantel, der durch die Geschichte rauscht, er war ein entschiedener Anhänger der Zipfeltheorie, er hielt sich an dieses eherne Gesetz der Geschichte.

Ja, im Nachhinein hört es sich einfach an, wie in der Bismarck-Biografie des kaiserlichen Geschichtsschreibers Paul Liman: »Was immer er dem deutschen Volk geleistet, davon erzählen die Thaten unserer Geschichte. Sie berichten, wie er, unter Wenigen Einer, unbeirrt durch den Lärm der Revolution, ... frisch und klar den Jammer des Bundestages durchschaute ... Er hat nicht Glück gehabt, wie seine Gegner behaupten, sondern er hat durch die Kraft seiner Persönlichkeit, durch den Prophetenblick und den dämonischen Trotz des Genius das Glück zum Sklaven gemacht, er hat es niedergezwungen, dass es ihm diente. Er selbst hat einmal gesagt: Der Staatsmann kann nie selber etwas schaffen, er kann nur abwarten und lauschen, bis er den Schritt Gottes durch die Ereignisse hallen hört ...« – Hallen? Halle! Es entstand am 10. Mai 1991 auf dem Rathausplatz in Halle, jenes unvergessliche Bild, das den Staatsmann vor der Absperrung zeigt, wie er mit drohend erhobenen Händen und ausgreifenden Schrittes auf eine emotional hochbewegte Menge zuspringt, die ihm das Fest der deutschen Auferstehung als faules Ei sehr nahebringt – »... dann vorspringen und den Zipfel seines Mantels zu fassen, das ist alles«.[35]

Der unvergessliche geschichtliche Moment, in dem der Kanzler der Einheit zuzupacken versuchte, aber von seinen Schergen zurückgehalten wurde, die Täter zu verprügeln, ist – hoffentlich für die Ewigkeit – mit bewegten und bewegenden Bildern im Internet festgehalten.[36]

Aber Gottes Mantel ist seither versaut.

Trotzdem: Bundespräsident Horst Köhler hielt am 8. Februar 2006 beim Abendessen zu Ehren des »großen Staatsmanns« Dr. Helmut Kohl in seiner Tischrede fest: »Als Sie in Dresden die Plakate sahen: ›Wir sind ein Volk‹, wussten Sie, es ist soweit. Und mit der Einführung der D-Mark in der DDR war der Weg zur deutschen Einheit unumkehrbar geworden. In seinen ›Weltgeschichtlichen Betrachtungen‹ schreibt Jakob Burckhardt, einen großen Mann zeichne aus, dass ›bestimmte große Leistungen nur durch ihn innerhalb seiner Zeit und Umgebung möglich waren und sonst undenkbar sind‹.«

Das ist es. Für Helmut Kohl war ganz schnell klar: Deutschland ruft. Aber er sah auch die Gefahr.

Horst Köhler erinnerte sich im Februar 2006 bei dieser Tischrede für den »großen Staatsmann«, der »für den Gang der Geschichte ein Glücksfall« war, auch an die andere eindringliche »Tischrede, die Sie, lieber Helmut Kohl, 1987 beim Besuch von Erich Honecker in Bonn gehalten haben«.

Und bevor er das Kommando (»Bitte erheben Sie mit mir das Glas auf ihn: Helmut Kohl – ad multos annos!«) zur großen Trunkenheit gab, zitierte Köhler, ohne Arg, was Kohl dem Honecker damals gesagt hatte: »Die Präambel unseres Grundgesetzes steht nicht zur Disposition, weil sie unserer Überzeugung entspricht. Sie will das vereinte Europa, und sie fordert das gesamte deutsche Volk auf, in freier Selbstbestimmung die Einheit und Freiheit Deutschlands zu vollenden. Das ist unser Ziel. Wir stehen zu diesem Verfassungsauftrag, und wir haben keinen Zweifel, dass dies dem Wunsch und Willen, ja der Sehnsucht der Menschen in Deutschland entspricht.«[37]

*

Moment, wie hatte Kohl da den Honecker geärgert? Präambel, Grundgesetz, das gesamte deutsche Volk in freier Selbstbestimmung, Verfassungsauftrag, vielleicht auch noch gemäß Artikel 146? Welcher Idiot hatte dem Bundespräsidenten solche längst annullierten Kohl-Sprüche aufgeschrieben?

Honecker war doch längst weg – die Präambel samt freier Selbstbestimmung lag längst im Müll, die Ostdeutschen durften nur noch beitreten.

Was 1987 gegen Honecker gut und richtig war, das hat sich 2006 längst erledigt. Und überhaupt, musste der Bundespräsident den großen Staatsmann Helmut Kohl überhaupt an diesen Staatsbesuch erinnern? Taktgefühl war seine Stärke nicht – die Grundgesetzpräambel und das ganze Drumherum war doch schon 1990 für diese Wiedervereinigung absoluter Schrott, es stand nicht mehr zur Disposition.

Köhler musste das doch wissen – er war dabei als Staatssekretär, als sein Freund und Mitarbeiter Gerd Haller 1990 jammerte, dass man, um die Aufbruchstimmung nicht zu beeinträchtigen, bloß nicht vom »Anschluss« der DDR reden dürfe, den man alsbald praktizierte. Hallers Vorsicht war auch die seine, und sie war geboten. Der Artikel 23, den man für den »Beitritt« benutzte, bezog sich eigentlich auf Einzelländer wie das Saargebiet, die dazukamen.

Aber im Fall der Zusammenführung der beiden deutschen Völker, die sich in den Jahrzehnten des Auseinanderlebens gebildet hatten, galt – verfassungsrechtlich, aber so was zählt längst nicht mehr – jene Präambel des Grundgesetzes, mit der Kohl 1987 den Honecker gefoppt hatte. Und das Grundgesetz galt laut Artikel 146 ausdrücklich nur »für eine Übergangszeit« bis zur Vereinigung.

Doch die Diskussion über eine neue Verfassung oder auch nur eine Volksabstimmung über eine Weitergeltung des Grundgesetzes nun für ganz Deutschland hätte den Galopp in das schließlich gemeinsame Elend aufgehalten. Das war nicht geplant.

Beitritt übrigens ist, wie man in den national befreiten Zonen mühelos beobachten kann, der Tritt auf den am Boden Liegenden von der Seite her, ins Gesicht oder zwischen die Rippen. Und zwar ohne den doch völlig obsolet gewordenen Artikel 146, der nur Umstände gemacht hätte auf dem Eilmarsch des gesamten deutschen Volkes in die Freiheit der D-Mark. Der Artikel steht zwar immer noch in den Büchern, aber er hat sich vor der Geschichte dieses Volkes lächerlich gemacht: »Dieses Grundgesetz, das nach Vollendung der Einheit und Freiheit Deutschlands für das gesamte deutsche Volk gilt, verliert seine Gültigkeit an dem Tage, an dem eine Verfassung in Kraft tritt, die von dem deutschen Volk in freier Entscheidung beschlossen worden ist.«

Spätestens seit der »Wiedervereinigung« gibt es das »gesamte deutsche Volk« nicht mehr, weil sich die beiden Teile keine gemeinsame Verfassung geben durften. »Im Osten haben wir gedacht, wir sind zwei Staaten in einem Volk«, meinte Lothar de Maizière 1995 in einem Gesprächsbuch mit der ihm unverwandten Französin Christine de Maizières und fügte hinzu: »Heute scheint es so, als ob es zwei Völker in einem Staat gäbe.«[38]

*

Die Bundeszentrale für politische Bildung stellte im Jahr 2000 fest: »Die Wirtschafts- und Währungsunion vom Juli 1990 wurde gegen den Rat fast aller wirtschaftlichen Sachverständigen aus zwingenden politischen Gründen eingeführt (›Kommt die DM, bleiben wir. Kommt sie nicht, gehn wir zu ihr‹). Die westdeutsche Bundesrepublik hat sich die DDR nicht einverleibt, sondern diese ist ihr ziemlich überstürzt beigetreten ...«[39]

Wie erzeugt man eine solche Dringlichkeit?

»Die CDU Rhein-Erft trauert um Karl Schumacher, der am 23. Dezember 2006 im Alter von 80 Jahren verstorben ist«, beklagte am 17. Januar 2007 mit einer sub specie aeternitatis verständlichen Verzögerung der Heimatverein des Dahingegangen den ansonsten kaum wahrgenommenen Tod des Leiters der Hauptabteilung Organisation der Bundes-CDU. Die CDU Rhein-Erft vermerkte – das ist normal, wenn jemand gerade verschieden ist – nur Gutes: »Drei Jahrzehnte lang diente Karl Schumacher der Christlich Demokratischen Union Deutschlands mit Geschick, Ausdauer und Souveränität ... Den Fall des ›Eisernen Vorhangs‹ hat er hautnah miterlebt, und die Eingliederung der Kreis- und Landesverbände in den neuen Bundesländern in die CDU Deutschlands eigenhändig mitgestaltet. Mit enormer Kraft, hohem persönlichem Engagement und unschätzbarer Erfahrung hat er dort die Parteiorganisation aufgebaut.«[40]

Vor dieser eigenhändigen Leistung verneigen sich die Rhein-Erfter CDU-Leute und zollen dem Verstorbenen ihren Respekt.

Ein besonderes Verdienst erwarb Karl Schumacher sich am 22. Januar 1990. Bundesinnenminister Wolfgang Schäuble lockte den Vorsitzenden der damals noch als »Blockpartei« auf Distanz gehaltenen DDR-CDU Lothar de Maizière zu einem Sondierungsgespräch über die bevorstehenden DDR-Wahlen in die Abfertigungshalle des Westberliner Flughafens Tegel. Kohl-Biograf Klaus Dreher berichtet: »In der ungemütlichen Flugzeughalle sitzend wirkte de Maizière nervös und angespannt auf Schäuble und überfiel ihn sofort mit der Frage, die ihn offenbar mehr als alles andere beschäftigte: ›Warum redet Kohl mit allen anderen, nur nicht mit mir? Will die CDU wirklich im Wahlkampf an uns vorbeigehen?‹«[41]

Während Schäuble – damals noch eng vertraut mit seinem Kanzler – den Ost-CDU-Vorsitzenden so beschäftigte, fuhr West-CDU-Organisationschef Karl Schumacher mit einem Kleinbus nach Ostberlin, um in einer »Nacht- und

Nebelaktion« (Dreher) die gesamten Personalakten der Ost-CDU einzupacken und sie in die Bonner CDU-Zentrale zu schaffen.[42]
Eine Woche später, am 29. Januar, beschließt das CDU-Präsidium in Bonn auf Antrag von Helmut Kohl die »Allianz für Deutschland«. Dazu werden Demokratischer Aufbruch, Deutsche Soziale Union und Deutsche Forumspartei mit der Ost-CDU als neuer freiheitlicher Block zusammengefügt – sie selber wissen davon noch nichts. Nach weiteren zwei Tagen, am 1. Februar, erfahren die führenden Leute der DDR-Parteien im Westberliner Gästehaus der Bundesregierung – Peter-Michael Diestel von der DSU hat dort erst einmal die Freunde von der Ost-CDU als »rote Socken« beschimpft – nunmehr von Helmut Kohl, dass sie gemeinsam als die »Allianz für Deutschland« in den Wahlkampf ziehen werden. Stasi-Mann Wolfgang Schnur ist für den Demokratischen Aufbruch auch dabei, noch.[43]
Für die im März bevorstehenden DDR-Wahlen erfährt Ost-CDU-Chef de Maizière endlich auch die notwendige Zuwendung. Er darf zusammen mit Helmut Kohl in der DDR auftreten und bekommt dafür aus Bonn den »Entwurf für eine ›Rede auf dem Marktplatz‹ als Modell vorgelegt«. Der kommende Ministerpräsident der DDR über sein Briefing durch die Bonner CDU-Zentrale: »Ich erfuhr unter anderem, dass man keine Gedanken entwickeln, sondern Thesen verkünden solle, und Ähnliches mehr.«[44]
Jeder CDU-Landes- und Kreisverband im Westen erkürt sich einen Partnerkreis im Osten, um ihm in der Wahlschlacht beizustehen – mit Mensch und viel Material.[45] Beispielsweise mit aus der Bonner Parteizentrale gelieferten Transparenten, auf denen nach vierzig Jahren Diktatur die so lang unterdrückten Menschen endlich ihre Sehn-

süchte formuliert bekommen. Karl Schumacher, den Mann, der mit seiner unschätzbaren Erfahrung dem freien Willen der Ostdeutschen seine Bahn bereitet, werden wir noch besser kennenlernen.

In Paris notiert Sherpa Attali, was sein Präsident sagt:

»22. 1. In der DDR neue massive Demonstrationen für die Vereinigung (100 000 Menschen in Leipzig) François Mitterand: Hinter all dem steckt Kohl. Sie werden sehen, ich habe es Ihnen gesagt, alles wird jetzt sehr schnell gehen.«[46]

Sehr schnell. Was Horst Köhler nach Waigels Kobra-Befehl mit seinen Leuten in der zweiten Hälfte des Januar 1990 im Eiltempo ausgebrütet hat, skizziert Sarrazin später so: »Währungseinheit sehr schnell, aber zeitgleich mit umfassender und vollständiger Einführung der Marktwirtschaft.«

Sarrazin gesteht: »Die Überlegung war kühn und für den typischen Denkstil eines Finanzministeriums geradezu unerhört.«

Doch der spätere Bundespräsident hatte da schon diesen Denkstil überwunden, Sarrazin: »Nach vielen Diskussionen erhielt ich schließlich von Dr. Köhler den Auftrag, das Konzept im Zusammenhang zu Papier zu bringen.«[47]

*

Am 29. Januar 1990 war Köhlers Auftrag erfüllt, und Sarrazin hatte einen Plan vorgelegt, die DDR schleunigst in den Machtbereich der D-Mark einzugliedern. Was da entstanden war, hat das Leben von Millionen Ostdeutschen verändert. »Sarrazins Papier spielte eine Schlüsselrolle in der Geschichte der Wirtschafts- und Währungsunion«, räumt 2006 auch der Historiker Andreas Wirsching in seinem »Abschied vom Provisorium«[48] ein.

Sarrazin nannte sein Papier »Vorschlag zur unverzüglichen

Einführung der D-Mark in der DDR im Austausch gegen Reformen«. Der Vorschlag wurde dank Köhlers Beihilfe zum »Grundsatzpapier«[49] des Finanzministeriums erhoben. Und Sarrazin erlöste den späteren Bundespräsidenten vom Betätigen seines Hirns – denn mit der Verwirklichung des Sarrazin-Plans war alles da. Oder nichts.

Der künftige Autor von »Deutschland schafft sich ab«: »Mit der schlagartigen Einbeziehung der DDR-Wirtschaft in den D-Mark-Wirtschafts- und Währungsraum gewinnt der Reformprozess eine neue, gänzlich anders geartete Qualität: Die Hirn zermarternden, fast unlösbaren Fragen, wie in einem planwirtschaftlichen System zügig und ohne zu große soziale Kosten ein funktionierendes Preissystem, Wettbewerb, ein funktionierender Kapitalmarkt verwirklicht werden können, lösen sich in ein Nichts auf, denn mit dem Tage der Umstellung ist dies alles da.«[50]

Oder alles weg, in den Händen der Treuhand und ihrer Komplizen geschmolzen. Und wir stehen heute, ja irgendwie gemeinsam, vor dem Problem, wie man diesen nach seinem eigenen Gesetz funktionierenden, die ganze Welt ruinierenden Kapitalmarkt endlich wieder ein wenig regulieren könnte – nachdem ihn sogar der EX-IWF-Chef Horst Köhler, das war er ja auch noch, hilflos als »Monster« denunziert hat.

Andere Probleme, kleinere soziale Kosten, mag es damals noch gegeben haben, aber die waren bei Dr. rer. pol. Horst Köhler ohne neue Quälereien seines Denkorgans schon seit Tübingen gut aufgehoben.

Arbeitslosigkeit etwa: Sie war in dem von Köhler in Auftrag gegebenen und gebilligten Sarrazin-Papier für den Osten fest eingeplant: Wer arbeitslos – »freigesetzt«, schrieb Köhler in seiner Dissertation – werden musste, das bestimmte ganz objektiv die westdeutsche Statistik für die Ostdeutschen. Deren Industriesektor sei, das ist ganz gewiss, »künstlich überdimensioniert«. Denn: »Hier arbeiten in der DDR 3,48 Millionen Erwerbstätige, das sind 20,9 v. H. der Wohnbevölkerung. In der Bundesrepublik liegt dagegen die vergleichbare Zahl nur bei 14,2 v. H. der Wohnbevölkerung.«[51]

Noch bevor zusammenwuchs, was zusammengehört, plädierte der Staatssekretär Horst Köhler mit Sarrazins Papier solcherart für jene Gleichheit der Lebensverhältnisse bei der Beschäftigung in der Industrie, die er später als Bundespräsident beim Lebensstandard für Mutterland und Beitrittsgebiet weniger gern hatte.

*

Die korrekte Berechnung von Lebensverhältnissen für bestimmte Ethnien – darauf versteht sich Sarrazin schon immer. Der mutige Querdenker hatte sich schon mit seiner Dissertation »Logik der Sozialwissenschaften an den Grenzen der Nationalökonomie und Geschichte: Die New Economic History« die Grundlage für sein Handeln als Beamter und Politiker im freiheitlichen Staatswesen der Bonner Republik geschaffen. Zum Doktor promoviert für diese Schrift hat ihn an der Universität Heidelberg die »Rechts- und Staatswissenschaftliche Fakultät«, Nachfolgerin jener »Staats- und Wirtschaftswissenschaftlichen Fakultät«, die im Dritten Reich hohes Ansehen errungen hatte wegen des Engagements, mit der sie der Regierung Hitler zuarbeitete.[52]

Sarrazins Arbeit beschäftigt sich nicht zuletzt mit der sehr befriedigenden Rentabilität der Sklaverei in den Südstaaten der USA. Sie wurde allerdings in der Öffentlichkeit nicht beachtet, obwohl sie 1974 unter dem neuen Titel »Ökonomie und Logik der historischen Erklärung« in der »Schriftenreihe des Forschungsinstituts der Friedrich-

Ebert-Stiftung« erschien – Sarrazin war Angestellter dieser genuin sozialdemokratischen Forschungseinrichtung und ist bis heute trotz mancher Anfeindungen ein bedeutendes SPD-Mitglied geblieben.

Die hohe sozialdarwinistische Kompetenz, die er in seinem Spätwerk »Deutschland schafft sich ab« bestätigt, zeigte sich schon in dieser frühen Arbeit. Seine eingehende Beschäftigung mit dem Problem, ob und wie die Sklaverei in den Südstaaten der USA profitabel war, befähigte ihn auch, Gegenwartsprobleme zu bewältigen. Jedenfalls zeigt sich, dass Sarrazin schon 1974 anhand von beliebigem Datenmaterial die unterschiedliche Wertigkeit unterschiedlichen Menschenmaterials präzise zu berechnen verstand.

Er vermag sorgfältig zu differenzieren; so beachtete er, dass »männliche und weibliche Sklaven unterschiedliche Produktionsfunktionen besaßen«: Bei den Männern liege »die Produktivität um ein Drittel bis um die Hälfte höher; dafür bekamen die Frauen Kinder, welche auch wieder Einnahmen brachten«.

Es ist demnach, das geschieht in Sarrazins Doktorarbeit sehr gewissenhaft, eine »getrennte Analyse der Nettoeinkommen bei männlichen und weiblichen Sklaven notwendig«. Da galt es schon 1974, sechzehn Jahre vor der deutschen Einheit, alle möglichen Produktionsfaktoren zu berechnen: »Folgende Größen gehen in die Ermittlung der Nettoeinnahmen für männliche Sklaven ein: Die Nettoverkaufspreise für Baumwolle ab Farm, also die Handelspreise minus Abschlag für Transport, Versicherung etc. Weiterhin die jährliche Produktion eines Sklaven und seine laufenden Unterhaltskosten. Auf dieser Grundlage werden unter wechselnden Annahmen bzgl. Kapitalkosten pro Kopf und Jahr, durchschnittlichen Nettoverkaufspreisen etc. fast durchweg positive Kapitalwerte ermittelt. Die

ebenfalls ermittelten internen Zinsfüße schwanken zwischen 4,5 % und 13 %.«[53]
Ein prachtvolles Ergebnis angesichts der weitgehend lahmenden Zinsfüße in der gegenwärtigen Finanzkrise. Aber auch mit Sklavinnen lassen sich ordentliche Gewinne erzielen, wie Sarrazin evaluiert und aufzählt:
»a) Jede Negerfrau produzierte während ihres Lebens 5-10 Kinder, welche in der Produktion verwendet oder verkauft werden konnten. Die erfolgreichen Schwangerschaften lagen jeweils zwei Jahre auseinander.
b) Die Negersklavin besaß die Hälfte bis zwei Drittel der Produktivität eines männlichen Sklaven. Dieses Verhältnis wurde ermittelt anhand der Relationen der Mietpreise bei Sklavenvermietung. Jede Schwangerschaft kostete drei Monate Arbeitszeit.
c) Die Kinder begannen mit 6 Jahren zu arbeiten. Die Jungen konnten sich ab dem 9. Lebensjahr selbst erhalten, die Mädchen vom 13. Lebensjahr an.«
Aufgrund dieser und anderer Forschungsergebnisse bilanziert Sarrazin, dass »sich für weibliche Sklaven höhere Kapitalwerte und interne Zinsfüße als bei den Männern« ergeben.[54]
Das gilt allerdings wiederum nur mit Einschränkungen. Sarrazin: »Die Investition in einen weiblichen Sklaven trug längerfristigen Charakter und war darum mit höherem Risiko belastet.« Und – ein heute noch für Sarrazin sehr wichtiger Gesichtspunkt bei der Betrachtung anderer Ethnien: »Die Fruchtbarkeit weiblicher Sklaven war bei Kauf nicht immer bewiesen. Sklavinnen, welche schon ein Kind bekommen hatten, dürften höhere Preise erzielt haben.«[55]
Sarrazin räumt auch ein: »Sklavenaufzucht und -handel genossen kein sehr hohes Prestige.« Aber er kommt trotz aller möglichen Einwände gegen die schwankenden Werte dieses dunkelhäutigen Humankapitals zum Ergebnis: »Ins-

gesamt lässt sich der Schluss ziehen, dass die Sklavenhaltung mindestens ebenso profitabel war wie alternative Verwendungen des eingesetzten Kapitals.«[56]

Mit diesem exzellenten Sklavenhalter-Fachwissen* besaß Sarrazin die richtige Expertise für die korrekte Behandlung der ostdeutschen Eingeborenen. Er hat somit in seiner Doktorarbeit von 1974 die wissenschaftlichen Grundlagen für den Anschluss der DDR gelegt. Sarrazin konnte bei den Ossis anwenden, was er an den »Negersklaven« gelernt hatte.

Die freiheitliche Ordnung des Westens, nicht etwa der Unrechtsstaat der SED, ermöglichte diesen methodischen Vorzug, einen vorhandenen Menschenschlag, das ostdeutsche Humanmaterial, nach rein ökonomischen Kriterien so zu evaluieren, dass man mit dem Ergebnis etwas anfangen konnte.

Nur mit solchem theoretischen Rüstzeug konnte Sarrazin aus seiner schon zitierten Erkenntnis, dass nur 14,2 Prozent der Westbevölkerung in der Industrie beschäftigt sind, während dort 20,9 Prozent der Ostbevölkerung arbeiten müssen, den einzig richtigen Schluss ziehen. Eben das ist nun das von Köhler gebilligte und von Waigel ak-

* Ganz von ungefähr muss es nicht gekommen sein. Im Westberliner *Tagesspiegel* (»rerum cognoscere causas«) berichtete am 25. November 2010 die migrationshintergründige Autorin Rose-Anne Clermont unter der Überschrift »Cousin Thilo«, dass ihre aus Haiti zu Besuch weilende Mutter irritiert gewesen sei, überall in Berlin auf ihren Mädchennamen zu stoßen: »Der Name Sarrazin – mit dem übrigens häufig die muslimischen Einwanderer bezeichnet werden – ist höchstwahrscheinlich der Name eines hugenottischen Sklavenhalters meiner haitianischen Urverwandten.« Ein Leser fragte: »Gibt es ein Sklavenhalter-Gen?« Und antwortete: »Vermutlich hat der Mann tatsächlich recht mit seinen genetischen Thesen.«

zeptierte Sarrazin-Grundsatzpapier vom 29. Januar 1990 »zur unverzüglichen Einführung der D-Mark in der DDR im Austausch gegen Reformen«. Sarrazin nennt eine solche Reform, sie heißt »Freisetzungspotenzial«.

Das geht so: »… wird und muss es erhebliche Freisetzungen geben. Bei Freisetzungen im Umfang von ca. 35 bis 40 v. H. der Industriebeschäftigten wäre der in der Bundesrepublik übliche Anteil der Industriebeschäftigten an der Wohnbevölkerung erreicht.«[57]

Eine einfache Rechnung, wenn man den Bildungshintergrund hat, den sich Köhler und Sarrazin in ihren Dissertationen erwarben. Aber ein Ossi wird das kaum je verstehen.

Und mit diesem Rüstzeug arbeiteten Köhler und sein Sarrazin von nun an – bis aus den »Industriebeschäftigten« in der DDR ganz schnell Menschen im Anschlussgebiet und schließlich am Ende ihrer Entwicklung folgsame Hartz-IV-Menschen geworden waren.

Allerdings machte Köhler noch am 25. Juni – fünf Tage bevor die D-Mark kam – im Kabinettsausschuss »Deutsche Einheit« erhebliche »Bedenken gegen eine uneingeschränkte Überleitung der Bundesgesetzgebung geltend, soweit damit Leistungen sowie Sach- und Verwaltungskosten verbunden wären«.[58]

Ja, »freisetzen«. Aber Leistungen für die Freigesetzten, Arbeitslosengeld, eher nicht. Jedenfalls nicht aus der Staatskasse. Das wurde dann – ein tiefer Griff – der westdeutschen Arbeitslosenversicherung aufgebürdet, in die die Ostdeutschen nie einbezahlt hatten. Und es endete bekanntlich im gesamtdeutschen Hartz IV.

Die »Freisetzung von Arbeit durch technischen Fortschritt«, die der spätere Staatssekretär, IWF-Chef und Bundespräsident in seiner Dissertation berechnete, ist so, mit Hilfe Sarrazins, zur Freisetzung von ostdeutscher

Arbeit durch den brutalen Zuschnitt auf westdeutsche Statistik gediehen.

*

Manchmal, wenn ich sentimental werde, schaue ich nicht in das Große Duden-Wörterbuch aus dem Westen, sondern in das »Wörterbuch der deutschen Gegenwartssprache«, das die längst abgewickelte Akademie der Wissenschaften der DDR 1977 herausgegeben hat, im selben Jahr, als Köhler seine Doktorarbeit über das Freisetzen schrieb. In jenem kommunistischen Wörterbuch, das 1990 ungültig geworden ist, steht für »freisetzen« der Beispielsatz: »Diese Bewegung setzt die schöpferischen Kräfte des Volkes frei.« Mein Gott, klingt das seltsam.

Horst Köhler hat 1977 den Einfluss des technischen Fortschritts auf den »Arbeitseinsatz« und die so entstehenden »Arbeitsmarktungleichgewichte« untersucht. Und zwar – das versteht sich von selbst – im »Interesse des Ökonomen«. Für ihn, den Ökonomen, hieß das: »Überhänge des Angebots und der Nachfrage nach Arbeitsleistungen zu beobachten, zu erklären und zu prognostizieren.«[59]

Zusammen mit Sarrazin hat er richtig prognostiziert, und die Freigesetzten in Ost und schließlich auch in West tragen Reformpullover und füttern sich mit Sarrazin-Menü. Das sind Kosten der Einheit.

»Die Frage der Kosten der Einheit, so bedeutend sie für sich genommen war, hatte für mich«, so wird Köhlers Gehilfe Sarrazin später schreiben, »stets akzessorischen Charakter«.[60] Nur akzessorisch. Hinzutretend. Nebensächlich. Weniger wichtig.

Wichtig war etwas anderes. Die Geheimhaltung aller Pläne zur Einverleibung der Ostdeutschen musste strikt gewahrt werden. Schließlich gab es auch im Westen Leute, die

Alarm schlagen könnten. Sarrazin: »Alle Überlegungen fanden damals zunächst noch in strengster Vertraulichkeit statt, ohne Beteiligung eines anderen Ressorts, auch nicht der Bundesbank.«[61]

Sogar ohne Beteiligung des Ministers? Der Minister wusste von nichts? Am selben 29. Januar, an dem Sarrazin sein Papier vorlegte, verkündete der Pressedienst der CDU/CSU-Fraktion im Bundestag: »Waigel: Für eine Währungsunion ist es zu früh«. Die Einführung der D-Mark löse »keine realwirtschaftlichen Probleme«, vielmehr werde dadurch der »desolate Zustand der DDR erst richtig offenbart«. Der Effekt dieses »falschen Signals« sei deshalb nicht die Beendigung, sondern die Beschleunigung des Exodus.[62] Mit »Kommt die DM, laufen wir ...« hätte da also der Transparent-Schnellservice des Bonner Konrad-Adenauer-Hauses die Montagsdemonstranten in Leipzig beliefern müssen, wenn der Finanzminister bei seiner Theorie vom 29. Januar geblieben wäre.

Doch dann begann der 30. Januar im Bundesfinanzministerium. Es war Horst Köhlers Tag. »Der Wendepunkt hin zu dieser Währungsunion als konkreter und lösbarer Aufgabe war aus meiner Sicht eine Klausurtagung der Abteilungsleiter im Bundesfinanzministerium am 30. Januar 1990.«[63] Das schreibt Köhlers engster Kollege Peter Klemm, zugleich mit ihm Staatssekretär im Ministerium. Er bestätigt, dass es »bereits in der Vorphase« eine »sehr grundsätzliche Verständigung« zwischen den Ressorts und Abteilungen gegeben habe, was »vor allem das Verdienst von Staatssekretär Horst Köhler« gewesen sei.

Horst Köhler hatte alles schon sorgsam vorbereitet. Kollege Klemm: »Auch wenn danach noch einige äußerst schwierige Streitpunkte zu klären waren, konnte bei allen Problemen im Detail der zuvor abgesteckte Rahmen unseres Entwurfs gewahrt werden.«[64]

Horst Köhler hat sich durchgesetzt mit seinem von Sarrazin ausgearbeiteten Plan zur »schlagartigen Einbeziehung«, zur Eroberung der DDR durch die D-Mark.
Von nun an geht alles immer schneller. Am 31. Januar 1990 offenbarte sich Kohl in seinem schwarzgelben Kabinett, dass er nichts mehr von einer Vertragsgemeinschaft mit der DDR wissen wolle. Und kündigte – stattdessen – die »Ausarbeitung eines weitergehenden Konzeptes« an. Er nannte auch das einen »Stufenplan«, aber einen, »dessen letzte Stufe der deutsch-deutschen Einigung schon sehr kurzfristig und plötzlich erreicht werden könnte«.[65]

*

Am 5. Februar instruierte Finanzminister Waigel den Bundesbankpräsidenten Karl Otto Pöhl für dessen bevorstehende Gespräche bei der DDR-Notenbank in Ostberlin. Aber der Minister sagte ihm nichts. Der Minister wusste ja von nichts. Und so flog der oberste westdeutsche Währungshüter am nächsten Morgen ahnungslos nach Ostberlin und verkündete dort, eine Währungsunion sei eine »sehr fantastische Idee«, es sei noch viel zu früh, so etwas zu planen (siehe Seite 99).
Während Bundesbankpräsident Pöhl am 6. Februar uninformiert in Ostberlin verhandelte, schlug der CSU-Vorsitzende und von nichts wissende Finanzminister Theo Waigel in einem Gespräch mit den Parteivorsitzenden Kohl und Lambsdorff eine Währungsunion als Angebot an die DDR vor. Und gleich darauf kündigte der Bundeskanzler vor der CDU/CSU-Fraktion an, der DDR »die direkte Übertragung des DM-Währungsraumes« anzubieten.[66]
Am 10. Februar 1990, dem vierten Tag nach der Kohl-

Verkündigung der D-Mark für den Osten, notierte der gut informierte Mitterand-Sherpa Attali: »Köhler, der Vize-Finanzminister, und Pöhl, der Chef der Bundesbank, sie wissen, was das die Wirtschaft in Ostdeutschland kosten wird. Und Westdeutschland muss dann auch die Bremse durchtreten.«[67]

*

In Bonn aber legte Horst Köhler die Scheuklappen an. Schwer vorstellbar, dass der damalige Staatssekretär der Finanzen nicht täglich die *FAZ* zu seinem Fachgebiet las oder lesen ließ. Wenn er an diesem 10. Februar einen Blick auf die Seite 15 geworfen hätte, dann hätte er gesehen: Was er durchgesetzt hat, war die teuerste Lösung, die außerdem dazu führte, dass »etwa ein Viertel bis ein Drittel der Arbeitskräfte, wenn nicht sogar mehr, ihre Beschäftigung verlieren könnten«.[68]

Oder hat er es doch gelesen? Was der Präsident des Deutschen Instituts für Wirtschaftsforschung Lutz Hoffmann da auf einer ganzen *FAZ*-Seite schrieb, hatte Köhler doch so ähnlich längst selbst ausrechnen lassen und billigend in Kauf genommen. Nein, ihn konnte jetzt nichts mehr beirren. Er war der getreue Sherpa jenes Helmut Kohl, der unbedingt wieder Kanzler werden musste. Der dazu die D-Mark-Verheißung für die Ostdeutschen brauchte.

Ein Sherpa weiß, wo er hinmuss, alles andere zählt nicht. Wenn er auf dem Weg nach oben einen Stein beiseite stößt, der eine Lawine auslöst, die das Tal begräbt – was geht ihn das an?

Am Freitag, dem 9. Februar, bei einem Hintergrundgespräch im Bundespresseamt, verbreitete Teltschik zielstrebig das Gerücht, die DDR sei »in wenigen Tagen völlig zahlungsunfähig« (vgl. Seite 103).

Zwei Tage später, am Sonntag, forderte der baden-württembergische Ministerpräsident Lothar Späth die »bedingungslose wirtschaftliche Kapitulation der DDR«. (Er trat ein Jahr später wegen seiner Traumschiffaffäre zurück, bekam als Ersatz für Baden-Württemberg den VEB Carl Zeiss Jena, wo er erfolgreich 28 000 von 30 000 Beschäftigte, mehr als selbst Sarrazin empfiehlt, freisetzte, bevor er unter ungeklärten Umständen gehen musste, nicht ohne den Verdienstorden des Freistaates Thüringen mitgenommen zu haben, den ihm sein westdeutscher Ex-Kollege Bernhard Vogel spendierte.)

Zahlungsunfähigkeit, Kapitulation. Mit solchen sorgsam gestreuten Gerüchten und Forderungen wurde in der DDR Panikstimmung erzeugt. Daniela Dahn, die Autorin von »Wir bleiben hier oder Wem gehört der Osten«, erinnert sich an »Gespräche auf der Straße oder in der Sparkasse, wo die Menschen fragten, ob denn die Auszahlung der Löhne und Spareinlagen noch gesichert sei«.[69]

Kohl-Intimus Teltschik übrigens hatte am 6. Februar in sein Tagebuch geschrieben: »Am Nachmittag kündigt der Bundeskanzler völlig überraschend in der CDU/CSU-Bundestags-Fraktion seine Absicht an, ›mit der DDR unverzüglich in Verhandlungen über eine Währungsunion und Wirtschaftsreformen einzutreten‹.« Und verrät sich etwas unbedacht: »Unsere Überlegung war: Wenn wir nicht wollen, dass sie zur D-Mark kommen, muss die D-Mark zu den Menschen gehen.«[70] »Menschen«– damit meint er die DDR-Bewohner.

Daniela Dahn, die im Osten alles miterlebt hat, fand diesen Eintrag bemerkenswert: »Interessant daran ist, dass erstmals am 12. 2. 1990, also sechs Tage danach, auf der Leipziger Montagsdemonstration die Losung ›Kommt die D-Mark nicht nach hier – gehn wir zu ihr!‹ auftauchte.« Nach alldem, meint Dahn, »wäre es ein Wunder gewesen,

wenn die Leute ab dem 12. Februar auf den Straßen nicht nach der D-Mark gerufen hätten«.[71]
Das *manager magazin* bestätigt 2010 im Interview mit Thilo Sarrazin diesen Termin. Es präsentiert ein *dpa*-Foto, das jenes Bambusstock-Transparent mit denselben Trägern zeigt, die auch im Waigel-Buch der Aufmacher sind.[72] Horst Köhlers Kobra-Team war, wie Gerd Haller bezeugt, schon Mitte Januar ebenfalls mit diesem Spruch befasst. Unbekannt aber ist, welcher geübte Kommunikationsdesigner den Slogan dann in die klassische Endform (»Kommt die DM, bleiben wir, kommt sie nicht, gehn wir zu ihr!«) brachte, so wie er auf dem ersten Hochglanzfoto des Waigel-Buches an Bambusstangen hängt. Horst Köhlers Beitrag zu diesem patriotischen Sammelband trägt, wir erinnern uns, den Titel »Alle zogen mit«.
Das vom Qualitätshistoriker Helmut Kohl gegründete Deutsche Historische Museum zieht heute noch mit und bringt alles in die vorgeschriebene historische Ordnung: »... angesichts der anhaltenden Ströme von Übersiedlern sehen sie [die Verfechter einer schnellen Währungsunion] sich zu raschem Handeln gezwungen. Die Botschaft auf den Spruchbändern der Demonstranten in der DDR ist eindeutig: ›Kommt die D-Mark, bleiben wir, kommt sie nicht, gehn wir zu ihr!‹«
Alle zogen mit, verkündete der spätere Bundespräsident. Trotzdem ist unwahrscheinlich, dass Horst Köhler seinen Parteifreund Karl Schumacher kannte. Die »treue Seele der CDU« (Norbert Blüm), die so fleißig Fahnen und Transparente in den Osten karrte. Aber es funktionierte.

*

Alle zogen mit. Hans Ulrich Kempski, langjähriger Chefkorrespondent der *Süddeutschen Zeitung*, hat die Bonner

Republik von ihrem Beginn 1949 bis zu ihrem siegreichen Ende stilvoll begleitet. Zur Krönung dieses Journalistenlebens nimmt ihn Helmut Kohl im März 1990 in seiner Chartermaschine mit, damit er ihn beim Wahlkampf in der bald ehemaligen DDR begleite, was sich auszahlt.
»Dem Kanzler gelingt offenbar, gleichsam mit seinem ganzen Wesen, Vertrauen erweckende Botschaften auf den Weg zu geben, die geeignet sind, unmittelbare Bindungen an seine Person herzustellen«, stellt Kempski ironiefrei fest.
Etwas anderes ist wichtiger. Kempski kennt Karl Schumacher und kann so schreiben: »Ein Kanzler-Wahlkampf verlangt, dass Kohl kanzlerhaft ins Bild kommt. Und kanzlerhaft ist identisch mit ›groß‹. Damit das Ganze kanzlerhaft wird, ist aus der Bonner CDU-Zentrale Karl Schumacher angereist, ein in den letzten 17 Jahren, seitdem Kohl CDU-Vorsitzender ist, erprobter Organisator. Schumacher überlässt nichts dem Zufall. Er hat für die imposant dekorierte Rednertribüne gesorgt, für geschickte Scheinwerferbestrahlung, für gut ausgesteuerte Lautsprecheranlagen, für Luftballons und Flugzettel und für sonstigen Propaganda-Schnickschnack in bunter Fülle.«
Und das alles kostete kaum etwas: »Denn viel von dem, was zur Unterstützung des Kanzler-Wahlkampfes in die Deutsche Demokratische Republik geschickt worden ist, wurde gespendet: Autos, Computer, Schreibmaschinen, Büroinventar, Zeitungen, Plakate.«[73]
Jetzt, nachdem die Geschichte mit der D-Mark, die da kommen soll, geklärt ist, gibt es ein neues Plakat: »Helmut, nimm uns an die Hand, zeig uns den Weg ins Wirtschaftswunderland.«
Dieses Transparent im Menschenmeer mit schwarzrotgoldenen Fahnen bildet den Mittelpunkt eines Farbfotos in Helmut Kohls Memoiren. Originalerläuterung: »Leipzig

im März 1990: Unsere Abschlusskundgebung im Wahlkampf für die ersten freien Volkskammerwahlen in der DDR steht ganz im Zeichen der Hoffnung auf Wiedervereinigung.«[74]

Unsere ... In Leipzig ... März 1990 ...

Helmut Kohl, der ihm so viel verdankt, gedenkt »meines langjährigen Freundes Karl Schumacher« in seinen Memoiren »Erinnerungen 1982 – 1990«, die 2005 erschienen, nur einmal am Rande, viel früher, anlässlich einer Wahlkundgebung von 1987 – diesmal tatsächlich im Wahlgebiet, in Dortmund. Verständlich, dass Kohl sich später nicht mehr erinnern mag – inzwischen sind Schumachers eigene, nicht ehrenwortbewehrten Spendengeschäfte im Wirtschaftswunderheimatland bekannt geworden. Siemens beispielsweise, der bekannte Korruptionskonzern, hatte Schumachers Organisationszentrale mit kostenloser EDV-Technik für die CDU-Geschäftsstellen draußen im Land ausgerüstet. Was nicht als Spende abgerechnet wurde.

Dazu hatte Schumacher die Dico-Soft EDV-Dienstleistungs-, Computer- und Software-GmbH gegründet, die der CDU gehörte und ihm unterstand, dem CDU-Organisationschef und Kohl-Intimus Schumacher. Kurz vor der Jahrtausendwende entdeckte die *Berliner Zeitung* einen internen Prüfbericht des CDU-Wirtschafts- und Steuerberaters Wolfgang Weyrauch vom September 1989, der in Schumachers Kasse ein Minus von 3,9 Millionen D-Mark ausmachte und offenbarte, »wie im innersten Zirkel getrickst und vertuscht wurde, wie ein frisch überführter Täter aus übergeordneten Gründen freigesprochen wurde. ›Lediglich die gesellschafterlichen Besonderheiten bei der Dico-Soft und die schützende Hand der BG (Bundesgeschäftsstelle) als Mehrheitsgesellschafter bewahren Herrn Schumacher bei der gegebenen Sachlage vor einer Inanspruchnahme Dritter‹. Ohne diese ›Stützung‹, so die Weyrauch-Expertise, hätte Schumacher sogar ›wegen unterlassener Konkursanmeldung‹ bestraft werden können. Die ›schützende Hand‹ gehörte Helmut Kohl.«[75]

Diese Hand fand reichen Lohn. Zwei Monate später machte die Mauer auf, und Helmut Kohl brauchte, als er begriffen hatte, dass er Kanzler der Einheit werden musste, dringend das Organisationsgenie des hochtalentierten Karl Schumacher. Keiner konnte besser als er den Ossis klar machen, wie dringend sie die D-Mark brauchen.

*

Am Sonntag hatte Lothar Späth die bedingungslose Kapitulation der DDR gefordert, und am Montag, dem 13. Februar 1990, traf die Regierungsdelegation aus Ostberlin ein. Ministerpräsident Hans Modrow war mit seiner Stellvertreterin, der Wirtschaftsministerin Christa Luft, gekommen. Die DDR war zwar nicht zahlungsunfähig – diesen zweckmäßigen Wunsch vom Freitag, mit dem Kohl-Berater Teltschik das Treffen vorbereitete, hatte der Präsident des Bundesverbandes Deutscher Banken Wolfgang Röller dementiert –, aber die DDR-Regierung wollte von Bonn eine Hilfe; 12 bis 15 Milliarden, eine lächerliche Summe, von heutigen Europahilfspaketen aus gesehen, zur Finanzierung dringender Aufgaben. Da sie aber keine deutsche Bank war, die sich im internationalen Spielkasino verspekuliert hatte, bekam sie auch nicht das Zehnfache dieser Summe schnell mal hinübergeschoben. Sie bekam gar nichts. Es ging eben nicht um eine seriöse Pleitebank, die das Geld ihrer Kunden in Schrottpapiere verwandelt hat und deren notleidende Manager ihre Boni vermissen. Nein, Kohl wollte diesen Kommunisten nicht helfen.

Wirtschaftsministerin Christa Luft hatte mit Staatssekretär

Köhler zu verhandeln, dem von Kohl beauftragten Mann für die Währungsunion. Sie fand, da es alsbald »zum Schlagabtausch« kam, das Auftreten des Staatssekretärs Köhler vom Finanzministerium etwas verwunderlich. Er zeigte sich »sehr konsterniert darüber, dass da jemand bei der schönen Aussicht der DDR-Bürger auf die harte Deutsche Mark neben den Chancen einer Währungsunion auch die damit verbundenen Risiken betonte«.

Für Christa Luft war es nicht Dummheit, die Horst Köhler dies übersehen ließ. Sie hatte keinen Zweifel, dass er wusste, was er wollte: »Köhler war zweifelsohne ein exzellenter Fachmann in Geldfragen: Ich aber konnte nicht nur durch die Finanzbrille auf diese Sache sehen.«[76]

Und dann, so berichtet sie, »gab ich ihm zu verstehen, dass ich die von ihm angekündigte Einführung der D-Mark nicht nur von ihren unbestreitbar attraktiven Seiten sehe. Mir sei klar, was die Über-Nacht-Umstellung auf eine konvertierbare Währung für den Export, aber auch für den Binnenabsatz bedeutet. Millionen würden ihren Arbeitsplatz verlieren. Eine Marktwirtschaft ohne Märkte gäbe es nicht. Ich warb für Anpassungsmaßnamen und Übergangszeiten.«[77]

Was sagte Horst Köhler darauf dieser Ministerin von drüben? Er wusste ja schon, wie man bald mit solchen Leuten umspringen musste. Und so bestätigte er dieser Ostdame gegenüber überhaupt nicht seinen »Ruf, aufbrausend, ja geradezu jähzornig zu sein«[78] – andere sprechen von »Jähzorn« und »Ungeschick in diplomatischen Fragen«.[79]

Nein, Horst Köhler blieb ruhig und gefasst, er fragte wissbegierig, ja nahezu freundlich: »Warum sind Sie so arrogant, Frau Luft?«[80]

Arrogant? Aber ja. Ist es etwa nicht grob anmaßend von Frau Luft, über Millionen Arbeitslose zu reden, wenn die reiche Bundesrepublik den minderen Schwestern und Brüdern im Osten die Gnade der Deutschen Mark gewähren will?

Demut, Frau Luft, war geboten für alle Bürger der nun entschwindenden DDR. Aber von christlichen Tugenden verstand diese Dame nichts. Gottes Strafe folgte auf dem Fuß.

*

Bei den Märzwahlen, denn auch diese Formulierung hatte nach 57 Jahren ihre Unschuld wiedergefunden, siegten – nun danket alle Karl Schumacher – die christlichen Parteien der Allianz für Deutschland. Der Christdemokrat Lothar de Maizière wurde neuer Ministerpräsident der DDR. Die Tugend der Demut war ihm vielleicht nicht immer eigen, da aber die Akten der CDU-Blockpartei abgeholt waren, lernte er schnell, dass Fügsamkeit und Gehorsam den Christen zieren.

Am 18. Mai wurde der Vertrag über die Währungsunion im Bonner Palais Schaumburg von Bundesfinanzminister Theo Waigel unterzeichnet. Auch ein Finanzminister aus der DDR, Walter Romberg (SPD), durfte mitunterschreiben. Er hatte wohl ein feines Gespür für die Lage. Lothar de Maizière, der ebenso wie Helmut Kohl Zeuge der Zeremonie war: »Romberg ist ein guter Freund, ein Mann, den ich schätze. Ich erinnere mich noch, wie am 18. Mai, bei der Unterzeichnung der Währungsunion im Palais Schaumburg, Romberg seine Hände kurz im Schoß zu einem Stoßgebet faltete.«[81]

Waigel erinnert sich nur wenig anders: »Als ich ihm nach der Unterzeichnung die Urkunde aushändigte und sagte, ›Gott segne unser Land, Gott segne unser Volk‹, antwortete Rombach lutherisch korrekt: ›Ja, er segne.‹«[82]

Doch Gott hatte offensichtlich Wichtigeres zu tun. Und er

verkannte, dass die D-Mark seine – die *Frankfurter Allgemeine* wird es ihm noch beibringen (S. 199) – mindestens gleichberechtigte Kollegin war.

2. Kapitel

»Die herren machen das selber, daß ihnen der arme man feyndt wird ...«

Die BASF und Bischofferode

Bischofferode im Eichsfeld. Zwei unversöhnliche Traditionslinien der deutschen Geschichte treffen hier im wieder groß gewordenen Deutschland aufeinander:
Thomas Müntzer, der 1525 geköpfte Revolutionär, Anführer im Bauernkrieg, Urheber einer radikaldemokratischen Verfassung, und auf der Gegenseite die 1865 im Namen seiner Majestät des Königs gegründete Badische Anilin- und Soda-Fabrik – BASF –, die 1990 im Jahr der wiederhergestellten Einheit ihr 125-jähriges Jubiläum feiern konnte.
Diese Gegenüberstellung ist kein Anachronismus. Sie zeigt, was tot ist, was sich tot hungert, was tot gemacht wird heute in Deutschland, und was lebt, gedeiht und gefördert wird.
Die Grube in Bischofferode, die am 1. Januar 1994 geschlossen wurde, trug bis zuletzt den Namen Thomas Müntzers. Das hatte nichts mit dem missglückten Realsozialismus der DDR zu tun. Die Leute im Eichsfeld, wo Bischofferode liegt, sind gut katholisch, konservativ und

haben nach der Wende bis zu neunzig Prozent CDU gewählt. Aber es gibt ein Wort von Thomas Müntzer aus dem Jahr 1524, das 470 Jahre später dank der Treuhand in Bischofferode wieder einmal wahr wurde: »Die herren machen das selber, daß ihnen der arme man feyndt wird. Dye ursach des auffrurß wöllen sye nit wegthun …«
Die Herren, das sind die Herren von der BASF, auf deren Geheiß der Grube Thomas Müntzer ein Ende gesetzt wurde. »Unsere Herren und Fürsten nehmen alle Kreaturen zum Eigentum« – schrieb Müntzer 1524. Und es ist nicht das erste Mal, dass die Herren der BASF in das heutige Anschlussgebiet der Bundesrepublik Deutschland einfallen.
Hundert Kilometer östlich von Bischofferode wussten die Menschen schon lange, was es heißt, wenn die BASF vom Westen her zum Angriff auf ihr Eigentum antritt und ihr bisheriges Leben zerstört.
Es war Ostersonntag, als in Leuna und in den Nachbardörfern der Postbote überraschend mit einem Einschreiben an die Tür klopfte: Grund und Boden sind zu verkaufen, der Preis wird noch festgelegt, wer nicht verkauft, wird zwangsenteignet. So geschah es am 23. April 1916 – genau 77 Jahre vor dem Beschluss des Treuhand-Verwaltungsrates zur Vernichtung Bischofferodes am 23. April 1993.[1]
Während die Bauern, die Grundstücke in und um Leuna besaßen, irgendwo in Ost oder West unter Trommelfeuer im Schlamm der Schützengräben lagen und meinten, sie könnten dort das Land verteidigen, das ihnen gehört, hatte die BASF aus Ludwigshafen wie in einem Blitzkrieg angegriffen. Sechs Millionen Quadratmeter Bauernland raffte sich die BASF um Leuna und Merseburg zum Spottpreis von einer Mark für den Quadratmeter zusammen. Ein Beschlagnahmeverfahren unter Militärrecht: Die BASF hatte durchgesetzt, dass die vielen behördlichen Genehmigun-

gen und die Enteignung der Grundstücke nicht auf normalem zivilrechtlichem Weg, sondern völlig umstandslos durch militärischen Befehl erteilt wurden. Am Gründonnerstag klärte der Ludwigshafener Konzern mit dem Generalkommando in Magdeburg die notwendigen Beschlagnahmeverfügungen ab. Drei Tage später wurden sie den Opfern zugestellt, und schon nach weiteren drei Tagen rückten die ersten Baufahrzeuge auf das Gelände um Leuna vor. Und der beim Enteignen besonders behilfliche Reichskommissar für das Stickstoffwesen, Rittmeister Julius Bueb, wurde gleich nach dem Krieg hochdotiertes Vorstandsmitglied der BASF.[2]

Die Enteignung der Bauern war im Rahmen des geltenden Militärrechts absolut legal. Die Bauern von Leuna hatten 1916 eine ebenso freie Wahl wie die Kumpel von Bischofferode am 31. Dezember 1993: Nahmen sie nicht die eine Mark, die ihnen für den Ackerboden geboten wurde, der das Fünffache wert war, so bekamen sie gar nichts. Denn die Enteignung war kriegswichtig. Die deutschen Militärs hatten nämlich 1914 ihren Krieg mit großer Umsicht vorbereitet – eines allerdings vergaßen sie: Zum Totschießen von Menschen braucht man Munition, und zur Herstellung von Munition brauchte man – damals noch – Chilesalpeter. Doch den Import blockierte das perfide Albion: der Engländer. Der Erste Weltkrieg wäre spätestens im Frühjahr 1915 zu Ende gewesen – damals noch mit einem Verständigungsfrieden für Deutschland –, wenn ihn die BASF nicht gerettet hätte.

Deren späterer Chef, Carl Bosch, hatte ein Verfahren gefunden, um aus dem Stickstoff der Luft und dem Wasserstoff des Wassers Ammoniak herzustellen, als Ausgangsprodukt für Dünger. Die erste Fabrik war im Sommer 1913 in Oppau bei Ludwigshafen angelaufen. Als die Oberste Heeresleitung im September 1914 nach der Marne-

Schlacht den Munitionsmangel feststellte, gab Bosch sein Munitionsversprechen. Die Ammoniak-Erzeugung für Dünger wurde umgestellt auf Ammoniak-Erzeugung für Munition und Sprengstoff; ein Abfallprodukt daraus diente – dafür sorgte insbesondere Bayer in Leverkusen – bald auch als Giftgas zur großflächigen Vernichtung des Feindes.

»Erst diese Pionierarbeiten der großtechnischen Ammoniakerzeugung haben Deutschland befähigt, die Materialschlachten des Weltkrieges mit ihrem ungeheuren Munitionsverbrauch zu schlagen. Sonst wäre es gar nicht erst zu diesen Schlachten gekommen, und Deutschland hätte wahrscheinlich bereits 1915 infolge Munitionsmangels die Waffen strecken müssen.«[3]

Das steht in einer Festschrift, die nie erschien. »Leuna. 25 Jahre im Kampf um Deutschlands Freiheit« – so sollte sie heißen. Aber das rechtzeitig vor dem Jubiläum 1941 fertiggestellte Manuskript wurde nie gedruckt und blieb lange so geheim wie heute der Vertrag über die Thomas-Müntzer-Grube von Bischofferode zwischen der Treuhand und der BASF-Tochter Kali+Salz. Denn das Manuskript von 1941 enthielt ein Staatsgeheimnis, das zugleich auch das vielleicht größte Betriebsgeheimnis der Interessengemeinschaft Farben, der IG Farben, war. Doch davon später.

Vor ihrem Anschluss an die Bundesrepublik produzierten die Kali-Kumpel in der DDR in den sechs Bergbaubetrieben des Volkseigenen Betriebs Kombinat Kali Sondershausen jährlich 3,5 Millionen Tonnen Kali. Die DDR besaß in der Zeit, als sie noch nicht ehemalige genannt wurde, über 17 Prozent der Weltvorräte an Kalirohsalz und lag in der Weltproduktion mit über 12 Prozent an dritter Stelle, hinter der Sowjetunion (rund 33 Prozent) und Kanada (rund 28 Prozent). Die DDR war der zweitgrößte Kali-Exporteur der Welt – rund 80 Prozent ihrer Kali-Produkte gingen ins Ausland.[4] Das war unerfreulich für die westdeutsche Konkurrenz, die sich in der Kasseler BASF-Tochter Kali+Salz AG zusammengeschlossen hatte.

Doch kaum war die Mauer eine Woche auf, da kamen die Kali+Salz-Manager aus der Friedrich-Ebert-Straße in Kassel, boten ihre brüderliche Hilfe an und sahen sich überall sehr genau um. Das war die Zeit, in der man noch von Joint Venture sprach, also vom vorübergehenden oder dauernden Zusammenschluss von Unternehmen aus Ost und West zur gemeinsamen Ausführung von Projekten. Dabei konnte man wunderbar ausforschen, wohin Lieferverträge bestanden – und vor allem: zu welchen Bedingungen.

Das – wie auch immer – Volkseigene Kombinat Kali Sondershausen geriet unter die Treuhand. Und so saßen – das lief im Schweinsgalopp – schon am 14. Dezember 1990, zwei Monate nach dem Anschluss, im fünfköpfigen Vorstand der Ostbetriebe gleich vier Leute aus dem Westen, unzweifelhaft ausgesuchte Fachmänner. Allen voran der Mann von der direkten Westkonkurrenz: Alwin Potthoff, vorher Direktor in der Kali+Salz-Hauptverwaltung in Kassel. Damit war bereits dafür gesorgt, dass die Kali-Betriebe im Osten keine Geheimnisse mehr vor der K+S Tochter Kali+Salz Consulting GmbH hatten, die alsbald ihre »unternehmensberatende« Tätigkeit aufnehmen konnte. Als Vorstandssprecher kam aus Essen Friedhelm Teusch, der Finanzdirektor der Ruhrkohle AG. Und von deren Tochter STEAG aus derselben Stadt stammte Personalchef Peter Backhaus. Teusch redete sogleich sein neues Werk in die roten Zahlen und behauptete vor der Westpresse: »Mit jeder verkauften Tonne Kali wachsen die Finanzprobleme.«[5]

Aus Saarbrücken stieß Hans Jürgen Ertle zum Ostvorstand, ein unbeirrbarer Anhänger der Atomenergie, Mitglied im Deutschen Atomforum, in der Kerntechnischen Gesellschaft, im sogenannten Arbeitskreis Strahlenschutz sowie im Wirtschaftsverband Kernbrennstoffkreislauf. Bevor er den Vorsitz in der Geschäftsführung der Saarberg-Interplan Gesellschaft für Rohstoff-, Energie- und Ingenieurtechnik GmbH in Saarbrücken einnahm, war er Geschäftsführer der Interuran, der Saarberg-Interplan Uran GmbH, die ständig – und dafür sind die stillgelegten Bergwerkstollen interessant – auf der Suche nach Uranlagerstätten war.

Und im Aufsichtsrat saßen auf der Anteilseignerbank ganz schnell ausschließlich westdeutsche Wirtschaftsgrößen und sagten nun auch: Das Volk sind wir. Denn mit der DM-Eröffnungsbilanz war aus dem Volkseigenen Kombinat Sondershausen, zu dem Bischofferode gehörte, die Mitteldeutsche Kali AG (MDK) geworden. An ihrer Spitze als Vorsitzender stand Ulrich Steger, der sich in seiner Zeit als hessischer Wirtschaftsminister den Ruf eines Nuklearextremisten eingehandelt hatte. Er sah sofort eine Verwendung für die Kali-Gruben, die seiner Aufsicht anvertraut waren: Giftmüll, so sprach er zum *Hamburger Abendblatt*, könnte in »zwei oder drei« Gruben eingelagert werden.[6] Ihm standen – wie praktisch – gleich zwei Vorstandsmitglieder der BASF-Tochter Kali+Salz zur Seite: Willi Heim und Helmut Klucke als Aufsichtsräte bei der Konkurrenz, das konnte nur gutgehen.

Doch der BASF-Weltkonzern brauchte einige Zeit, um sich in der liebenden Umarmung die richtige Strategie zur Beseitigung der ostdeutschen Konkurrenz auszudenken. Die neuen westdeutschen Herren der Mitteldeutschen Kali AG in Sondershausen gaben sich redlich Mühe. Vier Betriebe des Kombinats wurden gleich stillgelegt, doch der Rest, Salz- und vier Kali-Bergwerke, darunter Bischofferode, waren nicht totzukriegen.

Kali+Salz in Kassel aber stand bald »massiv in den roten Zahlen«, wie die *Börsen-Zeitung* meldete. 1990 erzielte die BASF-Tochter den »bisher höchsten Verlust in der K+S-Geschichte«.[7] Der langjährige Vorstandsvorsitzende Otto Walterspiel verkündete bei der Erläuterung des Abschlusses für 1990: »Unser Unternehmen wurde in letzter Zeit hart gebeutelt.«[8] Mutter BASF löste ihn ab und schickte stattdessen aus ihrem Vorstand in Ludwigshafen einen brutalen Sanierer auf den Chefsessel in Kassel: Ralf Bethke.

Altruismus sei seine Sache nicht, verkündete der neue K+S-Vorstandsvorsitzende.[9] Er werde sich »gegen einen Marktangriff aus Mitteldeutschland wehren«. Zunächst versuchte es Bethke mit einem sogenannten »Kooperationsmodell«, was überhaupt nicht schwerfiel, saß doch – wie erwähnt – der von der K+S entsandte Alwin Potthoff im Vorstand der MDK. Zusammenarbeit zwischen den deutschen Brüdern – das sah laut Protokoll des MDK-Aufsichtsrats so aus: »Als Folge der Kooperationsgespräche mit Kali+Salz betrachtet die Mitteldeutsche Kali die neuen Bundesländer und die Kali+Salz die alten Bundesländer als ihren Inlandsmarkt.«

Im Klartext: Deutschland ist gleich wieder ordentlich gespalten. Der Bruder im Westen durfte nicht mehr in den Osten liefern – das ließ sich verschmerzen, er hatte es zuvor auch nicht getan. Und der Bruder im Osten – gleiches Recht für alle – durfte nichts mehr in den Westen verkaufen. Alte Kunden mussten abgegeben werden, und das tat weh, zumal die Bauern von den ehemaligen LPGs in der neugewonnenen EU-Freiheit weit weniger Felder zu bestellen und damit zu düngen hatten als in der alten DDR – der Düngerabsatz im Anschlussgebiet war um 80 Prozent zurückgegangen.

»Besonders merkwürdig«, so empfand der *Spiegel*, sei an

der ostwestlichen Kali-Kooperation, dass »die Partner in der ehemaligen DDR auf ihr bestes Produkt verzichteten«.[10] Denn Mitte 1991 wurde im Osten die Produktion von Kaliumsulfat eingestellt – als Dünger wegen seiner geringen Chloridhaltigkeit weit besser als das westliche Produkt. Doch die Sulfatfabrik im östlichen Dorndorf wurde demontiert, im westlichen Hattorf/Philippsthal dagegen wurde ausgebaut. Und in diesem Sinne verkündete Bethke aus Kassel: Kooperation ja! Fusion nie! Wozu auch. Die neue Mitteldeutsche Kali+Salz im Osten war ein trojanisches Pferd. In ihrem Bauch saßen die Wessis, immer bereit, jeden Ossi zu beseitigen, der sich ihnen in den Weg stellt. Aber es nützte nichts. »Kali+Salz nun doch wieder rot«, meldete im August 1992 die *Börsen-Zeitung* und meinte mit der Farbbezeichnung nicht eine neue sozialistische Misswirtschaft, sondern die Erfolgszahlen der Manager in der kapitalistischen BASF-Marktwirtschaft.[11]

Und so traten 1992 krisenhafte Phänomene an die gesamte BASF heran, und deren Vorstandsvorsitzender Jürgen Strube gestand seinen Aktionären, in der Bundesrepublik sei »die Talsohle noch nicht erreicht«. Nach dem »Sommerloch« sei die »saisonübliche Belebung« nicht eingetreten, kurz: Der Umsatz des erfolgsverwöhnten Konzerns fiel im letzten Quartal 1992 um 18 Prozent.

Der BASF-Chef sagte auch warum: »Der Nachfrageboom, den uns die Wiedervereinigung brachte, ist erschöpft.«[12] Die Ossis waren schuld, und dafür sollten sie zahlen. Jetzt machte Bethke ernst. Keine Fusion mit den Mitteldeutschen Kaliwerken, hatte er bisher gesagt. Und: Kali+Salz denke nicht daran, die MDK zu übernehmen. Eine Kooperation sei nur unter Wahrung der gesellschaftsrechtlichen und finanzwirtschaftlichen Eigenständigkeit möglich.

Jetzt aber sagte er: Doch Fusion. Doch Übernahme. Wie? Genau umgekehrt: Der Westbruder Kali+Salz lässt sich vom Ostbruder MDK schlucken. Warum? Da gibt es nur eine Antwort: Treuhand, Treuhand, Treuhand.

Am 8. Dezember 1992 wurde wegen »einer bevorstehenden wichtigen Mitteilung« die Kursnotierung von Kali+Salz an der Börse für drei Tage ausgesetzt. Am 10. Dezember gab die Treuhand in Berlin eine Pressekonferenz.

Der »Meinungswechsel der BASF«, schrieb die wohlinformierte *Börsen-Zeitung* schon am Vortag, lasse »auf massive Zugeständnisse der Treuhandanstalt schließen«.[13] Und das *Handelsblatt* feierte schließlich offen und ungeniert diese »Teilprivatisierung« der Mitteldeutschen Kali AG als »Modellfall für die Sanierung einer ganzen Reihe von Großbetrieben der Treuhandanstalt«. Dieses neue »Privatisierungsmuster« sei denkbar einfach: »Die Treuhand bleibt mit einer Minderheitsbeteiligung Gesellschafter an dem ostdeutschen Betrieb. Ein industrieller Partner aus dem Westen übernimmt die unternehmerische Führung. Zudem schiebt die Anstalt mit einem je nach Einzelfall auszuhandelnden Zuschuss die Umstrukturierung des Betriebes an.«[14]

Kali+Salz in Kassel bringt alle Kali-Aktivitäten, vor allem aber ihre roten Zahlen in die Mitteldeutsche Kali AG ein, die BASF-Tochter schlüpft also in deren ostdeutschen Mantel und wird in dieser Verkleidung zum Vorzugspatienten der Treuhand, wobei eines ganz klar ist: »Die unternehmerische Führung erfolgt überwiegend durch den bisherigen K+S-Vorstand.«[15] Nach außen ist die neue Mitteldeutsche Kali+Salz ein Ostbetrieb, in dem der Westbetrieb aufgegangen ist. Dass das für den höchst profitable Gründe hat, davon wurde freilich auf der Pressekonferenz am 10. Dezember 1992 nicht gesprochen.

Denn Verluste, die das gemeinsame Unternehmen machen wird, werden nicht etwa im Beteiligungsverhältnis 51 Pro-

zent für die BASF und 49 Prozent für die Treuhand aufgeteilt. Die neue Mitteldeutsche Kali+Salz, in der sich West und Ost brüderlich vereinen, ist eine GmbH, eine Gesellschaft mit beschränkter Haftung, und die geht so: Wenn die neue, aus westdeutschen Westdeutschen und westdeutschen Ostdeutschen zusammengesetzte gesamtdeutsche Gesellschaft Verlust macht, dann haften die Ostdeutschen, genau genommen die ostdeutschen Ostdeutschen, für die ja eigentlich einmal die Treuhand gegründet worden ist.
Und jetzt kommt das Beste: Sollte die neue Mitteldeutsche Kali+Salz GmbH Verluste machen – und es ist schon so gut wie verabredet, dass sie ganz ordentliche Verluste machen wird –, dann übernimmt von 1993 bis 1995 die BASF-Tochter mit ihrem 51-Prozent-Anteil nur 10 Prozent dieser Verluste, die Treuhand aber mit ihrem 49-Prozent-Anteil darf für 90 Prozent der Verluste aufkommen. 1996 werden die Verluste im Verhältnis 15 Prozent zu 85 Prozent aufgeteilt, 1997 20 Prozent zu 80 Prozent und danach sollte der BASF sicher wieder etwas Bekömmliches einfallen.

P.S. 2011: Das fällt ihr auch ein: 1998 verringerte Mutter BASF ihren Anteil an Kali+Salz auf 25,1 Prozent, und 1999 auf rund 15 Prozent.

Das Allerbeste aber: Die Anerkennung dieser Verluste durch die Treuhand erfolgt »unabhängig von der Ursache«.
Da kann beispielsweise Mutter BASF die Produkte der Kali-Tochter zu Schleuderpreisen erwerben. Daran hat der Konzern in Ludwigshafen auch jedes Interesse. Denn er

selbst stellt Mischdünger in großen Mengen her. Wenn er nun die Ausgangsstoffe von einem Tochterunternehmen zu einem Preis kaufen darf, den er selbst bestimmt, dann ist das ein Blankoscheck, ja eine Gelddruckmaschine für die BASF. Denn für die so entstehenden Verluste muss die Treuhand aufkommen, also das ehemalige Volksvermögen der ehemaligen DDR. Und das heißt, da dies von der Treuhand schon verspielt ist, der Steuerzahler in Ost und West. Und wie kommt das zustande? Ganz einfach: Kali+Salz bringt als Kaufpreis seine heruntergewirtschafteten Betriebe – »acht kostenträchtige, klapprige Werke« nennt sie der Thüringer CDU-Landtagsabgeordnete Egon Primas – in die MDK ein, und die Treuhand, also der Steuerzahler in Ost und West, schießt gleich mal über eine Milliarde zu und übernimmt die Altlasten der MDK, damit der Westkonzern im Ostmantel blüht und gedeiht.

Ein schöner Deal! Die »Vereinigung Deutschlands«, so Kali+Salz-Chef Bethke im April 1993 zu seinen »sehr geehrten Aktionären«, eröffnet die »historisch einmalige Chance«, durch die »Zusammenführung« der Kali+Salz-Aktivitäten von K+S-West und MDK-Ost die »Wettbewerbsfähigkeit nachhaltig zu verbessern«.

Von Hilfe für den Osten ist keine Rede mehr. Denn, so formuliert Bethke: »Natürlich konnten keine Einzelinteressen bei diesem Konzept berücksichtigt werden, und auch der unvermeidliche Kapazitäts- und Arbeitsplatzabbau führt für die Betroffenen zweifellos zu Härten.« Kurz, die Einzelinteressen Ost mussten sich dem Gesamtinteresse der Konzernmutter BASF unterordnen: Völlig gleichberechtigt sollten im Westen und im Osten je zwei Kali-Gruben stillgelegt werden. Und das bedeutet: Im Westen werden zwei (Wathlingen, Lehrte) von sieben Gruben aufgegeben – aber erst 1997. Im Osten zwei (Bischofferode, Merkers) von den verbliebenen vier Gruben – schon Ende

1993. West wie Ost müssen in den folgenden Jahren je 1700 Arbeitsplätze aufgeben. Doch 1989, als sie sich die Freiheit erstritten, hatten die Kali-Arbeiter im Osten noch 32 000 Arbeitsplätze, drei Jahre später nur noch 6000. Verlust: 26 000 Arbeitsplätze. Die Westkollegen verloren in derselben Zeit 1050 Arbeitsplätze. 1989 gab es hier 7800, 1992 6750 Kaliarbeiter. Den Ostarbeitern bleiben – nach West-Plan – 3000 von 32 000 Arbeitsplätzen, den Westkollegen 3500 von 7800. Und produziert wird künftig von beiden zusammen so viel wie früher von der DDR allein. Die gesamtdeutsche Förderkapazität soll von 6 Millionen Tonnen auf 3,5 Millionen Tonnen Kali sinken – das entspricht exakt der früheren DDR-Produktion. Nach der Fusion steht ganz Deutschland nach Russland und Kanada an dritter Stelle mit einem Weltmarktanteil von 12 bis 13 Prozent – genau dort, wo einst die DDR allein mit etwas über 12 Prozent stand. Und die Treuhand legt dafür mehr als eine Milliarde drauf.[16]

Der besonderen Verantwortung bei der »Zusammenführung zweier so unterschiedlicher Belegschaften und Unternehmensteile in einem deutsch-deutschen Unternehmen« sei er sich »sehr bewusst,« erläuterte K+S-Chef Bethke seinen Aktionären, und er nehme »diese Herausforderung gern an«.[17]

Für die BASF sind derlei hinreißende Geschäfte mit dem Steuerzahler wie in Bischofferode überhaupt nicht neu. Sie entsprechen dem Stil des Hauses. Carl Bosch hatte, als sein geliebtes Deutschland 1915 Schwierigkeiten mit der Munitionsproduktion bekam und er daran ging, den profitablen Krieg mit dem zusätzlichen Bau von Leuna zu retten, doch erst einmal viele Monate lang mit dem Kriegsministerium verhandelt, um für die BASF auch wirklich die allerbesten Konditionen herauszuholen. Es gab hohe Darlehen für die Errichtung von Leuna, die nicht nur so gut wie nichts kosteten, sondern am Ende gar nicht richtig zurückbezahlt werden mussten. Gottfried Plumpe, der – Freiheit der Wissenschaft – vom Bayer-Konzern als Öffentlichkeitsarbeiter angestellte IG-Farben-Historiker der Universität Bielefeld, formuliert das heute mit der ihm gebotenen Zurückhaltung: Die »finanzielle Belastung durch die Darlehen [wog] nicht besonders schwer, zumal ihre Rückzahlung in der Inflation unerwartet leicht zu leisten war.«[18]

Damals zahlte man schon bald eine Milliarde Mark für einen Sack BASF-Dünger. Kurz, der Steuerzahler hatte, soweit er den Krieg überlebte, der BASF die gewaltigen Kosten für ihr Werk in Leuna geschenkt – der BASF blieben nur die Aufwendungen, um den Kriegsgewinn einzustecken und die gefälligen Staatsfunktionäre zu belohnen. Viele der hohen Militärs und Beamten, die in ihrer staatlichen Position der BASF solch gewaltige Vorteile zugeschanzt hatten, fanden sich nach dem Krieg auf hochdotierten Direktorenposten der BASF wieder. Boschs direkter Verhandlungspartner in der Kriegsrohstoffabteilung, Leutnant Hermann Schmitz, wurde 1919 Vorstandsmitglied der BASF und 1935 als Boschs Nachfolger Vorstandsvorsitzender der IG Farben. Zugleich blieb der gefällige Beamte letztlich irgendwie auch ein Vertreter des deutschen Volkes; Adolf Hitler jedenfalls ernannte Schmitz 1933 zum Mitglied des Deutsches Reichstages, in dem der IG-Mann in der NSDAP-Fraktion freundliche Aufnahme fand.

Auch der Führer war schon sieben Monate, bevor ihm die Macht übergeben wurde, so lieb zur BASF wie das Kaiserreich damals und der demokratische Staat heute. Mitte der zwanziger Jahre hatte der BASF-Zweig der damaligen IG Farben auf ein Versiegen der Ölquellen gesetzt und in Leuna synthetisches Benzin aus Kohle produziert. Viel zu

teuer – während der Weltmarktpreis für Öl sank und sank, trieb die BASF und mit ihr die IG Farben in eine tödliche Krise. Bosch schickte am 25. Juni 1932 seine Abgesandten zu Hitler nach München. Der verstand sofort, dass er, wollte er Krieg führen, eine vom Weltmarkt unabhängige deutsche Benzinquelle brauchte. Koste es, was es wolle. Schon im Dezember 1933 kam es zum Benzinvertrag zwischen der IG Farben und dem Reich, der Leuna den Erzeugerpreis – oder was immer das Werk als solchen angab – garantierte und fünf Prozent Gewinn dazu.[19]
Was genau in dem Vertrag zwischen Treuhand und der BASF-Tochter Kali+Salz stand, ist tiefstes Staatsgeheimnis – nur die Besten durften es wissen. Mit der Treuhandanstalt, dem Wirtschafts- und Finanzministerium sowie den deutschen und europäischen Kartellbehörden seien, so behauptete Kali+Salz, »genügend Instanzen im Besitz der Wahrheit«.[20] Die anderen müssen darum notwendigerweise fern der Wahrheit bleiben. Alles, was an die Öffentlichkeit gelangt ist, etwa die zitierten Bestimmungen über die Aufteilung der Verluste (BASF 10 Prozent, Treuhand 90 Prozent), stammt aus der Beschlussvorlage für die Verwaltungsratssitzung der Treuhand vom 9. Dezember 1992, »eingereicht vom Vorstandsmitglied Dr. Schucht«. Die Treuhandvorlage wurde erst bekannt, als ein Unbekannter unter dem Decknamen »Nurmi« im Juli 1993 Kopien an über vierzig Zeitungsredaktionen verschickte. Kurz zuvor hatte die Treuhand-Präsidentin Breuel zusammen mit Klaus Schucht, ihrem für Bergbau zuständigen Vorstandsmitglied, eine Pressekonferenz abgehalten, in der sie an die Bergarbeiter von Bischofferode appellierte, ihren zwei Wochen zuvor begonnenen Hungerstreik zu beenden. Die Treuhand, so sprach sie, beobachte mit Sorge und Zorn, dass in Bischofferode unberechtigte Hoffnungen auf eine Weiterführung des Bergwerks geweckt

worden seien. Am Konzept zur Umstrukturierung des Kali-Bergbaus in Deutschland werde sich nichts ändern. Bischofferode werde zum Jahresende geschlossen. Das war ungelogen – wie das Jahresende zeigte.

Die Präsidentin verwahrte sich allerdings auch gegen den Vorwurf, durch die Fusion der ostdeutschen MDK mit der westdeutschen Kali+Salz werde das Westunternehmen auf Treuhandkosten saniert. Sie stritt das ab.[21]

Das war leichtsinnig: »Nurmi« trat in Aktion, veröffentlichte das Verlustverteilungsmodell, das den Mehrheitsaktionär BASF mit einem Zehntel der Verluste davonkommen ließ und die Treuhand mit dem Rest belastete. Jetzt blieb Präsidentin Breuel still. Dabei war das, was »Nurmi« an die Redaktionen verschickte, nur die Vorlage zur Treuhand-Verwaltungsratssitzung vom Dezember 1992. Wenn der schließlich abgeschlossene Fusionsvertrag solche Vergünstigungen nicht enthielt, warum hielt sie ihn streng geheim? Warum durfte dann keiner Einblick nehmen?

Dieses Schweigen lässt vermuten, dass der endgültige Geheimvertrag noch weit profitablere Bestimmungen für die BASF enthielt.

Inzwischen hatte die Treuhand-Präsidentin am 3. August 1993 ihren Pressesprecher Wolf Schöde zur Widerlegung eines neuen Vorwurfs vorgeschickt. Es sei nicht wahr, dass, wie behauptet, die im Vertrag enthaltene Wettbewerbsklausel zugunsten der Kasseler Kali+Salz AG oder eines internationalen Kali-Kartells eingefügt wurde. Es gehe bei der Wettbewerbsklausel einzig und allein, so betonte der Treuhand-Sprecher, um den Schutz und den Bestand der ostdeutschen Lagerstätten. So sei es wegen der Klausel dem westdeutschen Unternehmen Kali+Salz verwehrt, sich an ausländischen Gruben (etwa in der Ukraine) zu beteiligen, die den Ost-Lagerstätten Konkurrenz bieten könnten.[22]

Schöde schoss gegen das *Handelsblatt.* Unter der Überschrift »Der Preis für ein deutsches Monopol« hatte dessen wohlinformierter Chefredakteur Hans Mundorf am Tag zuvor einen aufsehenerregenden Artikel geschrieben. Ein Textauszug:

»Der Grund für die Diskretion, die Treuhandanstalt und Bundesfinanzministerium hinsichtlich des Fusionsvertrags der BASF-Tochter Kali+Salz (K+S) in Kassel und der Mitteldeutschen Kali AG (MDK) in Sondershausen üben, liegt offensichtlich in der dort vereinbarten und auch kartellrechtlich interessanten Wettbewerbs- oder Konkurrenzausschlussklausel: Danach ist es der Treuhand vertraglich untersagt, ostdeutsche Kaligruben, zum Beispiel Bischofferode, an einen anderen Partner als K+S zu verkaufen. Die Geschlossenheit des Konzepts darf nicht gestört werden. Der internationale Kali-Markt ist weitgehend kartelliert. Vermutlich gibt es Demarkationsabsprachen, durch die die nationalen Absatzgebiete geschützt werden.«

Die Importquote auf den deutschen Markt sei so gering, erläuterte der Chef vom *Handelsblatt,* dass Kali+Salz der Treuhand Privatisierungsbedingungen stellen und die Wettbewerbsausschlussklausel durchdrücken konnte. Das Fazit, das die ganze Größe des Sieges der Sozialen Marktwirtschaft über die sozialistische Zwangswirtschaft offenbarte: »Wegen dieser Klausel kann also eine Einzellösung für Bischofferode außerhalb des BASF-Komplexes nicht einmal probiert werden, welchen politischen Druck die hungerstreikenden Kali-Kumpel auch immer auszuüben versuchen. Wenn der Fusionsvertrag einmal einer breiteren Öffentlichkeit bekannt würde, könnte diese Klausel zum Politikum und Skandal werden.«[23]

So schrieb Mundorf vom *Handelsblatt.* Schoedes Treuhand-Dementi war noch nicht abgehangen, da ließ sich der BASF-Chef von Kali+Salz, Ralf Bethke, aus Kassel vernehmen. Ihn hatte offensichtlich die Schöde-Behauptung nervös gemacht, die Wettbewerbsausschlussklausel im Fusionsvertrag diene dem Schutz der Ostdeutschen. Die Klausel verpflichte vielmehr Treuhand und, wie Bethke betonte, beide Kali-Gesellschafter, keine Kali-Aktivitäten außerhalb des geplanten Gemeinschaftskonzerns zu unternehmen. Und das bedeute, erklärte Bethke klar und unmissverständlich: Ein Verkauf der Gruben, die geschlossen werden sollen, an Dritte wird unterbunden. Bischofferode musste sterben.

Das Wichtigste blieb stets, das Staatsgeheimnis zu wahren. Das seien doch über tausend Seiten, erklärte der Pressesprecher von Kali+Salz, Helmut Ernst, zu viel Lektüre für die Kumpel von Bischofferode. Wozu auch den Vertrag veröffentlichen? »Der Finanzminister hat ihn gesehen«, versicherte Ernst, »der Wirtschaftsminister hat ihn gesehen«.[24]

Das musste genügen. Doch ausgerechnet der Wirtschaftsminister Günter Rexrodt hatte in den ARD-Tagesthemen vor Millionen Zuschauern leichtsinnigerweise versprochen, »dass Vertreter der Belegschaft über einen Anwalt des Vertrauens in die Verträge Einsicht nehmen können«. Als aber dann die Bergleute – kurz zuvor in der Mehrzahl noch treue CDU-Wähler – den Rechtsanwalt Gregor Gysi damit beauftragten, fielen alle Klappen herunter. Der PDS-Mann, im SED-Staat Vertrauensanwalt vieler Dissidenten, konnte unmöglich der Mann des Vertrauens für die Bergleute von Bischofferode sein. Die vorher zugesagte Einsicht wurde ihm und der ebenfalls vorgeschlagenen Berliner Rechtsanwältin Ruth Martin verwehrt. Der Minister ließ mitteilen, lediglich ein unabhängiger Wirtschaftsprüfer, nicht aber ein Vertrauensanwalt dürfe Einsicht nehmen. Ein unabhängiger Wirtschaftsprüfer hätte aber die Bergleute nicht über den Inhalt des Vertragswerks informieren dürfen, im Gegensatz zum Vertrauensanwalt. Gysi zum Wortbruch des Ministers: »Was bleibt, ist diesmal nicht nur eine regelrechte Täuschung der Belegschaft, wie sie die Bischofferoder ja schon zu Genüge erfahren mussten, sondern auch einer millionenfachen Öffentlichkeit, die der Minister glauben machen wollte, dass es für den Betriebsrat in Bischofferode durchaus einen Weg zur Vertragseinsicht geben würde.«

Die Bonner Volksvertretung, der Deutsche Bundestag, übernahm willig die Rolle, die ihr zugedacht war: Die Mitglieder des Treuhandausschusses im Deutschen Bundestag ließen den Fusionsvertrag passieren, ohne ihn überhaupt zu kennen. Erst als Bischofferode Schlagzeilen machte, forderte die Bundestagspräsidentin Rita Süssmuth – schöne Gesten hatte sie gern –, den Fusionsvertrag offenzulegen.

Das setzte für sie sofort einen Tadel aus dem Kanzleramt, den die BASF von Helmut Kohl verlangen konnte wegen – wie er selbst drei Jahre zuvor formulierte – seiner »persönlichen Verbundenheit mit der BASF«. Schließlich stand Helmut Kohl von Kindesbeinen an in einem unverbrüchlichen Treue- und Gefolgschaftsverhältnis zum Ludwigshafener Weltkonzern. Schon im ehemaligen Dritten Reich, als die IG-Tochter in Auschwitz vom BASF-Betrieb in Ludwigshafen betreut wurde, züchtete der ahnungslose Pimpf Helmut Kohl Seidenraupen für die BASF. Zwanzig Reichsmark gab es für ein Kilo Kokons, denn Fallschirmseide war nötig für den weltweiten Einsatz der damaligen Wehrmacht. Nach dem Währungsschnitt sammelte der Schüler Helmut Kohl aus dem noch nicht völlig verseuchten Rhein Flusskrebse für die BASF-Kantine, das Stück für fünf Pfennig.[25]

Dann war er drei Jahre als Werkstudent in der BASF tätig, und danach vertrat der junge Referent des Verbandes der

Chemischen Industrie als Ludwigshafener Stadtrat so umsichtig und gewissenhaft die örtlichen Grundstücksinteressen der BASF, dass er aus diesem verantwortungsvollen Volksvertreteramt erst sieben Monate nach seiner Übernahme der Ministerpräsidentschaft von Rheinland-Pfalz entlassen werden konnte.

Und als endlich der Anschluss unmittelbar bevorstand, da trat der getreue Kanzler im April 1990 vor die Jubiläumsversammlung zum 125-jährigen Bestehen der BASF und meldete die bevorstehende Heimholung ins neue Reich: »Und drittens komme ich als Bundeskanzler zu Ihnen: Unser Land steht vor den größten Herausforderungen seit dem Ende des Zweiten Weltkrieges. Jetzt gilt es, die deutsche Einheit zu vollenden.«

»Unser Land« sei auch ihr Land, wähnten damals die Leute in Bischofferode und wählten in überwältigender Mehrheit den Kanzler der blühenden Landschaften. Sie hatten sich selbst überwältigt – die einzige Waffe, die ihnen blieb, war bald die noch schnellere Selbstvernichtung durch Hungerstreik.

»Kein Mensch kann wollen, dass das ganze Gebilde wegen einiger Ideologen ins Wanken gerät«, erklärte nach den ersten vier Wochen Hungerstreik der speziell für die Kali-Fusion zuständige Treuhand-Direktor Helmut Ballon.[26]

Das Gebilde ist – wir wissen es – der für die BASF so nützliche Fusions- und Monopolvertrag. Und die Ideologen sind die Kumpel, die ihren Arbeitsplatz behalten wollten, die Konkurrenz, die Bischofferode nicht stilllegen, sondern weiterarbeiten lassen wollte, und es sind unabhängige Wirtschaftswissenschaftler, die anders dachten als die Kaputtsanierer der BASF.

Sie sagten der Kali-Grube in Bischofferode eine gute Zukunft voraus, weil ihr Produkt begehrt war. Der von der Thüringer Landeswirtschaftsförderungsgesellschaft beauftragte Schweizer Diplomökonom Peter Arnold hat in einer umfangreichen Untersuchung festgestellt: »Angesichts des in vielen Wirtschaftsbereichen Ostdeutschlands nach 1989 zu verzeichnenden Absatzeinbruchs sticht ins Auge, dass sich die Lieferungen aus Bischofferode in den nord- und westeuropäischen Produzentenmarkt nicht nur in etwa auf ihrem Vorwendestand gehalten haben, sondern dass sie zwischen 1989 und 1991 sogar noch angestiegen sind.«

Der Gutachter vermerkte, dass Mehrnährstoffdüngerhersteller in Skandinavien und Österreich auf das spezielle Kali aus Bischofferode angewiesen waren; genau darum musste die Thomas-Müntzer-Grube weg. Denn die BASF brachte mit ihrer Tochterfirma Kali+Salz ebenfalls Kali auf den Weltmarkt – ein etwas anderes Kali. Das Ostprodukt aus Bischofferode war besonders gut geeignet für das sogenannte Mannheimer Verfahren zur Herstellung von Dünger. Ein Großteil der europäischen Konkurrenz der BASF arbeitete nach diesem Verfahren, und so konnte Bischofferode nach dem Fall der Mauer seinen Absatz steigern und seinen Kundenkreis erweitern. Die BASF-Tochter Kali+Salz aber arbeitete nach dem Kieserit-Verfahren und konnte deshalb das Kali aus Bischofferode nicht brauchen.

Wenn das Kali aus Bischofferode vom Weltmarkt verschwinden würde, hätte dies, so Gutachter Arnold, für die BASF einen zusätzlichen günstigen Effekt. Die Hauptkonkurrenten der BASF-Tochter, die skandinavischen Konzerne Norsk Hydro und Kemira Oy, müssten ihre Verfahren umstellen und gerieten so ins Hintertreffen. Und das war gut für die BASF, die gerade ein enttäuschendes Jahr hinter sich hatte.

Auch die Wirtschaftsministerin des Kabinetts Modrow, freigewählte Abgeordnete der letzten Volkskammer, die

Wirtschaftsprofessorin Christa Luft, fragte während des Hungerstreiks in der gesamtdeutschen Wochenzeitung *Freitag*: »Warum muss ausgerechnet ein Werk stillgelegt werden, das seinen Absatz in den vergangenen vier Jahren kontinuierlich steigern und seinen Kundenkreis nach der Wende sogar erweitern konnte? Das Unternehmen erreichte mit fast 80-prozentiger Auslastung im Jahre 1992 ein in der Branche sehenswertes Ergebnis und überlebte als einzige von sechs Zechen des Südharz-Unstrut-Reviers die Währungsumstellung, weil es die günstigsten Selbstkosten hatte. Die Lieferungen von Bischofferode konzentrieren sich auch nicht auf das zahlungsunsichere Osteuropa, sondern fast ausschließlich auf Nord- und Westeuropa. Dieses ostdeutsche Kali-Werk musste also nicht erst in den weltweiten Markt einsteigen. Dort war es schon präsent.«[27]

Der Schweizer Gutachter prüfte auch das Unternehmenskonzept des mittelständischen Speditionsunternehmers Johannes Peine, der die Grube von Bischofferode mit dem Einverständnis der Bergleute übernehmen wollte. Arnold schreibt, die Absatzprognose Peines, der »laut Konzept 234 000 Tonnen K_{2O} (gleich 390 000 Tonnen K_{60}) in diesem Markt unterbringen will«, erscheine »realistisch«. Der von ihm erwartete Lieferumfang in den nord- und westeuropäischen Produzentenmarkt entspräche dem durchschnittlichen Lieferumfang der Jahre 1991 und 1992. Der Gutachter weiter über Peines Plan: »Der von ihm für die nahe Zukunft erwartete Lieferumfang wurde 1990 auch schon annähernd erreicht. Der Absatz auf diesem Markt in den ersten fünf Monaten 1993 steht dieser Beurteilung auch nicht entgegen. Hochgerechnet auf das Jahr entspricht er 240 000 Tonnen K_{2O}.«[28]

Peine störte die Kreise der BASF, und darum machte der Treuhand-Vorstand Klaus Schucht den potenziellen Investor in einer ungewöhnlichen Attacke öffentlich nieder: »Also ich habe seine Bonität überprüfen lassen«, erklärte er dem *Spiegel*, »und dabei kam heraus – na ja, er ist kein Flick im Ruhrgebiet.«[29] Tatsächlich hatte Peine, soweit bekannt, keinen Versuch unternommen, sich durch Bestechung der Regierung hohe Vermögensvorteile zu verschaffen. Der Treuhandmanager verhöhnte den Investor öffentlich und wohlüberlegt: *Spiegel*-Interviews werden zur Genehmigung vorgelegt – er hätte den peinlichen Satz streichen können, streichen müssen. Aber er wollte den Mann erledigen, der anders als die BASF, die Stilllegung bot und dafür Verlustausgleich wollte, dieses Angebot machte: 550 von 700 Arbeitsplätzen werden übernommen und die Jahresproduktion von 650 000 Tonnen abgenommen. Er konnte sogar schon einen US-Abnehmer für die erste Jahresproduktion vorweisen. Höflich und kulant war man bei der Treuhand viel lieber zu Schwindlern, die nichts vorweisen konnten, den Kaufpreis für das ihnen überlassene Ostunternehmen aus dessen Kasse nahmen und dann noch nicht mal überwiesen (vgl. S. 234f.).

Für die hungerstreikenden Bergleute hatte das für sie zuständige Treuhand-Vorstandsmitglied Schucht ebenso viel Hohn übrig wie für den potenziellen Investor, der nicht von der BASF kam. Er habe zwischen 1945 und 1948 auch »beinahe Baumrinde gekaut«, versicherte Schucht. »Da müssen wir durch«, erklärte er dem *Spiegel* und erläuterte einfühlsam warum: »Das hat eine gewaltige Wirkung auch auf die Betriebe im Westen. Wenn der *Spiegel* nächstens aus Rationalisierungsgründen zehn Mann entlässt, werden die auch in Hungerstreik gehen.« Die sonst so schlauen *Spiegel*-Redakteure erläuterten dem Treuhand-Manager nicht, dass die Situation allenfalls dann vergleichbar wäre, wenn der Hamburger Staat den *Spiegel* enteignete, ein Vertriebsverbot in außerhamburgische Gebiete verhängte und dann zur Sanierung des darum notleidenden Blattes *Focus*-Manager ins *Spiegel*-Haus holte. Den Bergleuten aber ging es nach Meinung ihres Treuhänders noch viel zu gut. Schucht: »Als die Kali-Arbeiter aus Bischofferode bei ihrer Demonstration im Mai 3000 Eier gegen die Fassade der Treuhandanstalt geschmissen haben, habe ich denen gesagt: Wer noch mit Eiern werfen kann, dem geht es nicht schlecht.«[30]

3000 Eier – das kann so genau eigentlich nur wissen, wer sie ausgegeben hat. In Bischofferode zeigte man noch lange danach verwackelte Fotos von der Demonstration in Berlin: »Das war vor dem Gebäude der Treuhand, hier sieht man die Provokateure in Zivil, die uns kriminalisieren wollen.«[31]

In einem demütigen Entschuldigungsbrief an Treuhand-Präsidentin Birgit Breuel distanzierte sich der 1992 aus Rheinland-Pfalz eingeführte thüringische Ministerpräsident Bernhard Vogel von den »Entgleisungen«, die bei den Demonstrationen seiner neuen Landsleute vor der Treuhandanstalt vorgekommen seien.[32]

Der Neuthüringer hatte im Kampf um Bischofferode einen schweren inneren Konflikt auszustehen, das Ringen zwischen seiner ehrlichen Neigung, den neuen Landsleuten ein huldvoller Landesvater zu sein, und der ehernen Pflicht, die auf ihn als Kohls Nachfolger in der Ministerpräsidentschaft des BASF-Stammsitzes Rheinland-Pfalz gekommen war.

Am 1. Juli 1993 – zum dritten Jahrestag der deutsch-deutschen Währungsunion – hatte er seiner Leidenschaft freien Lauf gelassen: »Ich bin zornig darüber, dass man gegen eine geschlossene Front von Leuten, die nicht zuhören können, sondern die sich ein Ziel gesetzt haben, nichts erreichen kann. Ich bin zornig, dass hier Mittel der Treuhand, die dafür da sind, uns im Osten zu helfen, zur Sanierung eines deutschen Konzerns verwendet werden.« Er bedauerte, dass der Treuhandausschuss des Bundestages den Fusionsvertrag passieren ließ.[33]

»Wir wollen, meine Damen und Herren, helfen«, so sprach Vogel am 14. Juli 1993 in der Sondersitzung des Thüringer Landtags über Bischofferode. Helfen wollte er, »und zwar nicht nur den 700, die jetzt vor der Arbeitslosigkeit stehen möglicherweise, sondern wir wollen auch denen helfen, die bei den fünf vorangegangenen Grubenschließungen arbeitslos geworden sind.«

Und weil er helfen wollte, klagte der Ministerpräsident mutig all die Ja-Sager, beispielsweise im Bundestag, an, die ihn in seinem Kampf im Stich gelassen hatten: »Aber, meine Damen und Herren, es gehört auch zum Helfen, die Wahrheit zu sagen, dass wir von vielen anderen nicht unterstützt worden sind, dass parteiübergreifend von christlich-demokratischen, frei-demokratischen und sozialdemokratischen Abgeordneten aus jungen Ländern und aus alten Ländern dem Treuhandkonzept im Treuhandausschuss Zustimmung gegeben worden ist.«

Der CDU-Ministerpräsident protestierte gegen den rücksichtslosen Umgang der Bundesregierung mit den Kumpeln von Bischofferode – und mit ihm persönlich: »... wir haben den Bundesfinanzminister gebeten, die Zustimmung zu versagen. Ich habe es anderswo gesagt, und ich sage es auch hier: Es ist ein eigenartiger Umgang, den Chef einer Landesregierung über eine *dpa* Meldung von einer Entscheidung zu informieren, obwohl man mehrfach dringlich gebeten worden war, nicht so zu entscheiden.«

Dann erinnerte er sich klar und deutlich, wie konsequent und entschlossen er im Verwaltungsrat der Treuhand, dem er wie alle Ministerpräsidenten in Ostdeutschland angehörte, gegen die am 9. Dezember 1992 vorgelegte Fusionsvorlage gekämpft hatte: »Wir haben von Anfang an, von der ersten Befassung an – das geschah im Dezember, ohne dass der Punkt auf der Tagesordnung stand, in einer Tischvorlage, ohne detaillierte Daten –, wir haben von Anfang an diesem Fusionskonzept widersprochen.«[34]

Aber dann machte der Ministerpräsident einen kleinen Fehler. Die Sondersitzung war von der PDS beantragt worden, deren Abgeordneter Peter Dietl zu Beginn der Sitzung Kali+Salz und der BASF vorgeworfen hatte, sie führten »einen Rachefeldzug gegen die einstige Konkurrenz aus dem Osten«.[35]

Das fand der Ministerpräsident aus dem Westen unfair: »Meine Damen und Herren, zur Wahrheit gehört aber auch, dass das, was Herr Dietl über die BASF gesagt hat, so nicht stehenbleiben kann. Es ist nicht wahr, dass die BASF der Totengräber der deutschen Kali-Industrie ist.«[36]

Da las der PDS-Abgeordnete Dietl – nebenbei: Er hatte das Wort Totengräber gar nicht gebraucht – dem Ministerpräsidenten Vogel aus dem Protokoll der 72. Sitzung der Thüringer Landtags vom 15. Januar vor:

»Sie haben damals ausgeführt: ›Der Verwaltungsrat der Treuhand hat am 9. Dezember 1992 der Privatisierung der Mitteldeutschen Kali AG im Wege der Zusammenfassung mit den Kali- und Salzaktivitäten der Kali+Salz AG in einer gemeinsamen Gesellschaft im Grundsatz zugestimmt.‹«

Das heiße doch, meinte Dietl, dass ein Gremium zugestimmt habe, dem die Landesregierung von Thüringen angehöre. Da hatte der importierte Ministerpräsident plötzlich alles ganz anders gesagt, als er es gesagt hatte: »Ja, ich glaube, das ist aus meiner Rede eben ganz eindeutig hervorgegangen. Wir haben immer gesagt, es muss zu einer Fusion in Deutschland kommen, sonst geht die gesamte Kali-Industrie kaputt.« Jetzt gab es das, was die Parlamentsstenografen umschrieben als »Unruhe bei der

SPD, LL-PDS, Bündnis 90/Die Grünen«. Und aus dieser Unruhe vernehmbar war der Zwischenruf eines SPD-Abgeordneten: »Das kann doch nicht wahr sein.«

Und ob das wahr sein konnte. Vogel wusste es jetzt gar nicht mehr anders: »Das war von Anfang an immer unsere klare Position gewesen, und dazu sind wir ja auch von den Repräsentanten hier im Land gedrängt worden, dass es zu einer Fusion kommen muss.« Man müsse nämlich auch, so erläuterte der zu seiner wahren Meinung getriebene Westministerpräsident von Thüringen jetzt, »zwischen Fusion und Fusionsvertrag« unterscheiden. Und so interpretierte er – ein Meisterstück – alle Kritik am Fusionsvertrag in ein Ja zur Fusion um: »Sie werden wohl kaum unter den Ablehnern des Fusionsvertrages eine ernsthafte Stimme finden, die die Fusion abgelehnt hat.«[37]

Bernhard Vogel hatte das rettende Ja gefunden, und so die Neigung und die Pflicht in seinem Inneren geordnet. Während sich so im Parlament der Ministerpräsident enthüllte, offenbarte sich draußen seine Ordnungsmacht. Die Abgeordnete Christine Grabe vom Bündnis 90 meldete sich vor der Abstimmung entsetzt zu Wort, weil unter den Bergleuten von Bischofferode, die vor dem Landtag demonstrierten, »zivile bewaffnete, ich betone ausdrücklich bewaffnete, Einsatzkräfte« herumliefen, und dass diese »Herren ihre Jacken hoben und da draußen durchaus ihre Macht demonstrierten in vollem Bewusstsein und Kenntnis der Situation«. Und sie bat den Innenminister, »diesen Vorfall aufzuklären«.

Das fiel dem auch nicht schwer. Unter dem Beifall der CDU erläuterte er: »Die angesprochenen Beamten waren hier eingesetzt, um einerseits die Bannmeile sicherzustellen, beziehungsweise um die Ordnung hier im Hause sicherzustellen.«[38] Die zivil getarnten Polizisten taten es, wie die Bergleute berichteten, indem sie sich unter die

Demonstranten mischten und sie zu Gewalttaten aufzustacheln versuchten.[39] Videotrupps der Polizei standen bereit, um den Erfolg der Kollegen als Gesetzesbruch der Demonstranten aufzunehmen. Sie waren mit dem »stillschweigend vorausgesetzten Einverständnis« des Landtagspräsidiums auch in das Parlament eingedrungen, um von dort ihrer Arbeit nachzugehen. Landtagspräsident Gottfried Müller (CDU) unterband sofort die Anfertigung von Aufnahmen.[40]

Während sich ihr Präsident der Polizeifilmtruppe erwehrte, fanden die Abgeordneten harte Worte gegen Treuhand, BASF und deren Gehilfen. Der CDU-Abgeordnete Egon Primas gab zu Protokoll, bei einem Gespräch mit Mitgliedern des Treuhandausschusses in Erfurt habe »Herr Dr. Schucht von der Treuhandanstalt in Berlin in für mich menschenverachtender, eiskalter Weise den Bundestagsabgeordneten mitgeteilt, sie könnten ja beschließen, was sie wollten, dieses Werk würde dennoch zugemacht«.

Der CDU-Abgeordnete: »Nun hat jeder von uns, der dabei war, an sich gedacht, das lassen sich Bundestagsabgeordnete doch wohl nicht bieten.« Das Protokoll vermerkte an dieser Stelle Beifall von CDU und SPD. Doch Primas fuhr fort: »Aber auch da haben wir uns geirrt.« Er erinnerte an die Satzung der Treuhand, wie sie drei Jahre zuvor verabschiedet worden war: »In § 2 ist zu lesen, dass die Treuhand volkseigenes Vermögen zu privatisieren hat, die Wettbewerbsfähigkeit möglichst vieler Unternehmen herzustellen und somit Arbeitsplätze zu sichern und neue zu schaffen hat.«

Hier aber gehe es allein um die »versuchte Eroberung des Weltmarktes im Bereich Mehrnährstoffdünger durch Kali+Salz BASF auf Kosten der ostdeutschen Kali-Industrie«. Und dann sagte er den Satz, für den er Beifall aus dem ganzen Haus bekam: »Für mich besteht deshalb der

Anfangsverdacht gemäß § 266 Strafgesetzbuch – Untreue, und deshalb habe ich in diesem Sinne gegen das Mitglied des Treuhandvorstandes, Herrn Dr. Schucht, Anzeige erstattet.«[41]

Von »Skandal ohnegleichen« sprach auch der SPD-Abgeordnete Hans-Jürgen Döring, wider besseres Wissen und wider jegliche Vernunft solle ein Werk kaltgestellt, eine ganze Region in die Hoffnungslosigkeit geschickt werden: »Bischofferode hat einen potenten Investor mit schlüssigem Konzept, einen soliden Absatzmarkt und ein marktfähiges Produkt.« Aber hier gehe es gar nicht um Marktfähigkeit, »es geht um Marktbereinigung auf dem Kaliumsulfat- und Nährstoffdüngemittelsektor«. »Eiskalt« – er gebrauchte dasselbe Wort wie sein CDU-Kollege Primas – habe man sich über Proteste hinweggesetzt. Er klagte die Breuel-Behörde an: »Mit manipulierten Prognosen wurde die Öffentlichkeit von der Treuhand belogen und betrogen.«[42]

Das Parlament nahm einen Antrag der oppositionellen SPD an, in dem die Landesregierung aufgefordert wurde, erstens: »die Bundesregierung zu veranlassen, alle ihr zur Verfügung stehenden rechtlichen und politischen Möglichkeiten auszuschöpfen, den Kali-Fusionsvertrag in der derzeitigen inhaltlichen Fassung rückgängig zu machen oder so zu verändern, dass der Kali-Standort Bischofferode gesichert wird.«

Und zweitens: »nach vorheriger unverzüglicher Klagezulässigkeitsprüfung Klage zu erheben, um den Fusionsvertrag zu revidieren, wenn alle anderen Bemühungen zu keinem positiven Ergebnis kommen.«[43] Der Oppositions-Antrag wurde mit einer großen Mehrheit von 46 gegen 25 Stimmen bei sechs Enthaltungen angenommen. Viele Abgeordnete der regierenden CDU stimmten dafür. Nur die mitregierende FDP stimmte geschlossen dagegen, einschließlich des Abgeordneten Dr. Andreas Kniepert, der gerade noch temperamentvoll gegen das weltweite Kali-Kartell und dessen Treuhand- und Bundestagsgehilfen gewettert hatte: »Der Vertragstext liegt bis heute mir und uns nicht vor. Die Nachfrage beim Ministerpräsidenten hat das gleiche Ergebnis. Wo leben wir eigentlich, in welcher Bananenrepublik wird solches zugelassen, dass Ausschüsse des Bundestages sich instrumentalisieren lassen.«[44]

Die *Frankfurter Allgemeine Zeitung* nannte das Ergebnis eine »blamable Abstimmungsniederlage« der Regierung Vogel.[45] Aber das störte nicht. Die große Mehrheit des Thüringer Parlaments hatte guten Willen gezeigt, was in der angespannten Situation durchaus nicht schädlich sein musste. Und die Bundesregierung ihrerseits ließ sich nicht »veranlassen« – von fremden Parlamenten schon gar nicht. Bundesfinanzminister Theo Waigel kündigte statt dessen an, was man immer ankündigen kann: »verstärkte Bemühungen« – für Ersatzarbeitsplätze.

Ministerpräsident Vogel aber entschied sich in einem dramatischen inneren Konflikt zwischen seinen parlamentarischen Neigungen und dem Ruf der Pflicht selbstverständlich für letztere. Schon vier Tage später ließ er nach der ihm vom Parlament aufgetragenen unverzüglichen Klagezulässigkeitsprüfung durch seinen Justizminister feststellen, dass sich für gerichtliche Schritte gegen die Schließung der Thomas-Müntzer-Grube von Bischofferode »keine Erfolgsaussichten« ergäben. Daher halte es die Landesregierung, so verkündete Vogel in Erfurt, nicht länger für sinnvoll, ihren seit Anfang des Jahres intensiv geführten Kampf gegen die Stilllegung von Bischofferode fortzuführen.[46]

Trotzdem waren die Zensuren für Vogel nicht voll befriedigend. Unter der Überschrift »Fatale Zeichen gesetzt«

druckte die *Frankfurter Allgemeine Zeitung* nach, was der *Schwarzwälder Bote* ihm ankreidete: »Mit einer arbeitsmarktpolitischen Hilfskrücke, die aus der sozialistischen Mottenkiste des untergegangenen SED-Staates stammen könnte, will der massiv unter Druck geratene Ministerpräsident Bernhard Vogel die aufmüpfigen Kali-Kumpel von Bischofferode ruhigstellen. Überraschend hat die Erfurter Landesregierung auf das Bundesangebot, die Arbeitsplätze bis 1995 zu erhalten, noch draufgesattelt und 700 neue, unbefristete Jobs versprochen. Damit haben die Kumpel bewiesen, dass sehr wohl sein kann, was nicht sein dürfte. Arbeitsplätze können herbeigehungert werden. Politiker in Bonn und Erfurt haben fatale Zeichen gesetzt ...«[47]

Doch die Bergleute von Bischofferode wussten auch ohne diese Belehrung schon damals, was von solchen Zeichen und Versprechungen zu halten ist: nichts. Pauschale Zusagen, die rechtlich nicht einklagbar waren – die Kumpel setzten ihren Kampf fort, und bald ertönte so mancherorts der Ruf: »Bischofferode ist überall.«

Selbst das ansonsten so zahme Kartellamt in Berlin erwog, ob man das kartellrechtliche Verfahren nicht – wie durchaus möglich – aus Brüssel zurückholen solle. Die nationalen Behörden sind nach Artikel 19 der EU-Fusionskontrollverordnung zu einer Stellungnahme berechtigt, haben aber kein Vetorecht. Erst die Rückholung des Verfahrens von Brüssel nach Berlin hätte eine alleinige Entscheidung durch das Bundeskartellamt ermöglicht. Doch das war unmöglich. Denn den Antrag dazu musste der Bundeswirtschaftsminister stellen. Der hieß schon Günter Rexrodt und war zu dem Zeitpunkt, als die BASF ihren Bischofferode-Deal mit der Treuhand aushandelte, deren Vorstandsmitglied. Und so erklärte seine Sprecherin Astrid Mohn gleich zu Beginn des Hungerstreiks: »Wir gehen davon aus, dass weiterhin Brüssel zuständig ist.«[48]

Und dabei blieb es – was der BASF nur recht sein konnte. Wäre nämlich das Verfahren nach Berlin zurückverwiesen worden, das Bundeskartellamt hätte die Fusion nach Recht und Gesetz verbieten müssen. Da hätte es dann schon der peinlichen ministeriellen Ausnahmegenehmigung des Wirtschaftsministers und Ex-Treuhand-Vorstands Günter Rexrodt bedurft, um die Wünsche der BASF durchzusetzen. Der Weg über die Brüsseler Eurokratie war diskreter – am 14. Dezember genehmigte die Europäische Kommission den Anschluss der ostdeutschen Kali-Industrie ans Kali-Monopol der BASF mit – wie *Die Zeit* mutmaßlich ironisch titelte – »Gesalzenen Auflagen«.[49] Die schlimmste: Anders als im Fusionsvertrag festgelegt könne die Treuhandanstalt über die Bischofferoder Kali-Grube einzeln verfügen und sie außerhalb des MDK-Verbundes privatisieren.

Da müssen Herr Strube von der BASF, Frau Breuel von der Treuhand und last and least Herr Rexrodt vom Wirtschaftsministerium herzlich geschmunzelt haben: Könne! Musste natürlich nicht. Der Deal war damit perfekt. Die Bergleute von Bischofferode mussten ihre letzte Hoffnung begraben.

Die Grube war am 1. Januar 1994 zu – die Fragen, die sich viele im Osten stellten, blieben offen:

Warum muss der Osten jetzt weniger produzieren als der Westen, obwohl vor dem Anschluss zwei Drittel des deutschen Kali-Aufkommens in der DDR hergestellt wurden?

Warum wurde ausgerechnet Bischofferode geschlossen, obwohl man dort das beste Produkt auf dem gesamten deutschen Kali-Markt produzierte?

Warum konnte Bischofferode nicht einzeln privatisiert werden?

Warum wurde das Übernahmeangebot durch den Düngemittelhersteller Johannes Peine nie ernsthaft diskutiert?

Warum musste der Treuhand-Vorstand Schucht diesen potenziellen Investor öffentlich beleidigen?
Warum sollten sich die Kumpel von Bischofferode lieber zu Tode hungern, als dass auch nur ein Mann ihres Vertrauens Einblick in den Vertrag bekam, der ihre wirtschaftliche Existenz vernichtete?
Warum wurde dieser Vertrag, der aus der westdeutschen Kali+Salz-Tochter der BASF einen von der Treuhand mit Milliarden gefütterten ostdeutschen Betrieb machte, behandelt wie ein Staatsgeheimnis erster Ordnung?
Darum: Der deutsche Kali-Markt musste bereinigt und monopolisiert werden zugunsten des Konzerns, dem der Kanzler im April 1990 den bevorstehenden Vollzug der deutschen Einheit zu melden die Ehre hatte.
Die Fusion, durch die sich die Kali+Salz AG zum Schein von der Mitteldeutschen Kali AG schlucken ließ, wurde schon am 21. Dezember vollzogen. Tags darauf ordnete die neue Gesellschaft die Einstellung der Produktion in Bischofferode an. Doch die letzte Schicht blieb im Schacht. Die Bergleute blieben bis zum ersten Weihnachtsfeiertag unten. Dann mussten sie räumen. Treuhand und BASF hatten ihnen zum Weihnachtsabend die Luft abgestellt.
Jedes Nachgeben hätte die Bonner Republik in ihren Grundfesten schwanken lassen. Die Bergleute tief unten im ostdeutschen Untergrund mussten ganz einfach kapitulieren vor der wirtschaftlichen Vernunft, die von hoch oben aus den westdeutschen Chefetagen der Badischen Anilin- und Soda-Fabriken erstrahlte.
Es gab neben der für das Wohlergehen der BASF höchst notwendigen Bereinigung des Marktes einen ebenfalls sehr nützlichen Nebeneffekt. Denn die stillgelegten Stollen waren offensichtlich schon verplant. In dem von der Berliner Wochenzeitung *Die Wirtschaft* herausgegebenen Sammelband »Kombinate – Was aus ihnen geworden ist«

hieß es: »Nach unveröffentlichten Bonner Studien würde in den Gruben der Kali-Industrie der ehemaligen DDR insgesamt ein Hohlraumvolumen von 70 Millionen Kubikmetern für die Einlagerung von hochgiftigem Sondermüll, verseuchtem Erdreich oder schwermetallhaltigen Abfällen zur Verfügung stehen. Davon seien mindestens 16 Millionen Kubikmeter kurzfristig nutzbar. Das entspricht immerhin dem Fassungsvermögen von 440 000 Eisenbahnwaggons.«[50]

Das für Bergbau zuständige Vorstandsmitglied in der Treuhand war Klaus Schucht, der ganz besondere Interessen hat. Er war zuvor Vorstandsvorsitzender der Ruhrkohle Westfalen und der Bergbau Westfalen und von daher tief verstrickt in das Atomgeschäft. Schucht hatte zudem die Möglichkeit zur vertrauensvollen Zusammenarbeit mit seinem Treuhand-Vorstandskollegen Hans Krämer, zuständig für Altlasten. Der war zuvor Vorstandsvorsitzender der STEAG, die über Tochterfirmen zahlreiche nukleare Aktivitäten entwickelt, darunter die Lagerung abgebrannter Kernbrennelemente und Transport, Verarbeitung und Beseitigung von Atommüll.

Bischofferode aber war nach seiner Stilllegung in Händen der Treuhand-Tochtergesellschaft GVV, der Gesellschaft für Verwertung und Verwahrung, unnütz – so sah es der Fusionsvertrag vor –, ja schädlich geworden für das natürliche Gewinnstreben der BASF und konnte nun zur Verwahrung des lästigen Atommülls verwendet werden.

Aus aller Welt hatten die Kumpel von Bischofferode Sympathiebekundungen bekommen. Aber sie waren von einigen Betriebsräten und Gewerkschaften verraten worden. Nicht von der IG Metall, nicht von der IG Medien. Die hatten den Bergleuten geholfen. Es war die eigene Gewerkschaft, die IG Bergbau und Energie oder deren westdeutsche Zentrale, die sie im Stich ließ. Und die für die

BASF zuständige IG Chemie. Im August 1993 stellte sich der Gesamtbetriebsrat von Kali+Salz in einem Faltblatt ausdrücklich hinter die eigene Geschäftsleitung und behauptete, K+S und die Treuhand täten alles, um die Arbeitsplätze in der ostdeutschen Industrie zu erhalten. Der Betriebsrat spielte die Arbeiter im Westen gegen ihre Kollegen im Osten aus. Ein Arbeitsplatzopfer im Westen, »damit ein unwirtschaftliches Werk wie Bischofferode auf Staatskosten erhalten wird«, werde es nicht geben. Man könne nämlich »jede Tonne Kali nur einmal verkaufen«.[51]
Am 17. August, als an vielen Orten in West- und Ostdeutschland Solidaritätskundgebungen für die Kumpel von Bischofferode stattfanden, rief der K+S-Gesamtbetriebsrat zusammen mit der Industriegewerkschaft Bergbau und Energie (IGBE) zu einer Gegenkundgebung vor der K+S-Hauptverwaltung (HV) in Kassel auf.
Die Einladung hatte folgenden Wortlaut: »Aufruf!! In den letzten Wochen und Monaten ist von verschiedener Seite in unverantwortlicher Weise die Kali-Fusion einseitig dargestellt worden. Es steht nur ein Betrieb im Mittelpunkt. Damit musste jetzt Schluss sein! Denn es geht um mehr, um das Ganze, um den Erhalt des deutschen Kali-Bergbaus mit 7500 Arbeitsplätzen. Dafür wollen wir, die Betriebsräte und die Belegschaft der Werke und der HV, gemeinsam mit der IGBE demonstrieren.«
Am Ende dieser Einladung stand der Satz: »Wir sehen es als eine Verpflichtung für jeden Mitarbeiter dieses Hauses, daran teilzunehmen.«
Der Erste Vorsitzende der IG Bergbau und Energie Hans Berger hatte schon Mitte Juli die Stilllegung von Bischofferode verteidigt. Die *Frankfurter Allgemeine Zeitung*: »Anders als die hungernden Bergleute und ihr Betriebsrat bleibt die IG Bergbau bei ihrer Auffassung, dass die Fusion zwischen der Mitteldeutschen Kali AG, Sondershausen,

und der Kali+Salz AG, Kassel, erforderlich gewesen sei, um den deutschen Kali-Bergbau ›lebens- und leistungsfähig‹ zu halten.«[52] Der Zweite Vorsitzende der IG Bergbau, Klaus Südhofer aus Bochum, hatte den Überblick – er war Mitglied des Aufsichtsrats der BASF. IGBE-Vorstandsmitglied Manfred Kopke aus Neukirchen hatte ihn auch – er war stellvertretender Aufsichtsratsvorsitzender von K+S. Die Stellungnahme der IG Bergbau gegen ihre Mitglieder im Eichsfelder Bischofferode war verhältnismäßig moderat, ja human im Vergleich zu den Worten, die Martin Luther knapp 470 Jahre zuvor gegen seinen Reformationskollegen Thomas Müntzer und dessen Anhänger fand. Als die gegen die Feudalherren im Eichsfeld vorrückten, rief Luther die Obrigkeit auf zum Kampf »wider die rewbischen vnnd mördischen rotten der bawren«. Luther ermahnte die Obrigkeit, die Aufständischen erbarmungslos zu bekämpfen: »Sölch wunderliche zeytten sind itzt, das eyn Fürst den hymel mit blutvergissen verdienen kan ... Steche, schlahe, wurge hie, wer da kann. Bleybstu drüber totd, wol dyr, seliglichern tod kanstu nymer mehr uberkomen.«[53]

Am 15. Mai 1525 wurden die Aufständischen unter Bruch einer vereinbarten Waffenruhe von den hessischen Truppen in ihrer Wagenburg vor Frankenhausen überfallen und auf ihrer Flucht hinter die Mauern der Stadt niedergemacht. Die Truppen aus dem Nachbarland brachten 6000 Bauern, Bürger und Bergleute um und plünderten die Stadt. Müntzer, der kurz zuvor noch unter Berufung auf die Bibel geschrieben hatte, »das dye gewalt soll gegeben werden dem gemeinen volck«,[54] wurde noch zwölf Tage lang gefangen gehalten, gefoltert und dann zusammen mit 24 anderen Überlebenden geköpft.

Am 18. Mai 1525 schrieb Landgraf Philipp von Hessen an den Schwäbischen Bund: Wäre der Aufstand in Thüringen nicht bekämpft worden, wären Thüringen, Hessen, Braunschweig, Westfalen und andere Gebiete – er meinte so ungefähr Deutschland, das es damals nicht gab – verloren gewesen.[55] Das war und blieb eine richtige Analyse. Das *Hamburger Abendblatt* hatte schon fünf Monate vor dem Ende geschrieben: »Während sich Bonner Finanzexperten den Kopf zerbrechen, wie sie das europäische Währungssystem retten können, wird im Osten Deutschlands der Aufstand geprobt ... Längst hat sich der Hungerstreik der Kali-Kumpel von Bischofferode zum Protestzug all derer ausgeweitet, die sich bislang den Kräften des Marktes still beugten. ›Bischofferode ist überall‹, tönt es aus allen Richtungen. Zuletzt gestern auf dem Aktionstag, wo sich Tausende von Menschen vor der von Schließung bedrohten Kali-Grube einfanden, um mit den hungernden Kali-Kumpeln für eine andere, humanere Wirtschaftspolitik zu kämpfen. Doch darf Politik erpressbar sein? Sie darf es nicht.«[56]

»Die Gewalt soll gegeben werden dem gemeinen Volk«, das alte Müntzer-Wort steht – noch aus ehemaligen DDR-Zeiten – in Stein gemeißelt solange an einer Wand neben dem ehemaligen Werkseingang von Bischofferode, bis die Kräfte des Marktes im Zuge der Aufräumungsarbeiten diese leichtfertige und unverantwortliche Forderung entfernen lassen.

3. Kapitel
Anteilscheine für das/ein Volk
Das Geheimnis des Dr. Gohlke

Für Rolf Hochhuth war – als er 1993 seine Szenen aus einem besetzten Land »Wessis in Weimar« schrieb – die kaum angegilbte Zeitungsnachricht eine verblüffende Entdeckung. Wie ihm ging es den meisten, die nach nur drei Jahren vom Dichter auf diesen Fund aufmerksam gemacht wurden. »Wir drucken«, schrieb Hochhuth, »ungekürzt als Beleg, ja als Dokument – denn so verschollen ist bereits nach drei Jahren diese Verheißung – den Aufsatz, den die *Frankfurter Allgemeine Zeitung* am 15. März 1990 aus Anlass der Gründung der Treuhandanstalt veröffentlicht hat.«[1] Über diese Treuhandanstalt zur »Sicherung der Rechte und des Eigentums der Bürger« hieß es da: »Das volkseigene Industrievermögen der DDR wird auf 650 Milliarden Mark geschätzt. Damit entfielen auf jeden Bürger der DDR etwa 40 000 Mark. Erwogen wird, etwa 25 bis 30 Prozent des Industrievermögens den Bürgern in Form von Anteilscheinen oder Anrechten zur Verfügung zu stellen, um so Volksvermögen zu schaffen. Diese Vermögensurkunden könnten sie später zum Beispiel für den Erwerb von Wohnungen und Gewerberäumen ausgeben. Sie sollten jedoch nicht verkauft, also in Geld umgewandelt werden können.«

In der Bildung der Treuhandanstalt sah – »sieht«, schrieb damals die *FAZ* – DDR-Minister Wolfgang Ullmann, der zusammen mit sieben anderen Vertretern des Runden Tisches für »Demokratie jetzt« am 5. Februar 1990 ins Kabinett Modrow eingetreten war, einen »wichtigen Schritt zur Sicherung der Rechte und des Eigentums der Bürger«. Es würde auf eine »Enteignung der Bürger« hinauslaufen, wenn »das von ihnen erarbeitete und eigentlich auch ihnen gehörende Volkseigentum als Staatseigentum behandelt« würde.[2] Nichts deutete in dem *FAZ*-Bericht darauf hin, dass das »Volkseigentum« mit Beihilfe des anderen Staates als schnelle Beute einiger weniger verfrühstückt werden könnte.

Die Treuhand – das war damals noch die Idee derjenigen, die auf die Straße gegangen waren, derjenigen, die dort riefen: Wir sind das Volk. Am 12. Februar 1990 hatte das »Freie Forschungskollegium Selbstorganisation« um Wolfgang Ullmann von »Demokratie jetzt« an Ministerpräsident Modrow und an den Runden Tisch den »Vorschlag der umgehenden Bildung einer Treuhandgesellschaft zur Wahrung der Anteilsrechte der Bürger mit DDR-Staatsbürgerschaft am ›Volkseigentum‹ der DDR« übergeben. Das Kollegium fürchtete sich vor einer bloßen »Angliederung der DDR an die Bundesrepublik Deutschland«. Darum verlangte es, dass »das in Volksbesitz befindliche Eigentum – soweit es sich als demokratisch legitimiert bzw. durch Kriegsergebnisse zustande gekommen erweisen wird – in der DDR nicht herrenlos wird und einfach verloren geht (an wen mit welcher Berechtigung?)«.

Eile schien den Antragstellern geboten, denn sie ahnten schon – trotz des Fragezeichens –, an wen, egal mit welcher Berechtigung: »Die Verlustgefahr resultiert daraus, dass die Rechtskonstruktion ›Volkseigentum‹ nicht im Grundgesetz der Bundesrepublik Deutschland, dessen

Geltungsbereich ja vermutlich auf das Territorium der DDR ausgedehnt wird, enthalten ist.« Deshalb müsse »umgehend das Volkseigentum in eine Form transformiert werden, die den Rechts- und Eigentumsformen der Bundesrepublik entspricht«.

Doch diese bundesdeutsche Form sollte sich mit einem völlig neuen Inhalt verbinden: »Als erste Handlung müsste diese Holding-Gesellschaft gleichwertige Anteilscheine im Sinne von Kapitalteilhaber-Urkunden an alle DDR-Bürger emittieren.«

Eigentum für alle DDR-Bürger – Stichtag sollte der 18. März mit der ersten freien Wahl zur Volkskammer der DDR sein, »um die Legitimitäts-Kontinuität aus der Vergangenheit in die Zukunft zu gewährleisten«. Die DDR-Bürger sollten zweckmäßigerweise »Erben« sein, das Forschungskollegium empfahl eine Rechtskonstruktion, die sich am Modell der Nachlassverwaltung eines Erblassers zugunsten der legitimen Erbberechtigten orientieren sollte. Ganz bewusst sollte sie an die entsprechenden Rechtssätze des Bürgerlichen Gesetzbuches der BRD angepasst werden, damit sie prozessfest sein würde.

Dahinter steckten durchaus wirtschaftsliberale Vorstellungen, die Treuhandgesellschaft sollte sicherstellen, dass »die Wertbestimmung jedes einzelnen, konkreten Volkseigentums wirklich frei über den Markt erfolgt: Eine Wertbestimmung insbesondere auf das qualifizierte und kultivierte Zukunftspotenzial des Standortes DDR im Herzen Europas an der Nahtstelle zu Osteuropa kann nur über die Nachfrage konkurrierender Interessenten aus der Wirtschaft der ganzen Welt zustande kommen.«

Am 26. Februar 1990 forderte der Runde Tisch – von einer Währungsunion mit der Bundesrepublik wurde schon ganz konkret gesprochen – Regierung und Volkskammer auf, die Arbeiten an der Umwandlung der Rechtsform der

Volkseigenen Betriebe zu beschleunigen, damit die Rechte und Besitzstände der DDR-Bürger gesichert werden könnten. Der Runde Tisch übergab dazu der Regierung Modrow die Vorschläge von »Demokratie jetzt«, wie auch einen Antrag der neugegründeten Ost-SPD. Deren Fachgruppe Wirtschaftsstrukturen hatte unter der Überschrift »Was wir noch haben« eine Bestandsaufnahme für die Zukunft gemacht.

Und die sah so aus: Wer Immobilien, Grund und Boden besaß, könnte der Zukunft beruhigt entgegensehen: Grund und Boden steige im Wert auf das Hundertfache, Immobilien auf das Zwei- bis Dreifache und Antiquitäten würden ihren Wert in Westmark behalten, aber, so das Ost-SPD-Papier weiter:

»Der übergroße Teil unserer Bürger hat nichts von all dem. Die Dinge in unseren Wohnungen und Garagen – Autos, Fernsehgeräte, Waschmaschinen und Möbel – werden nach der Währungsunion bestenfalls noch ein Drittel wert sein. In unserem Land fiel erarbeitetes Sachkapital stets an den Staat, und so kommt es, dass bei uns der Bürger höchstens 20 % aller Werte, der Staat dagegen 80 % besitzt. In der BRD ist dies Verhältnis genau umgekehrt. Abgesehen davon reichen unser aller Ersparnisse vielleicht für den Erwerb von 10 % allen Eigentums im Lande. Zwingend folgt, dass wir große Teile dieses Eigentums unentgeltlich übertragen müssen, soll es nicht für uns verloren sein. Es wäre außerdem pervers, noch einmal zu bezahlen, was uns de facto bereits gehört.«

Der Staatsbesitz, so verlangte dieses SPD-Papier, solle gleichmäßig verteilt werden, zwecks Privatisierung solle das Volksvermögen einer Treuhandbank übertragen werden. Die Bürger würden drei Viertel der Vermögensanteilscheine der Bank kostenlos erhalten, ein Viertel bliebe als Geschäftsgrundlage der Bank in Reserve. Wer seine

Staatsbürgerschaft aufgeben oder seinen Lebensunterhalt überwiegend im westlichen Ausland beziehen würde, verlöre seine kostenlosen Anteile an der Bank. So wäre ein Anreiz gegeben, in der DDR zu bleiben.[3]

Das alles wurde im Drang zur Einheit in der Ost-SPD ganz schnell vergessen. Eilends zusammenzuwachsen schien wichtiger als auseinanderzurechnen, wem das Volkseigentum der DDR gehören sollte.

Im Westen forderte sechs Tage vor der ersten freien Volkskammerwahl im Osten sogar Wolfram Engels, der stramm rechtsliberale Wirtschaftsprofessor und Mitherausgeber der *Wirtschaftswoche*, einen »Volkseigentums-Fonds«. Aus dem sollten unentgeltlich nicht übertragbare Anteilscheine – er nannte sie »DDR-Aktien« – vergeben werden. Anschließend sollte das Volkseigentum verkauft werden. Der Erlös sollte dann an die Besitzer der DDR-Aktien – an alle DDR-Bürger also – ausgeschüttet werden. Dass dabei einiges zusammenkommen werde, davon war der erfahrene Wirtschaftswissenschaftler überzeugt: »Geht man von der Daumenregel aus, dass das Volksvermögen etwa das Fünffache des Volkseigentums ausmacht, so ergäbe das rein rechnerisch einen Betrag von 100 000 Mark für jeden Bürger.«[4]

Selbst der westdeutsche Finanzminister Theo Waigel räumte am 7. Februar 1990 vor dem Bundestag ein, dass zur Verteilung des ostdeutschen Volksvermögens »auch an die Ausgabe von Volksaktien« gedacht werden könne. Die 1993 erschienene Festschrift »Treuhandanstalt. Das Unmögliche wagen«, in der geneigte Wissenschaftler mit allen akademischen Mitteln ihre Sympathie für die größte Ent- und Zueignungsanstalt der Welt kundtaten, schließt aus diesen und anderen Stimmen, dass zu diesem Zeitpunkt »auch Experten in der Bundesrepublik von einem bedeutenden volkseigenen Vermögen der DDR ausgin-

gen«. Es ist ferner darin vermerkt: »Die Gedanken kreisten darum, wie dieses Vermögen zu behandeln sei.« [5]
Damit Westdeutsche das Volksvermögen der DDR behandeln konnten, bedurfte es des schnellen Einmarsches der West-Mark. Am 5. Februar hatte der Runde Tisch eine Konvertierbarkeit der DDR-Währung gefordert, ein fester Kurs zwischen West- und Ost-Mark sollte eingeführt werden. Zugleich aber wurde die DDR-Regierung aufgefordert, zusammen mit der BRD-Regierung in einer Expertenkommission die Möglichkeit eines Währungsverbandes oder einer Währungsunion zu prüfen.[6]
Christa Luft, die neue Wirtschaftsministerin, sah sich genötigt, Stellung zu beziehen. Sie gehörte schon 1988, als sie Rektorin der inzwischen längst abgewickelten Hochschule für Ökonomie wurde, zum Reformflügel der SED. Sie plädierte für »ein gleichberechtigtes Miteinander vielfältiger Eigentumsformen«. Neben dem öffentlichen Sektor, speziell in der Energiewirtschaft, der Schwerindustrie und im Verkehrswesen sowie dem genossenschaftlichen Bereich sollte sich wieder »privates Eigentum an den Produktionsmitteln« entfalten können.[7]
»Marktwirtschaft unserer Lesart«, so betonte die Ministerin aber auch am 3. Februar im *Neuen Deutschland,* »muss auf dem in Schlüsselbereichen der Wirtschaft dominierenden Gemeineigentum beruhen. Wir brauchen es als breite Basis, damit das Recht auf Arbeit einklagbar, realisierbar bleibt«.[8]
Vor dem Runden Tisch wägte sie Vor- und Nachteile einer schnellen Währungsunion ab: Einerseits dank der harten D-Mark der unbeschränkte Zugang zu einem breiten und bunten Warenangebot, DDR-Bürger im Ausland würden nicht länger Touristen zweiter Klasse sein, Betriebe erhielten Zugang zu dringend benötigten Ersatzteilen. Andererseits aber kein Schutz mehr gegen den rauen Wind des

Weltmarktes, massenhafte Betriebskonkurse, Arbeitslosigkeit und damit noch mehr Übersiedler in den Westen.[9] Ihr Vorschlag: ein Volksentscheid über die Währungsunion. Dass sie sich Illusionen über den Ausgang einer solchen Abstimmung machte, ist unwahrscheinlich, sie wollte vielmehr jeden Einzelnen mit der Dramatik einer solchen Entscheidung vertraut machen.

Am nächsten Tag, dem 6. Februar, kam Bundesbankpräsident Karl Otto Pöhl nach Ostberlin. Christa Luft erinnert sich: »Der Bundesbankpräsident war über meine Rede vom Vortag am Runden Tisch voll im Bilde. Er teilte die Schlussfolgerung, dass es ökonomisch nicht sinnvoll und sozial äußerst riskant sei, zunächst eine Währungsunion und über diese zeitverzögert eine Wirtschaftsunion herzustellen. Wie ich plädierte er dafür, schrittweise, aber ohne Zeitverzug, eine Angleichung der noch sehr unterschiedlichen wirtschaftlichen, rechtlichen und sozialen Rahmenbedingungen vorzunehmen und diesen Prozess dann mit einer gemeinsamen Währung zu krönen.«[10] An diesem Tag verhandelte Pöhl in Ostberlin auch mit dem Chef der DDR-Notenbank Horst Kaminsky. Danach verkündete der Bundesbankpräsident, dass es noch zu früh sei, die Währungsunion zu planen,[11] ja, sie sei eine »sehr fantastische Idee«.[12]

Noch am selben Tag kam aus Bonn die Meldung: »Kohl will sofortige Verhandlungen über Wirtschaftsunion.«

Das war am Dienstag, dem 6. Februar. Am Mittwoch berichtete die *Frankfurter Allgemeine Zeitung* über Kohls Aufruf, lobte zugleich seine »gelungene Zangengeburt«, die »Allianz für Deutschland«, ein Bündnis von Blockflöten-CDU mit den rechtsgerichteten Bürgerbewegungen »Demokratischer Aufbruch« und DSU. Gleich neben dem Bericht über Pöhls Ablehnung einer raschen Währungsunion brachte sich Mitherausgeber Jürgen Jeske mit den

Zukunftsplänen in Stimmung, die Experten schmiedeten: »Der Status ist ungewiss. Die Zustände sind trostlos. Der Augenschein ist deprimierend. Es tickt eine politische Zeitbombe. Und doch wird die DDR von vielen als ›Hoffnungswert‹ gehandelt, als Aktie also, deren Fantasie nicht in Gegenwartsbilanzen, sondern Zukunftserwartungen liegt.«

Die Fantasie an die Macht, von wem redet der *FAZ*-Herausgeber? Es bleibt nicht im Dunkel und sagt doch – damals – noch keinem etwas: »Eine Gruppe von Börsenspezialisten der Bank Schröder, Münchmeyer, Hengst & Co. hat kürzlich nach einer DDR-Reise versucht auszuloten, wie ein Hoffnungswert DDR gehandelt werden könnte. Im Kreis der rund drei Dutzend Teilnehmer verhielt sich die Zahl der hypothetischen Käufer zu den Nichtkäufern vier zu eins, obwohl konkrete Kurse nicht zur Debatte standen. Der Optimismus überwog also, obgleich sich selbst die Interessenten nach unten abzusichern suchten. Wie einem Reisebericht für die Kunden zu entnehmen ist, erschien den Börsianern für eine ›DDR-Aktie‹ am einleuchtendsten ein Kursverlauf ähnlich dem, den die Ölaktie Atlantic Richfield in den sechziger und siebziger Jahren nach dem Ölfund in Alaska nahm. Nach steilem Kursanstieg folgte der Sturz und unter heftigen Schwankungen ein allmählicher Wiederanstieg. Ein Analyst schrieb damals, dass zwischen der Erwartungs- und der Realisierungsphase zehn Jahre liegen könnten. Wo sich die DDR heute befindet, weiß niemand, dass es ein Hoffnungswert ist, erscheint sicher.«[13]

Die Börsenspezialisten des Bankhauses Schröder, Münchmeyer, Hengst & Co., die schon mal probeweise mit einer »DDR-Aktie« spekulierten, und die – natürlich – ihnen gehören sollte, hatten im Februar 1990 eine gute Nase. Aus dem Hoffnungswert DDR wurde für das Bankhaus schon im Herbst ein Realwert, der erst einmal tief stürzen musste, damit er den richtigen Leuten etwas bringt. Am 1. Oktober zog die langjährige Kommanditistin von Schröder, Münchmeyer, Hengst & Co., die Tochter des Bankiers Alwin Münchmeyer, in den Vorstand der Treuhandanstalt ein. Ein Todesschuss für Detlev Karsten Rohwedder machte Birgit Breuel im April 1991 zur Präsidentin jener allmächtigen Institution, die es an diesem 7. Februar 1990 noch gar nicht gab, und die am 12. Februar im Kabinett Modrow zwar zur Diskussion stand, allerdings nicht so, wie sie später Birgit Breuel in die Hände fiel.

Am Donnerstag, dem 8. Februar, gab der CDU-Generalsekretär-West Volker Rühe in einem Gespräch mit der *Welt* einen Warnschuss für seine Partei ab. »Rühe fürchtet Verlust der Mehrheitsfähigkeit«, meldete die *Welt* am nächsten Tag, und »Rühe sieht Vorteile für SPD«. In einem vereinten Deutschland, so hatte Rühe in der *Welt* entdeckt, werde sich »die Mitte« verschieben. »Unser Land, aber auch die politischen Parteien werden ihr Koordinatensystem ändern, sie werden insgesamt protestantischer, nördlicher und östlicher ausgerichtet sein.« Das alles nütze nur der SPD. »Wir dürfen nicht«, so alarmierte Rühe seine Partei, »in eine strukturelle Minderheitenposition geraten«.

Rühe ist auch in anderer Hinsicht ein eiskalter Schreibtischtäter, zur Vernichtung des Grundgesetzartikels für Asylrecht hatte er in einem Rundschreiben an die Parteiorganisation die Parole ausgegeben, künftig sei »jeder Asylant ein SPD-Asylant« – Mölln und Solingen wurden so auch Rühes Erfolg. Hier und jetzt aber rief er auf zum brutalen Sturmlauf in die Vereinigung. Denn gegen den »historisch bedingten Standortvorteil der SPD« gebe es »in dieser Phase des Umbruchs« nur einen Vorteil der CDU, dass »wir uns am stärksten und konsequentesten für die deutsche Einheit eingesetzt haben« und dass sie in Helmut Kohl einen hätten, der »von vielen schon als Kanzler der Deutschen empfunden wird«.[14] Das war die Waffe gegen die SPD und ihren zögernden Kanzlerkandidaten Oskar Lafontaine: Einheit ganz schnell – ohne Rücksicht auf Verluste. Die Krise im Osten musste angeheizt werden, damit sich die DDR, die sich von ihren bisherigen Machthabern befreit hatte, ohne lang nachzudenken dem Erlöser Kohl an die Brust werfe.

Schon am Samstag darauf konnte die *Welt* mit dem eiligen Umfall des Bundesbankpräsidenten aufmachen: »Pöhl: Es gibt genug Kapital, DDR ist nur ein kleines Land.« Der sozialdemokratische Bundesbankpräsident hatte vor dem christdemokratischen Bundeskanzler kapituliert. Pöhl übte öffentlich Selbstkritik: Angesichts der »Schaffung eines vereinigten Wirtschafts- und Währungsgebietes als Vorstufe einer politischen und nationalen Vereinigung« sei es »kleinkariert«, immer nur die möglichen Kosten aufzulisten. Die Bundesbank werde den Kanzler loyal unterstützen. Für den Fall des Scheiterns sorgte er vor: Jetzt komme es allein auf die Bereitschaft der DDR an, erklärte Pöhl. Sie müsse ihre Wirtschaftsstruktur radikal ändern, andernfalls habe die Einführung der D-Mark für beide Seiten negative Folgen. Die DDR müsse schnell die Voraussetzungen schaffen, dass privates Kapital aus dem Westen ins Land fließen könne.

Für die Bundesrepublik, sagte Pöhl, seien die finanziellen Folgen der von Kohl vorgeschlagenen Währungsunion »handhabbar«. Die Bundesrepublik verfüge über sehr hohe Ersparnisse, einen außerordentlich leistungsfähigen Kapitalmarkt und habe 1989 einen Kapitalexport von mehr als 100 Milliarden Mark sowie einen Handelsbilanzüberschuss von 150 Milliarden Mark erzielt. Und dann fügte er etwas hinzu, was manchen zweifeln ließ, ob er ernst meine, was er sagte: Im Vergleich dazu sei die DDR ein »kleines Land mit dem volkswirtschaftlichen Volumen von Hessen«.[15]

Wie sich die Zeiten ändern: Im Dezember 1993 sollte – wir kommen noch darauf – Pöhl vor dem Treuhand-Untersuchungsausschuss die Bundesregierung kritisieren, weil sie geglaubt habe, die »Einigung« aus der Portokasse zahlen zu können. Die Tiefe der Rezession mit fünf bis sechs Millionen Arbeitslosen sei eine Spätfolge der falschen Einigungsfinanzierung.

Im Februar 1990 aber war die Springer-*Welt* über den hastigen Kopfstand des Hüters der Währung entzückt: »Bundesbankpräsident Karl Otto Pöhl repräsentiert in diesen Tagen hektischer Dramatik einen der wichtigsten Faktoren im Umbruch: Vertrauen.« Er kenne die Risiken, aber er verkünde, der »epochale Schritt« sei zu meistern. Warum? Die *Welt* wiederholte den Pöhl-Irrwitz und legte noch eins drauf: »Schließlich werde das Währungsgebiet der D-Mark lediglich um eine Dimension wie das Land Hessen ausgeweitet ... Jetzt wird nur noch in Tagen und Wochen gerechnet. Die Handelnden und die Betroffenen brauchen nicht verzagt zu sein. Der Startschuss für des Wirtschaftswunders zweiten Teil fällt.«[16]

Damit der Schuss ein Volltreffer wurde, lancierte das Kanzleramt eine gut gezielte Äußerung des Kanzlerberaters Horst Teltschik aus der geheimen Lageberatung in die *Welt am Sonntag*. Binnen weniger Tage könne sich die Zahlungsunfähigkeit der DDR ergeben, wurde Teltschik wiedergegeben – und er dementierte nicht. Wolfgang Roth, damals wirtschaftspolitischer Sprecher der SPD, warf darauf der Bundesregierung vor, sie verursache Panik mit »Tatarenmeldungen« über Zahlungsschwierigkeiten der DDR.[17] Und sogar Graf Lambsdorff, der damalige FDP-Vorsitzende, nannte die Weitergabe der Teltschik-

Äußerung aus einem Hintergrundgespräch »leichtfertig« und »schlichte Brandstiftung«.
Die *FAZ*, die auf Seite 2 oben diese Lambsdorff-Äußerung wiedergab, zitierte auf Seite 2 unten (Überschrift: »Müller und Meier in Angst gesetzt«), wie »die *Sächsische Zeitung*, früher Bezirkszeitung der SED, jetzt ›unabhängig und offen für den Dialog zu allen Fragen‹, die Angst vor einem Sozialabbau in der DDR als Folge der Vereinigung« schüre. Nämlich so: »Haben wir dann überhaupt noch eigene Gesetze und Prinzipien? Wird vielleicht das Prinzip von Angebot und Nachfrage sofort in der Wohnungswirtschaft wirksam? Müssen wir für die 3-Raum-Wohnung warm 1000 Mark hinblättern oder ausziehen? Und beginnt in unseren Städten und Dörfern das große Spekulieren mit dem Grundbesitz? Werden wir das neue Paradies der Makler der BRD? Und was wird mit den Grundstücken, Villen und Landsitzen von enteigneten Großkapitalisten, Kriegsverbrechern und Junkern? Werden Volksentscheid und Bodenreform außer Kraft gesetzt? Können die alten Besitzer dann wieder Anspruch auf ihren Besitz erheben? Was wird aus den Betrieben, die ja nicht alle so schrottreif sind (wie sonst käme die Wirtschaft dieses armen Landes DDR nach westlichen Quellen auf Platz 16 der Weltrangliste)? Wer behält die Betriebe? Oder wer bekommt sie? Und was wird aus den jetzigen Besitzern, aus Müller und Meier, dem Volk? Wird es entschädigt für seinen Aufbau, seine Mühen? Und was wird auf dem Land? Feiern die Rittergutsbesitzer fröhlichen Einzug? Wird es im Sommer 90 noch Kinderferienlager geben? Werden die Kinderkrippen gleich zugemacht oder erst später, weil es die in der BRD nicht gibt? Und wie schnell werden Kindergartenplätze zur Mangelware? Und sind sie dann noch zu bezahlen?«[18]
Dumme Fragen. Heute können sie fast alle uneingeschränkt so beantwortet werden, wie die Fragesteller

fürchteten. Heute sind »die von der 49-jährigen kommunistischen Dilettanten-Wirtschaft besonders hart getroffenen Frauen aus der alten DDR« von Arbeitsplatz und Kinderkrippe befreit, heute lassen sie sich sterilisieren, um doch noch für einen Aldi-Lohn eine Aushilfsstelle zu bekommen. Weil es endlich anders ist, als es damals war: »Sie mussten, bei extrem niedrigen Löhnen, arbeiten. Sie mussten die Kinder, schon im Babyalter, in die Horte bringen, wo sie – schöne neue Welt – schon beim Töpfchensitzen mit Honeckerpropaganda berieselt wurden.«[19] Das schreibt 1994 der Ex-Kommunist Klaus Rainer Röhl, der selbst froh und tief in Ulbrichts Subventionstöpfchen gelangt hat. Damals aber, 1990, machten sich Ossis über Wessis Illusionen, und schon das Fragen allein war eine kommunistische Frechheit.

Die DDR-Wirtschaftsministerin Christa Luft, die sich an diesem von Teltschiks Bankrottdrohung bestimmten Februar-Wochenende zusammen mit Modrow auf den Staatsbesuch in Bonn am Dienstag vorbereitete, hatte die Pöhl-Selbstdemütigung bereits am Freitagabend im Fernsehen gesehen. »So etwas wie einen Erdrutsch« erlebte sie dabei und notierte später wichtige Einzelheiten über Pöhls Wiedergutmachung: »Ich wusste und weiß es zu schätzen, dass Pöhl über unser Gespräch nicht einfach hinwegging, sondern mir seinen abrupten Sinneswandel zu erklären versuchte. In meinem Bonner Hotelzimmer fand ich am 13. Februar seine Zeilen und einen prächtigen Strauß gelber Rosen vor. Zwei Arme brauchte man, ihn zu umfassen.«[20]

Die Politik habe über die wirtschaftliche Vernunft gesiegt. Das, so heißt es, sei der Inhalt von Pöhls Zeilen gewesen. Die Rosen gab es am Dienstag.

Am Tag zuvor, bei der Montagsdemonstration am 12. Februar, hatten die Wir-sind-ein-Volk-Leute neben den aus der Bonner CDU-Zentrale im Konrad-Adenauer-Haus gelieferten schwarzrotgoldenen Fahnen neue einheitliche Transparente mitgeführt: »Kommt die DM, bleiben wir, kommt sie nicht, gehn wir zu ihr.« Das war das Ende der Deutschen Revolution von 1989 – besiegt war die Wir-sind-das-Volk-Fraktion mit ihrem Ruf »Wir bleiben hier«. Der Drang nach Freiheit hatte sich in ein wildes Verlangen nach der DM verwandelt – und dafür musste schließlich nicht nur mit Mark und Pfennig bezahlt werden.

Schon seit einiger Zeit war manches vorgefallen, die Ostdeutschen aus der DDR herauszulocken. Als die Mauer fiel, im November 1989, köderte der Dortmunder Hoesch-Konzern die endlich frei in den Westen reisenden DDR-Bürger mit einem weithin publizierten Angebot: »Hoesch bietet DDR-Übersiedlern Arbeit und Wohnungen.« Zwar protestierte eine Mahnwache der Dortmunder Arbeitsloseninitiative vor der Hoesch-Hauptverwaltung: »Wir fragen uns, warum diese Arbeitsplätze uns nicht angeboten wurden. Über 5000 Bewerbungen sind in den letzten Jahren aus unseren Reihen bei Hoesch eingegangen. Vergebens!« Während 800 Belegschaftsmitglieder auf der Warteliste für eine Werkswohnung standen, richtete Hoesch Übergangswohnungen für DDR-Übersiedler her. Die Proteste der Dortmunder Arbeitslosen blieben erfolglos. Und auf die Aufforderung der Gewerkschaften, die Aktion abzublasen, gab es nur die eine Hoesch-Antwort: »Wir denken gar nicht daran.«[21]

Im Jahr darauf wurde der Hoesch-Chef Detlev Karsten Rohwedder von der Regierung de Maizière erst zum Verwaltungsratsvorsitzenden und dann zum Chef der Treuhandanstalt berufen und damit beauftragt, die Arbeitsplätze im Osten zu erhalten.

Doch zurück zu jenem Dienstag, dem 13. Februar 1990, mit Christa Luft und Hans Modrow in Bonn. Die Szenerie hatte sich entscheidend geändert seit der Prunkvisite vor zweieinhalb Jahren, am 7. September 1987. Damals empfing Helmut Kohl seinen Gast mit großem Gepränge. Das ganze Areal des Kanzleramtes war wie bei einem Staatsbesuch mit den Hammer-und-Zirkel-Fahnen der DDR geschmückt, als der hohe Besucher mit seinem von Polizei eskortierten Konvoi vom Flughafen her eintraf. Der Innenhof war von Tribünen gesäumt, auf denen sich Journalisten aus aller Welt drängten, die dabei sein wollten, als der deutsche Bundeskanzler mit seinem Besucher die Ehrenformation der Bundeswehr abschritt und erstmals an diesem Ort die DDR-Hymne »Auferstanden aus Ruinen« erklang.

Doch jetzt wurde der Besucher mit einem kleinen, unauffälligen Empfang gedemütigt. Denn er hieß nicht – wie der Besucher von 1987 – Erich Honecker. Er hieß Hans Modrow und war kein Diktator, sondern ein Mann des Runden Tisches mit der Opposition. Selbst die *Frankfurter Allgemeine Zeitung* hatte dem »Gorbatschow der DDR« schon lange vor der Wende bestätigt, dass er sich das »Vertrauen großer Kreise der Bevölkerung nicht nur in seinem Bezirk Dresden« erworben habe.[22]

Gewiss, auf den Fahnen-, Militär- und Hymnenhokuspokus kommt es nicht an. Nur: Dieser Gastgeber Helmut Kohl, der auch nachts nur unter einer schwarzrotgoldenen Bettdecke ruhig schlafen konnte, er kam sonst ohne solchen Paraden-Zirkus nicht aus, er wollte etwas damit sagen, als er bei diesem Empfang sein diplomatisches Protokoll einfror.

Der Sieger empfängt den Besiegten und lässt es ihn spüren. Modrow war daran nicht ganz unschuldig. Er hatte einen Fehler gemacht, als er zwei Wochen zuvor die Schunkel-Parole »Deutschland, einig Vaterland« verkündete. Jetzt saß er in dem Schlamassel, den er damit angerichtet hatte. Im einig Vaterland gibt es – erst recht, wenn die Geschichte ruft – nur einen Kanzler, und der hieß damals Kohl. Modrow hatte nichts mehr zu sagen. Und mit ihm waren auch diejenigen verraten und verkauft, die ihn zwar nicht gewählt, aber sehr wohl über den Runden Tisch beauftragt hatten, ihre Interessen zu vertreten.

Dieser Runde Tisch hatte Modrow klare Instruktionen mit auf den Weg gegeben. Eine davon war die Forderung nach einem ersten Lastenausgleich von 10 bis 15 Milliarden, die die DDR in dieser Übergangsphase bitter nötig hatte. Die Forderung bestand moralisch völlig zu recht, ja sie war geradezu bescheiden. Der Bremer Historiker Arno Peters hatte vorgerechnet, dass von den hundert Milliarden Mark deutscher Reparationszahlungen an die Alliierten nach dem Zweiten Weltkrieg 98 Prozent von Ostdeutschland und nur zwei Prozent von Westdeutschland bezahlt worden waren. Zur Jahreswende 1989/90 übergab der Bremer Professor, unterstützt von Bremer Kollegen und Senatoren, einen Reparationsausgleichs-Plan an die Regierungen beider deutscher Staaten: mit Zins und Zinseszins hatte er eine Schuld von 727 Milliarden DM ausgerechnet, die die Bundesrepublik der DDR abzutragen hat – für deren Reparationen an die von Deutschland im Zweiten Weltkrieg weitflächig zerstörte Sowjetunion.

Später höhnte Kohl in einem Interview Modrow hinterher: »Er wollte bei seinem Bonn-Besuch 15 Milliarden Mark mitnehmen. Für mich stand schon vor seiner Anreise fest, dass daraus nichts wird.«[23]

Der Runde Tisch, der die Opposition gegen die SED repräsentierte, diejenigen, die es gewagt hatten, auf die Straße zu gehen, dieser Runde Tisch hatte Modrow auch klar beauftragt, Kohl keine Zusagen über eine Währungsunion und eine Einführung der DM zu machen. Kohl wusste das, und eben deshalb bedrängte er Modrow, er wolle die Wäh-

rungsunion mit dem Staat, den er durch seinen Vertrauten gerade erst für bankrott erklären lassen hatte, sofort. Christa Luft nach dem Besuch in Bonn: »Warum brüskierte man nur derartig die oppositionellen Kräfte, die – wie auch die Vertreter der etablierten Parteien – am Runden Tisch einen Solidarbeitrag Bonns in Höhe von 10 bis 15 Milliarden Mark für angemessen hielten? Hatte Bonn nicht seit fast zwei Jahrzehnten der unter Honecker doch wohl weit weniger legitimierten DDR-Regierung (als der jetzigen nach Eintritt der acht Oppositionellen) Milliardenbeträge zukommen lassen – bis hin zu den Kopfgeldern für freigelassene politische Häftlinge? Anstatt laut die Menschenrechtsverletzungen anzuprangern, hatte man ein lautloses kommerzielles Geschäft vorgezogen. Damals sei es angeblich um die Menschen in der DDR gegangen. Und was war jetzt mit den Brüdern und Schwestern?«[24]
Nichts. Strauß ging es bei dem ersten Milliardenkredit um lukrative Ostgeschäfte für seine Amigos. Und Kohl ging es jetzt schon gar nicht um Hilfe, ihm ging es um eine Elendskulisse für seine Wahlparole »Wohlstand statt Sozialismus«, mit der die von ihm ferngelenkte »Deutsche Allianz« aus Ost-CDU, DSU und Demokratischem Aufbruch am 18. März siegte.

Überall in der DDR ließ er jetzt Ludwig Erhards Imponierwerk »Wohlstand für alle« kostenlos verteilen. Kohl versprach »blühende Landschaften«, vielen sollte es besser, keinem schlechter gehen als vorher.

Und die Treuhand? Die Herausgeber der akademischen Schutz-und-Trutz-Schrift »Treuhandanstalt. Das Unmögliche wagen« schrieben: »Die Treuhand war ein Kind der zusammenbrechenden DDR. In ihrer ursprünglichen Form beruhte sie auf einem Beschluss der letzten sozialistischen Regierung unter Modrow. Aber auch in ihrer heutigen Gestalt geht sie auf ein Gesetz der Volkskammer der

DDR, nicht des Deutschen Bundestages zurück. Von der Bundesrepublik wurde sie im Einigungsvertrag bestätigt und übernommen.«[25]

Das Kind wurde ausgetauscht und ein falsches untergeschoben, das bald seinen richtigen Vater und schließlich die Original-Mutter bekam. Noch vor der Wahl hatte der DDR-Ministerrat unter Modrow auf Vorschlag des Runden Tisches am 1. März 1990 die Gründung einer Anstalt zur treuhänderischen Verwaltung des Volkseigentums beschlossen. Vorsitzender des Direktoriums der Treuhandanstalt wurde der Modrow-Stellvertreter Dr. Peter Moreth von der LDPD (Liberal-Demokratische Partei Deutschlands).

Am 15. März beschloss der Ministerrat das Statut der Treuhandanstalt, und Minister Wolfgang Ullmann von »Demokratie jetzt« verkündete auf einer internationalen Pressekonferenz: »Jeder Bürger soll künftig über sogenannte Vermögensurkunden seinen Anspruch auf Volkseigentum verwirklichen können.«[26]

Drei Tage später gab es erst einmal freie Wahlen für jeden Bürger und dann eine Treuhand ohne Anteilscheine. Das geschah zum Besten für jeden Bürger, denn so versicherte man jedem Bürger, dass da plötzlich gar kein Volksvermögen mehr war, sondern nur noch Schulden.

Konnte jeder DDR-Bürger nicht dankbar sein, dass man ihm seine Vermögensurkunde verweigerte, damit ihm keine Nachschusspflicht entstehe, keine persönliche Haftung für diese Schulden? Wäre jeder Bürger – und jede Bürgerin erst recht, die ja noch mehr verloren, aber den Paragrafen 218 gewonnen hatte – nicht ärmer geworden, wenn man ihm – und ihr – das Eigentum nicht weggenommen hätte?

Bonn bemühte sich jedenfalls, den ehemaligen Brüdern und Schwestern im Osten zu helfen. Von dort kam Dr.

Herbert G. Schmidt von der CDU-Mittelstandsvereinigung angereist und versuchte seit März 1990, auch die Treuhand zu unterstützen, ursprünglich war er zur Unterstützung des Wahlkampfs der Ost-CDU in die DDR gegangen. Nach dem Wahlsieg gründete er die Wirtschaftsvereinigung der Allianz für Deutschland in Sachsen. Entschieden setzte er sich dafür ein, dass die Mitbestimmung der Arbeitnehmer im Aufsichtsrat einer neuen Treuhand auf ein Drittel zurückgeführt werde.[27]

»Nicht ein einziges Mal Besuch aus Bonn« bekam während der Beratungszeit des Treuhandgesetzes in der nunmehr frei gewählten Volkskammer der Vorsitzende des Wirtschaftsausschusses Dr. Jochen Steinecke. Das unterstrichen drei Jahre später in der Festschrift »Treuhandanstalt. Das Unmögliche wagen« unaufgefordert die Professoren Wolfram Fischer und Harm Schröter. Daraus schlossen die beiden Westprofessoren: »Das THA-Gesetz kann also nicht als Bonner Diktat bezeichnet werden.«

Das ist geografisch richtig. Bielefeld war nämlich auch dabei. Die beiden Professoren schrieben es eine Seite zuvor selbst: »Es bleibt die Frage, wessen THA-Vorstellungen sich durchsetzten. Erkennbar sind die Züge des ›Bielefelder Modells‹, dessen Zugkraft sich möglicherweise durch persönliche Beziehungen zwischen seinen Autoren und de Maizières Berater in ökonomischen Grundsatzfragen, Dr. Holzwarth, verstärkt hat.«

Die Autoren des Bielefelder Modells sind die beiden Bielefelder Professoren Peter Hommelhoff und Walter Krebs, der Bankier Dr. Annecke und der damalige Bundesgeschäftsführer des Wirtschaftsrats der Bonner CDU, Rüdiger von Voss, ein engagierter Ordnungspolitiker, der sich schon im Westen bei der Blockade der Mitbestimmung bewährte und dafür eintrat, Sozialpläne »auf das unbedingt notwendige Maß« zurückzuführen.[28] Und Dr. Holzwarth, der erwähnte Grundsatzreferent des ostdeutschen Ministerpräsidenten, war eigentlich der Leiter der Wirtschaftspolitischen Abteilung im Konrad-Adenauer-Haus der West-CDU in Bonn.[29]

Die Anteilscheinregelung entfiel, die bisher in allen Vorschlägen für eine Treuhandanstalt vorgesehene Mitbestimmung ebenfalls. Das Treuhandgesetz wurde durchgezogen.

Die neue Regierung de Maizière setzte sich mit ihrer von sachkundigen Wessis ausgearbeiteten Gesetzesvorlage über den zuständigen Wirtschaftsausschuss der erstmals freigewählten Volkskammer hinweg. Einen »Skandal« nannte Günter Nooke vom Bündnis 90 den von der Regierung aus Bonn importierten Gesetzesentwurf. »Unsere Vorstellungen zur Treuhandanstalt sind andere«, empörte sich der Bürgerrechtler und sagte: »So kann man mit der Riesenmenge Volkseigentum nicht verfahren.«

Man konnte. Und so schrieb schließlich der Bürgerrechtler und SED-Gegner Nooke im *Neuen Deutschland* der ehemaligen SED: »Das erste aus demokratischen Wahlen hervorgegangene Parlament dieses Landes gab den Freibrief für die Totalenteignung seiner Bürgerinnen und Bürger.«[30]

Es war zunächst einmal ein Freibrief für den Vorstandsvorsitzenden der Hoesch AG und vielfachen Aufsichtsrat großer bundesdeutscher Konzerne, ein Freibrief für Detlev Karsten Rohwedder. Er wurde Verwaltungsratsvorsitzender der Treuhandanstalt und sollte einen neuen Vorstand auswählen.

Sachkundige Journalisten der Wirtschaftspresse hatten Rohwedder 1990 zum »Manager des Jahres« gewählt. Sie hatten recht behalten, wie sie recht behielten, als sie dem Chef der Metallgesellschaft Heinz Schimmelbusch genau denselben Titel verliehen, der Ende 1993 nach erfolg-

reichem Missmanagement mit Milliardenverlusten in Schimpf und Schande davongejagt wurde.
Rohwedder besaß zwar das Parteibuch der SPD, aber demokratische Bestrebungen im eigentlichen Sinne konnte man ihm nicht unbedingt nachsagen. Von Vorurteilen gegen Diktaturen war er frei, wenn sie ihm effizient erschienen. Als Staatssekretär der sozialliberalen Regierung in Bonn schwärmte er für das Apartheidregime in Südafrika: »Die Möglichkeiten, die sich in dieser faszinierenden Entwicklungsphase« – die UNO hatte zu dieser Zeit zum Widerstand gegen die südafrikanische Rassistendiktatur aufgerufen – »dieses Landes für uns auftun, sind von unermesslichem Nutzen für unsere Wirtschaft.« Rohwedder bekannte am 21. April 1975 auf der Rand-Show in Johannesburg: »Ich würde meinen, dass Südafrika und Deutschland auf vielen Gebieten zusammenarbeiten können, seien sie traditionell und üblich, seien sie technologisch hochentwickelt und fortschrittlich.«[31]
Sein Minister Hans Friderichs, der sich gegen schönes Spendengeld »Tag und Nacht« für den Flick-Konzern bereithielt,[32] musste 1977 gehen – in den Vorstand der Dresdner Bank. Rohwedder, zuvor schon Aufsichtsrat von VEBA, Gelsenberg und Bewag, wechselte aus dem Wirtschaftsministerium auf den Chefsessel des Hoesch-Konzerns, wo er sich auf sein nächstes Amt vorbereitete: Innerhalb von einem Jahrzehnt halbierte er die Hoesch-Belegschaft von 28 000 auf 14 000 Beschäftigte.
Das konnte er deshalb so gut, weil er stets ein ehrlicher Bewunderer der Politik Maggie Thatchers war: Sie habe vorexerziert, wie man mit schmerzlichen Einschnitten ein »krankes« in ein vitales Land umwandeln könnte.[33]
Dass die Treuhandanstalt ihre Aufgabe in einer dezentralen Organisationsstruktur über Treuhand-Aktiengesellschaften verwirklichen sollte, schrieb sowohl das von der

frei gewählten Volkskammer am 17. Juni 1990 beschlossene Treuhandgesetz (§ 7) wie auch die Treuhandsatzung (§ 5) vor. Doch im Osten beschlossene Gesetze konnten natürlich für einen aus dem Westen kommenden Manager nicht gelten. Warum Rohwedder völlig korrekt das Gesetz gebrochen hatte, beschrieb sehr trefflich der aus dem Westen in das Institut für Öffentliches Recht und Völkerrecht der Ostberliner Humboldt-Universität eingesetzte Professor Michael Kloepfer im akademischen Treuhandrechtfertigungsband »Das Unmögliche wagen«: »Entgegen früheren Äußerungen entschied sich Detlev K. Rohwedder als Präsident der Treuhandanstalt gegen die Errichtung der Treuhand-Aktiengesellschaften. Der Vorstand der Treuhandanstalt ist daraufhin diesem Gesetzesbefehl nicht nachgekommen. Ausschlaggebend hierfür war die mittlerweile gewonnene Überzeugung, dass die Gründung der Treuhand-Aktiengesellschaften wegen der damit verbundenen Abgrenzungs- und Koordinationsprobleme und der Schwierigkeiten einer schnellen, qualifizierten Besetzung die Treuhandanstalt in ihrer eigentlichen Aufgabe für längere Zeit behindert hätte. Regierung und Parlament haben dieses Verhalten teils gebilligt,[76] ansonsten stillschweigend hingenommen.«
Die Fußnote hinter dem Wort »gebilligt« verrät, wie nach neuerer, nunmehr gesamtdeutscher Rechtsauffassung Gesetze veränderbar sind. Die Fußnote 76 lautet: »Stenografische Niederschrift der Volkskammersitzung vom 13. 9. 1990, S. 1680: ›Beifall bei der CDU/DA und DSU.‹«
Eine klare Aussage. Wenn die führende Blockflötenpartei samt ihren neuen Satelliten der Ansicht war, sie könne durch rhythmische Handbewegungen den Wortlaut von Gesetzen ändern, so ergab sich dies aus der Gewohnheit. Dass aber ein aus Trier importierter Professor für Öffentliches Recht eine solche Rechtsansicht sich zu eigen

machte, demonstriert, wie gut schließlich doch der übriggebliebene Westen vom ehemaligen Osten zu lernen vermochte.

Legal, illegal, dem neuen Treuhand-Chef war dies alles egal. Ihn störte, dass die Treuhand-Aktiengesellschaften dezentral sein sollten, das hätte seine Machtfülle eingeschränkt, vor allem aber hätte er sich im Aufsichtsrat der Treuhand-AGs mit den Mitbestimmungsrechten der Beschäftigten herumärgern müssen, ebenso wie in seinen letzten Wochen als Vorstandschef von Hoesch in Dortmund. Dort hatten die Arbeiter auf dem Firmengelände aus Protest eine Mauer gebaut, weil Rohwedder durch Ausgliederung von Betriebsteilen die erweiterte Montanmitbestimmung der Arbeiter zu beseitigen versuchte.[34]

Das war der Verwaltungsratsvorsitzende, der die neue Treuhand kontrollieren sollte, nun galt es noch einen neuen Vorstandsvorsitzenden zu suchen. Anfang Juli 1990 – gleich nach der Währungsunion – ereilte den Bundesbahnchef und ehemaligen IBM-Manager Reiner Maria Gohlke mitten im Urlaub ein Anruf des damaligen Staatsministers im Kanzleramt, Rudolf Seiters.

Gohlke sagte spontan zu, weil er – wie er dem Treuhand-Untersuchungsausschuss des Bundestages im Dezember 1993 erläuterte – ein vorbildlicher Familienvater sein wollte: »Ich habe drei Kinder. Eines davon war mehr oder weniger kurz davor, aktiv ins Berufsleben einzusteigen, und den hatte ich vorher versucht zu motivieren, in den Osten rüberzugehen, und ich war der Meinung, dass man hier mit bestem Beispiel vorangehen muss. Das war aber ähnlich wie damals, als ich als Geschäftsführer die IBM verlassen habe, um zur Bundesbahn zu gehen, da war es auch meine Familie, die mich hier motiviert hat, sich so einer Aufgabe zur Verfügung zu stellen.«[35]

Und so brach Gohlke sogar seinen Urlaub ab, um für das

Salär von einer knappen Million seiner Verantwortung für Volk und Familie gerecht zu werden. Durch seinen Job bei der Bundesbahn war er ausreichend vorgebildet. »Wenn ich nur daran denke, wenn es darum ging, Strecken, die nicht mehr sinnvoll betrieben werden, stillzulegen, das erforderte ja sehr viel Auseinandersetzungen mit den Landesregierungen, sehr viel Auseinandersetzungen mit den Abgeordneten. Zweitens mussten wir sehr viel Personal abbauen. Ich hatte seinerzeit in der Zielsetzung den Plan bis zum Jahr 1990 90 000 Leute gehabt, was wir auch sozialverträglich durchgesetzt haben. Das heißt, als ich ausgestiegen bin, waren all diese Ziele erreicht, und dass alle davon ausgingen, dass ich da die besten Voraussetzungen mitbringe, um in diesem schwierigen Feld hier einen Beitrag zu leisten.«[36]

Betriebsmittel vernichten und Menschen auf die Straße setzen – das war das, was der erste richtige, weil westdeutsche Treuhand-Chef (Moreth war vor die Tür gesetzt worden) vor den Abgeordneten des Treuhand-Untersuchungsausschusses ganz arglos als seine reizvolle Aufgabe schilderte. Nicht weniger arglos, aber ungeheuer ehrlich antwortete er auf die Frage des Ausschussvorsitzenden Otto Schily (SPD), wo er sich denn als Treuhandchef angebunden fühlte, bei der damaligen De-Maizière-Regierung oder bei der Bundesregierung?

Gohlke ganz freimütig: »Ich muss Ihnen ehrlich sagen, ich fühlte mich weder bei der einen noch bei der anderen Regierung angebunden, sondern hier kam es darauf an, zu handeln, etwas zu bewegen.«[37]

Gleichwohl gab es Strippen, die ihn ins Amt gezogen hatten – Gohlke war die Wahl Kohls. Der Ausschussvorsitzende Schily wollte es drei Jahre später ganz genau wissen: »Habe ich das richtig verstanden, dass der Herr Bundeskanzler ein besonderes Interesse hatte, dass Sie die

Aufgabe übernahmen?« Gohlke: »So ist mir gesagt worden.«[38] Und zwar vom damaligen Verwaltungsratsvorsitzenden Rohwedder sowie vom Verwaltungsratsmitglied Henkel – Henkel war damals Vorsitzender der Geschäftsführung von IBM, Gohlke einst IBM-Geschäftsführer. Die Treuhandanstalt aber – das auch zur Erinnerung – war zu dem Zeitpunkt, als der Bundeskanzler der westdeutschen Republik Gohlke zu deren Vorsitzenden berief, eine Einrichtung der ostdeutschen Republik. Doch Gohlke stand darüber, wie er in seiner einfachen, aber unbeholfenen Sprache betonte: »Herr Vorsitzender, hier kann ich sagen, dass ich einer der stärksten Kämpfer war, dass man hier nicht Interessenkonflikte bekommt, wobei jeder wusste, egal welche Zusammensetzung Sie in einem Team hatten, dass das schon sehr schwierig war, jemanden zu finden, der nicht irgendwo, irgendwann irgendwelche Interessen vertreten hat.« Und dann stellte Gohlke eine Mutmaßung an: »Ich vermute auch – insofern ist es ein ganz guter Punkt –, dass der Bundeskanzler und auch die Herren aus der Wirtschaft mich vertreten haben, weil ich zu keiner Clique gehöre. Bei der Bundesbahn waren Sie weder mit der Deutschen Bank oder sonst irgendeinem Industriekonzern vertreten, Sie hatten eine hervorragende Neutralität gehabt.«[39]

Eine Neutralität, die sich dadurch auszeichnete, dass Gohlke nicht – wie sein Verwaltungsratsvorsitzender Rohwedder – im Beirat der Deutschen, sondern im Verwaltungsbeirat der nächstgrößten, der Dresdner Bank saß. Warum aber musste er dann so schnell sein Amt wieder verlassen? Damit er der erwarteten Frage nicht falsch begegnete, hatte sich der ehemalige Treuhandchef die richtige Antwort schriftlich mitgebracht. Gohlke las dem Ausschuss vor: »Mein Ausscheiden aus der Treuhandanstalt ist ausschließlich darin begründet, dass es Meinungsunterschiede mit dem Verwaltungsratsvorsitzenden und seinem Stellvertreter in Fragen der Organisation, der Personalführung und der Zusammenarbeit gab.«

So dezent deutete er Riesenkrach mit Rohwedder und dem vielen Herren verbundenen Hamburger Wirtschaftsberater Otto Gellert an. Und als ihn der Ausschussvorsitzende bat, ob er nicht ein wenig konkretisieren könne, welche Meinungsverschiedenheiten das waren, da legte Gohlke seinen dringenden Wunsch, überhaupt nichts zu sagen, in den Wortschwall: »Ich würde ungern über die Vergangenheit reden wollen, und ich meine, darin ist alles zum Ausdruck gebracht, und da möchte ich keine weiteren Details hinzufügen. Ich bitte um Verständnis.«[40]

Schily musste Hebammenkünste an den Tag legen, um aus diesem Zeugen auch nur Andeutungen herauszulocken. Er versicherte dem einstigen Treuhandchef aufs höflichste, dass er ihn »da nicht in irgendeine Bedrängnis bringen« wolle, bat aber um Verständnis für den Untersuchungsauftrag. »Aber, Herr Vorsitzender«, entgegnete da der Zeuge, »wenn ich über Organisationsfragen rede und Zusammenarbeit, da ist doch eigentlich alles gesagt.«

Schily versuchte es trotzdem: »Mich würde schon interessieren, ob Sie zum Beispiel in Personalfragen der Meinung waren, eine bestimmte Kategorie von Personen sollte tunlichst nicht in der Treuhandanstalt arbeiten oder jedenfalls nicht in leitender Funktion, oder was in der organisatorischen Frage der Gegensatz war, oder ob die Frage der Priorität von Sanierung oder Privatisierung ein Meinungsgegensatz war.« Da endlich Gohlke: »Im Grunde genommen alles, was sie eben gesagt haben, kann ich nur mit Ja beantworten.« Aber mit »alles« war immer noch nichts gesagt.

Schily bohrte weiter: »Welche Position haben Sie da vertreten?« Gohlke erbarmungslos nichtssagend: »Ich muss ja

eine andere vertreten haben, sonst hätte es ja keine Meinungsverschiedenheiten geben können.«[41]
Schily gab immer noch nicht auf, verlangte nicht Bewertungen, sondern Tatsachen, etwa in der Frage der personellen Entscheidungen, »von wem sie nicht geteilt wurden, ob Sie sich mit Ihrer Position nicht haben durchsetzen können?«
Da entgegnete der sachverständige Zeuge Gohlke ganz kühl: »Mein Anwalt macht mich gerade darauf aufmerksam, dass ich auch aufgrund der Aussage hier von der Treuhand klar darauf hingewiesen worden bin, dass ich über Interna hier im Ausschuss nicht berichten sollte, und ich würde darum bitten, dass man das respektiert.«[42]
Der Anwalt! Gohlkes Anwalt oder wessen Anwalt? Er heißt Dr. Manfred Balz. Er kam aus dem Justizministerium und wurde von Justizminister Klaus Kinkel, dem ehemaligen BND-Chef, am 1. November 1990 als »Direktor Recht« an die Treuhandanstalt überstellt. Dort profilierte er sich im Kampf gegen die Sozialpläne der abzuwickelnden Betriebe,[43] wurde nach eigener Aussage als Leiter der Rechtsabteilung unmittelbar beim Präsidenten Rohwedder angebunden, »heute bei Frau Breuel«, und behauptete zugleich, er sei seit Mai 1993 ausgeschieden. Als freier Rechtsanwalt konnte er nun ernten, was er als Chefjurist der Treuhand gesät hatte.
»Ich sehe in der Aussagegenehmigung keine Einschränkung.« Glaubte Schily. Doch da erhob sich Dr. Balz, den Gohlke seinen Anwalt nannte, und sagte: »Herr Vorsitzender, wenn Sie gestatten!« Dem blieb nichts anders übrig, und der Rechtsanwalt – wessen auch immer – fuhr fort: »Sie sehen ja, die Aussagegenehmigung ist erteilt von der Treuhandanstalt, vertreten durch den Vorsitzenden des Verwaltungsrats.« Durch Manfred Lennings also, der inzwischen aufgerückt war, Aufsichtsratsvorsitzender der

Gildemeister AG, der Neuen Hamburger Stahlwerke GmbH, Aufsichtsratsmitglied von Bayer, Shell, Haniel, Hochtief, Preussag, SEL, VIAG, IVG, Beiratsmitglied der Allianz, Unternehmensberater der Westdeutschen Landesbank. Und dieser Vorsitzende des Verwaltungsrats der Treuhandanstalt hatte, so sagte der Rechtsanwalt von wem auch immer, »Herrn Gohlke eine Handreichung übersandt, die in der Tat nicht ausgehändigt worden ist und, ich glaube, auch nicht ausgehändigt werden muss, und dem Herrn Gohlke Hinweise gegeben, wozu er aussagen muss und wozu er nicht aussagen muss.«

Und da entdeckte Dr. Balz, wessen Rechtsanwalt er einerseits war und wessen Aufpasser andererseits, und fuhr fort: »Herr Dr. Lennings, für den ich im Moment sprechen darf, hat mir das ans Herz gelegt, und eine meiner Rollen im Verhältnis zu Herrn Dr. Gohlke ist in der Tat, Herrn Dr. Gohlke die schwierige Grenzziehung des Auskunftsrechts des Ausschusses und umgekehrt seiner Auskunftspflicht verständlich zu machen, wenn es in die Nähe von sensiblen Bereichen gehört.« Mehr, so wiederholte der Rechtsanwalt vieler Herren, mehr wolle er im Moment nicht sagen als: »ein sensibler Bereich«.[44]

Der Ausschussvorsitzende Schily durfte verzweifeln – und sollte es wohl auch. Er hatte vor sich einen Zeugen, der offiziell eine uneingeschränkte Aussagegenehmigung besaß, der daneben aber »Handreichungen«, »Hinweise« – Anweisungen? – bekommen hatte, was er nicht sagen sollte. Darüber hinaus wollte der Zeuge »ungern über die Vergangenheit« befragt werden – Zukunftsfragen zu erörtern aber fällt nicht in die Kompetenz eines Untersuchungsausschusses.

Und wo immer Schily in seinen Fragen an Gohlke einen der Bereiche berührte, die den Ausschuss interessierten, fuhr der Rechtsanwalt dazwischen, der aber mutmaßlich gar nicht Gohlkes Rechtsanwalt war, obwohl der das glaubte oder zumindest so tun musste, als ob er es glaube, sondern der Rechtsanwalt von Gohlkes mutmaßlichem Gegenspieler, dem Verwaltungsratsvorsitzenden Lennings mit seinen umfassenden Industrieinteressen.

Schily wollte die »Handreichungen« sehen, die den einstigen Treuhandchef daran hinderten, die Fragen des Untersuchungsausschusses zu beantworten.

Es handele sich nicht um eine Handreichung im Sinne eines Drehbuches, erklärte Rechtsanwalt Balz, sondern »lediglich um die Anlage zu einem Schreiben des Vorsitzenden des Verwaltungsrates«, und dies zu verlesen fühle er sich »im Moment nicht unbedingt autorisiert«.[45]

Gohlke mischte sich noch einmal grundsätzlich in seine eigene Zeugenaussage ein: »Herr Vorsitzender, da ich nicht rechtsbewandert bin, kann ich nichts anderes machen, als mich auf meinen Rechtsbeistand zu berufen, der mich gebeten hat, über Interna der Gremien keine Auskunft zu erteilen, und da ich ein höriger Staatsbürger bin, möchte ich mich daran halten.«

Schily konnte es nicht glauben: »Ein höriger Staatsbürger? Aber Herr Gohlke, das hätte ich von Ihnen nun gar nicht erwartet.« Andere doch. Ausschussmitglied Dr. Dieter Schulte von der CDU stellte sich hinter die Hörigkeit: »Das war früher als Tugend anerkannt.«[46]

Gohlke bat um eine Pause. Sie tat ihm gut. Danach erklärte der Vorsitzende Schily: »Ich darf sagen, dass mir Herr Dr. Gohlke in der Pause eine Ablichtung seiner Erklärung übergeben hat, die er seinerzeit abgegeben hat.«

Das war doch immerhin etwas. Schily verlas den Wortlaut, der damals noch wenig Aufsehen erregt hat, heute aber, da die Industrie der DDR zu Gesamtschrott erklärt worden ist, in seinem ersten Punkt wie eine Sensation klingt. Gohlkes Text vom August 1990:

»1. Es gibt für mich keinen Zweifel, dass die Sanierung der DDR-Wirtschaft eine der größten Herausforderungen unserer Zeit ist. Ich bleibe bei meiner optimistischen Auffassung, dass diese Wirtschaft aufgrund ihrer Ressourcen, insbesondere bei den vorhandenen Ingenieur- und Technikerkapazitäten, eine große Chance hat. Die immer wiederholte Auffassung, dass das nationale und internationale Interesse, sich an DDR-Firmen zu beteiligen, sie zu übernehmen oder in sie zu investieren, gering ist, teile ich nicht. Es wird Aufgabe der Treuhandanstalt sein, die Kontakte mit den vielen Interessenten und die abschlussreifen Verträge so zu kanalisieren, dass dies gesamtwirtschaftlich zum Vorteil gereicht und kein allgemeiner Ausverkauf erfolgt.
2. Die Zusammenarbeit mit Ministerpräsident de Maizière und seinem Staatssekretär Krause war aus meiner Sicht sehr gut.
3. Mein Ausscheiden aus der Treuhandanstalt ist ausschließlich darin begründet, dass es Meinungsunterschiede mit dem Verwaltungsratsvorsitzenden und seinem Stellvertreter in Fragen der Organisation, der Personalführung und der Zusammenarbeit gab. Solche Meinungsunterschiede sind in der Wirtschaft nichts Ungewöhnliches. Die großen Aufgaben der Treuhandanstalt erfordern jedoch ein konsensfähiges Team. Das Ausscheiden ist mir nicht leicht gefallen, aber es lag im Interesse der Sache.«[47]
Sanierung der DDR-Wirtschaft stand für diesen Treuhandchef mit nur 36-tägiger Amtszeit an erster Stelle, ebenso die Absage an deren Ausverkauf, und damit war klar, dass die Konzernvertreter im Verwaltungsrat mit ihm nicht zusammenarbeiten konnten.
Hatte Gohlke – aus welchem Grund auch immer – in der kurzen Pause Mut und Selbstvertrauen gefasst oder hatte sein Aufpasser begriffen, dass der Eindruck, der durch

Gohlkes Bekenntnis zur Hörigkeit entstanden war, für die Treuhand höchst peinlich sein musste? Wie auch immer, jetzt ließ Rechtsanwalt Balz die Leine locker. Gohlke durfte reden, solange er nur nicht die Meinungsverschiedenheiten mit Rohwedder und Gellert konkret ansprach. Rechtsanwalt Balz wahrte sein Gesicht, indem er erklärte, jetzt, nach der Rücksprache, sei er der Auffassung, dass »Herr Gohlke in concreto die Beziehungen der Organe der Treuhandanstalt zur Zeit der DDR wohl darstellen kann, weil es sich da um Geheimnisse letztendlich eines untergegangenen Staates handelt.« Das gelte aber nicht bei »Personalüberlegungen«, die doch »ein hohes Maß an Vertraulichkeit verdienen«.[48]

Gohlke nannte zwar keine Namen, aber jeder wusste, dass die westdeutschen Konzernvertreter im Verwaltungsrat gemeint waren, als er erklärte: »Es waren ja sehr wichtige Positionen zu besetzen, und es ist ja eine Selbstverständlichkeit, dass der Präsident der Treuhandanstalt« – also er, Gohlke – »da ein erhebliches Wort mitzureden hat und dass es hier eben bei der Auswahl der Kandidaten bei diesen Top-Positionen keinen Weg gegeben hat, der dazu führte, dass man das in irgendeiner Form gemeinsam verantworten kann. Ich glaube, auch das kommt klar hervor, wenn man so eine Aussage macht.«[49]

Allerdings. So wird endlich verständlich, warum Birgit Breuel, die nach ihrem Ausscheiden als niedersächsische Ministerin in Dresden als Treuhand-Beraterin auf der Lauer lag, erst nach dem Ausscheiden Gohlkes und unmittelbar nach dem Ende des letzten Rests der DDR Anfang Oktober 1990 in den Treuhand-Vorstand berufen wurde.

Dass da, bevor die Treuhand eine Einrichtung der westdeutschen Sieger wurde, etwas anderes war, ein anderes Land, ein anderer Staat, das wurde – er wollte es selbst nicht recht glauben – im Untersuchungsausschuss sogar dem CSU-Abgeordneten Gerhard Friedrich bewusst: »Habe ich Sie jetzt richtig verstanden«, fragte er den ersten West-Präsidenten der Treuhand, Reiner Maria Gohlke, »dass die alten Seilschaften – Ihre amtierende Nachfolgerin, habe ich einmal gehört, hat etwas von ›roten Socken‹ gesagt – zu Ihrer Zeit dann auch in der Zentrale waren?«

Er meinte die Zeit, in der es die DDR noch gab – und so blieb Gohlke gar nichts anderes, als die den Abgeordneten verblüffende Antwort zu geben: »In der Zentrale – das ist ja natürlich, das waren ja alles Leute aus der alten Zeit –, da saßen natürlich zu meiner Zeit sehr gewichtige Vertreter aus dem alten Regime. Da waren einige, die sehr fleißig waren. Das muss ich fairerweise sagen. Die Leute haben sich unglaublich engagiert, aber sehr viele hatten ein gewisses Problem aus der Vergangenheit gehabt. Aber die Arbeitsmoral und der Arbeitseinsatz, der war ungeheuerlich.«

Das müsse er fairerweise sagen. Sogar am Sonntag hätten sie gearbeitet. Und sie hätten sich auch sehr schnell umgestellt: »Sie waren hervorragend in der Argumentation, zu zeigen, dass sie bereit sind, den neuen Weg zu gehen. Aber es war ein Riesenproblem.« Fleißige, angepasste, bußfertige Sünder, es nützte ihnen alles nichts. Sobald ein neuer Wessi eintraf, wurde aus einem Sprinter des neuen Weges sofort wieder eine rote Socke, die gehen musste. Da half auch Sachverstand nichts.

Dazu das »Tagebuch« der Treuhand: »Am 8. Oktober stellt Frau Breuel als zuständiges Vorstandsmitglied 15 Niederlassungsleiter ein. Die Gruppenkündigung der bisherigen Leiter der Außenstellen, zum Teil politisch belastet, ist ein Vorgang, den [der seit einem Monat dort tätige westdeutsche Personaldirektor Hermann A.] Wagner nach seinen eigenen Worten so schnell nicht vergessen wird: kurze Ansprache, einige wenige, von Misstrauen und Skepsis geprägte Fragen seitens der Betroffenen, und dann die Aushändigung der Entlassungsurkunden an jeden einzelnen Außenstellenleiter.«[50]

Neue Besen kehren gut. Birgit Breuel hatte so in ihrer ersten Amtshandlung die Spitzen der Niederlassungen von ihren roten Socken befreit und zuverlässige Leiter aus Westdeutschland eingesetzt. »Hatten Sie den Eindruck, dass Sie dort gegen eine Mauer rennen der Ostmitarbeiter?«, fragte der PDS-Abgeordnete Fritz Schumann im Untersuchungsausschuss den bis Ende August amtierenden Treuhand-Präsidenten Gohlke und wollte wissen, ob irgendjemand in der Zentrale oder in den Niederlassungen seine Arbeit sabotiert habe oder ob die Ostmitarbeiter eher aufgeschlossen waren für die neue Richtung.

»Wenn Sie mich fragen, war das eines der überraschendsten Momente für mich, dass eine ...«, setzte Gohlke an und unterbrach sich: »Vielleicht aber auch hat mich das ein bisschen unangenehm berührt, weil da eine solche Begeisterung für dieses neue Wirtschaftssystem war und auch Engagement, dass mir das schon ein bisschen unheimlich war.«[51]

Als Gohlke zurückgetreten war, schrieb die *Welt* am 20. August 1990: »Hat Gohlke erkannt, dass die Ökonomie der DDR in die Katastrophe treibt, schon bald Millionen Menschen beschäftigungslos auf der Straße stehen?«

Nein, so hat er es wohl nicht erkannt. Als Gohlke sein Amt antrat, hatte er 35 von den damals insgesamt 6000 Unternehmen für nicht fortführungswürdig gehalten, 35 von den 150 Betrieben, die ihm als »wacklig« erschienen.[52]

Sie waren ja vorher, erinnerte Gohlke die Abgeordneten, als Lieferanten auch für den Westen wettbewerbsfähig, viele Westfirmen hatten im Osten eingekauft und waren mit der Qualität zufrieden. Gohlke: »Ich erinnere nur an Möbel. Ich erinnere an Waschmaschinen, Kühlschränke, die unter anderem Namen hier verkauft worden sind, ›Privileg‹ usw. Nur als die Grenze aufgemacht wurde, war auf einmal so ein Negativimage da, dass hier kein Mensch mehr bereit war, das Produkt zu kaufen. Die Firmen hier hatten ja Riesenprobleme, weil sie plötzlich das Zeug gar nicht mehr hatten, was sie vorher alles drüben eingekauft hatten. Ich kann mich an Möbelfirmen erinnern, die Riesenmengen hier abgesetzt haben, wo Riesennachfrage war aus dem Westen; von einem Tag zum andern waren die zusammengebrochen, weil kein Mensch …« Gohlke unterbrach sich und fuhr fort: »Wenn jemand erfahren hätte, das kommt aus dem Osten, dann war das Produkt erledigt, auch bei uns, nicht nur drüben.«[53]

Vor allem aber – das war nach Gohlkes späterer Einsicht einer der wichtigsten Fehler – wäre es besser gewesen, die Milliarden nicht in die Unternehmen hinein, sondern den Russen zu geben, damit sie in Ostdeutschland einkaufen. Gohlke: »Die Milliarden sind so oder so weg, aber wir hätten vielleicht über einen längeren Zeitraum das eine oder andere Unternehmen halten können, und wir hätten die Zeit nutzen können, um auch gegenüber dem Westen wirtschaftlich wettbewerbsfähig zu werden.«[54]

Eine Einsicht, auf die Kohl und Waigel nie kamen, wohl aber vier Jahrzehnte zuvor Adenauer und Abs. Der einstige Chef-Arisierer der Deutschen Bank, lange Zeit ein wütender Gegner von Wiedergutmachungszahlungen an Israel, schwenkte als von Adenauer beauftragter Chefunterhändler bei den Schuldenverhandlungen 1951 in London plötzlich ein und gestand Wiedergutmachung zu, falls ein Großteil durch bundesdeutsche Industrielieferungen abgedeckt würde. So wurde Auschwitz auch noch zum Konjunkturprogramm für die deutsche Industrie, eingefädelt vom Aufsichtsrat der IG Auschwitz, der Abs als Aufsichtsratsmitglied der IG Farben auch war. Und die in Israel überlebenden Juden hatten – so makaber und scheußlich diese Operation ihnen erscheinen musste – doch wenigstens noch einen Nutzen davon. Aber was wusste ein Kohl schon noch von den politischen Künsten Adenauers. Duzbruder Gorbi, der an den lieben Helmut die deutsche Einheit verschenkt hatte, durfte nun als Pensionär zusehen, wie auch Russland wirtschaftlich zugrunde ging.

Gohlke, der als Bahn-Chef intensiv mit den Russen zusammengearbeitet hatte, konnte jetzt nur noch der »unglaublichen Akzeptanz«, die Deutschland im Osten hatte, hinterherklagen, dem »Riesenmarkt, den wir leider nicht halten konnten«. Und fragte sich, ob es nicht sinnvoller gewesen wäre, »die Milliarden da drüben reinzustecken, damit die bei uns« – er meint Ostdeutschland – »das Material beziehen«. Und entschuldigte sich auch gleich, falls er damit anecken sollte: »Ich bitte, mir das zu verzeihen, wenn ich das mal hier so sage.«

»Recht vielen Dank, Herr Dr. Gohlke«, sagte da Dr. Fritz Schumann, der marxistisch geschulte Landwirt aus Mecklenburg, und fragte weiter, ob er, Gohlke, nicht auch die Interessenkollision gesehen habe, »zwischen, sage ich mal, mithelfen, eine Wirtschaft zu etablieren, und andererseits die Märkte zu erobern«.

Gohlke: »Die Interessenkollisionen waren sehr groß ... Jeder versucht natürlich, da möglichst billig drüben einzukaufen, was ja verständlich ist, während ich natürlich versucht habe, möglichst viel rauszuschlagen, um möglichst viele Arbeitsplätze zu erhalten.«[55]

Das war sein Fehler. Betriebe waren bei ihm für eine Mark nicht zu bekommen, darum war seine Amtszeit so kurz. »Meine erste Diskussion, auszusteigen, war am 9. August«;

24 Tage nach seinem Amtsantritt, elf Tage vor seinem Rücktritt.[56]

Ausschussvorsitzender Schily kam wieder zurück auf Gohlkes Krach mit dem Verwaltungsrat: »Mich interessiert, ob diese Meinungsverschiedenheiten irgendwo dokumentiert worden sind? Haben Sie darüber Vermerke angefertigt, gibt es Schriftwechsel?« Schily unterbrach sich und wendete sich mit beißender Freundlichkeit dem Gohlke verordneten Rechtsbeistand zu: »Herr Kollege Balz, ich weiß, dass Sie immer sehr gern etwas notieren. Ich würde vorschlagen, Sie notieren etwas, wenn der Zeuge etwas gesagt hat.«

Es wurde spannend. Gohlke zögerlich: »Ich meine, natürlich gibt es Diskussionen. Es gab einen Verwaltungsrat ...«

Schily: »Danach habe ich nicht gefragt. Ich habe danach gefragt ..., ob das dokumentiert worden sei, diese Meinungsverschiedenheit. Ich frage Sie, ob es darüber Vermerke oder Schriftwechsel gibt.«

Gohlke: »Von mir, oder ...?«

Schily: »Von wem immer.«

Gohlke: »Also, wenn sie nicht im Verwaltungsrat diskutiert worden sind, sind sie nicht schriftlich festgehalten worden, soweit ich das aus meiner Sicht beantworten kann. Ob es Briefe gegeben hat oder Korrespondenz in diesen Fragen, das kann ich nicht beantworten. Jedenfalls ich habe sie nicht gesehen.«

Schily: »Herr Dr. Gohlke, ich könnte mir vorstellen, da ja diese Meinungsverschiedenheiten zu Ihrem Ausscheiden geführt haben, dass sie sehr ernster Natur waren. Nun, ich könnte mir auch vorstellen, dass man dann, wenn sie so ernster Natur sind, dass man auch darüber schreibt oder zumindest auf Vermerken etwas festhält. Insofern bin ich etwas erstaunt, dass Sie sagen, ich kann mich daran kaum erinnern.«

Gohlke: »Ja, selbstverständlich habe ich einen Brief an den Verwaltungsratsvorsitzenden geschrieben, das ist doch klar. In irgendeiner Form muss man sich ja unterhalten, wenn es zu der Frage kommt, ob man weitermacht oder nicht weitermacht.«

Der CDU-Abgeordnete Klaus-Heiner Lehne, ein Rechtsanwalt aus Düsseldorf, versuchte, das Schlachtfeld anders anzuordnen: »Sie sprachen auch davon, dass einer der Gründe für Ihr Ausscheiden, für Ihren Rücktritt gewesen ist, dass es Auseinandersetzungen mit dem Verwaltungsrat gegeben hat über personelle Fragen. Spielte die Frage der Berücksichtigung von Personen aus alten Seilschaften in den Auseinandersetzungen mit dem Verwaltungsrat eine Rolle?«

»Nein«, sagte Gohlke, »die Frage spielte da keine Rolle.«

Lehne versuchte es anders: »Spielten die Kriterien, nach denen Personalentscheidungen getroffen werden, in den Auseinandersetzungen mit dem Verwaltungsrat eine Rolle?«

Da sagte Gohlke: »Ja.«

Lehne versuchte es weiter: »Kann man erfahren, um welche Kriterien es sich zum Beispiel gehandelt hat?«

Gohlke verriet etwas: »Personalauswahl ist immer ein sehr schwieriges Thema. Wichtig war ja hier, dass man Leute gewinnt, die völlig unbeeinflusst und unabhängig versuchen, das Ziel zu erreichen, die ehemalige DDR-Wirtschaft wieder auf die Beine zu bringen, und da kann man verschiedener Ansicht sein. Insofern kann man jetzt nicht sagen, welche Kriterien in welcher Form, sondern da gab es einfach Meinungsverschiedenheiten bei der Frage der Besetzung.«[57]

Leute, die völlig unbeeinflusst und unabhängig versuchen, die DDR-Wirtschaft wieder auf die Beine zu bringen – mit diesem Verwaltungsrat der Großkonzerne, mit den Vertretern der westdeutschen Konkurrenz, denen nichts näher lag, als die lästigen ostdeutschen Wettbewerber entweder einzustecken oder zu vernichten.

Gohlke selbst schwankte unschlüssig hin und her, wie die DDR-Betriebe zu bewerten waren: »Dass die Firmen so hoch bewertet worden sind, ich würde nicht der Regierung Modrow zuschieben wollen, dass die das bewusst gemacht haben. Aber es war ja damals schon eine sehr intensive Diskussion hier mit der Bundesregierung, wie weit sie finanzielle Mittel zur Verfügung stellt, und die Frage war eben, welche Sicherheiten da sind, und ich glaube nicht, dass die Modrow-Regierung – das konnte sie auch gar nicht – sich im Klaren war, dass das Zeug alles nichts wert war, denn die DDR gehörte ja zu den wirtschaftlich stärksten Ländern im Ostblock. Sie stand ja an der Spitze.«

Dass das Zeug alles nichts wert war, sagte der alte Treuhand-Chef in der einen Minute, und in der nächsten wusste er es doch selbst wieder besser:

»Die DDR hatte im Ostblock eine unglaubliche Akzeptanz. Wenn ich mal meinen alten Bereich nehme: In der DDR wurden Kühlwagen für Russland produziert. Nirgends in der Welt konnte diese Qualität zu diesem Preis produziert werden.«[58]

Da stellte Schily dem ehemaligen Treuhandpräsidenten das, was er harmlos »eine kleine Zwischenfrage« nannte. Was denn bei einer Aufwertung der hiesigen Währung um 400 bis 500 Prozent geschähe. Das sei schwierig, seriös zu beantworten, reagierte Gohlke zuerst begriffsstutzig, und verstand immer noch nicht, als Schily nachfasste und fragte, ob der Vermögenswert industrieller Kapazitäten durch eine Aufwertung von 400 bis 500 Prozent erheblich verändert würde. Nein, sagte Gohlke, erheblich verändern würde das den Vermögenswert nicht. Schily geduldig: »Sie meinen, das würde unsere Volkswirtschaft relativ teilnahmslos hinnehmen können, wenn wir unsere Währung um 400 bis 500 Prozent aufwerten?«

Jetzt wurde der einstige Treuhandpräsident hellwach: »400 bis 500 Prozent? Das hat einen Einfluss; das ist ja klar. Jetzt verstehe ich erst Ihre Frage. Das ist natürlich selbstverständlich, das hat einen dramatischen Einfluss. Wenn Sie sich mal überlegen, wir sind das Land, das die größte Exportabhängigkeit hat in der ganzen Welt.« Und jetzt schüttelte er die Zahlen aus dem Ärmel. Die USA um 10 Prozent, Japan 18 Prozent, die alte Bundesrepublik aber über 30 Prozent. Gohlke: »Das haben wir doch jetzt laufend, dass die D-Mark zu stark wird, Sie können immer 4 bis 5 Prozent auffangen durch Produktivitätssteigerungen, aber solche Zahlen, das können Sie vergessen, da sind Sie pleite, ruckzuck, da haben wir den gleichen Effekt wie in der DDR. Entschuldigung, ich habe die Frage vorhin nicht verstanden.«[59]

Jetzt hatte er, jetzt hatten alle verstanden. Kein Land, keine Volkswirtschaft der Welt hätte die Rosskur überstanden, die Bonn und seine Konzern-Treuhänder im heutigen Rohwedder-Haus zu Ostberlin mit der DDR-Volkswirtschaft veranstaltet hatten.

Und jetzt sagte der erste, damals so schnell abservierte Treuhandpräsident den Satz, der alles ins rechte Licht setzt, was je über den maroden Zustand der DDR-Industrie gesagt worden war: »Tatsache ist, dass im Grunde genommen in dem Augenblick, wo die Währungsunion kam, kein Unternehmen mehr wettbewerbsfähig war und dass die Zeit einfach zu kurz war.«[60]

Da blieb nur noch eines: Der CDU-Abgeordnete Dieter Schulte aus Schwäbisch Gmünd zeigte dem Treuhandpräsidenten, der alles ausgeplaudert hatte, das Folterinstrument: »Herr Dr. Gohlke, ich habe Sie«, so drohte er, »doch sicher nicht richtig verstanden, wenn ein Anklang in Ihren

Aussagen kam, wir hätten wegen der wirtschaftlichen Schwierigkeiten vielleicht die Wiedervereinigung hinauszögern sollen?«

Nein, so tief versündigen wollte sich der Ex-Chef der Treuhand nicht: »Ich habe nur gesagt – insofern haben Sie mich nicht richtig verstanden –, es wäre gut gewesen, wenn man das hätte verschieben können, aber der Druck war so groß, dass da politisch kaum eine Chance bestand.«

Gohlke unterbrach plötzlich, sein Aufpasser hatte ihm gerade etwas zugemurmelt. Der Ex-Präsident: »Mein Anwalt macht mich darauf aufmerksam: Ich spreche immer von Industrie- und Produktionsbetrieben. Dienstleistungen war natürlich etwas anderes. Dienstleistungsbetriebe konnten Sie aufbauen. Das war also ein völlig anderer Fall.«[61]

So war es gedacht: die Ossis als Dienstmänner und Dienstmägde des neuen großen Deutschland – und ihre Industrie zugunsten des Westens plattgemacht. Und – ungewollt kam immer etwas dabei heraus, wenn sein Aufpasser Gohlke ins Wort fiel: »Ich habe seinerzeit in den Diskussionen mit der Politik empfohlen, sofort Mittel freizugeben – ich war ein absoluter Anhänger der mittelständischen Industrie –, sprich jeder Kommune da Millionen zu geben, damit die Leitungen, Gasleitungen und Elektroleitungen legen und damit die mittelständische Industrie sich bildet, denn das ist kein rausgeworfenes Geld, damit werden Arbeitsplätze geschaffen, das muss gemacht werden.« Doch durchgesetzt hatte Gohlke nur einen Betrag von eineinhalb bis zwei Milliarden. Und so fügte er bitter hinzu: »Da hätte man wesentlich schneller reagieren müssen, denn dann hätten Sie eine mittelständische Industrie aufbauen können.«[62]

Schily fragte weiter: »So ganz deutlich ist mir das nicht geworden, wo denn eigentlich Ihre Loyalität sozusagen angesiedelt war, bei der Bundesregierung oder bei der De-Maizière-Regierung. Man könnte sich theoretisch ja sogar vorstellen, dass es zwischen diesen beiden Regierungen auch Interessengegensätze geben konnte, und man könnte sich auch vorstellen, dass Regierungen gewisse Direktiven herausgeben.« Ja, Schilys Fantasie ging sogar so weit, dass er sich vorstellen könnte, »dass die Direktiven unterschiedlicher Natur waren«. Wie hätte sich Gohlke da als Präsident einer Einrichtung, die immerhin Treuhand hieß und die in seiner kurzen Amtszeit immerhin noch eine Einrichtung der DDR war, verhalten?

Gohlke konnte den Ausschussvorsitzenden beruhigen: »Den Konflikt hat es nicht gegeben. Der de Maizière war froh, wenn wir was bewegt haben.« Und besonders engagiert sei der Staatssekretär Krause gewesen – er meinte den tüchtigen Kindermädchen- und Raststätten-Krause, der sich von Schäuble dann den Einigungsvertrag diktieren ließ –, der damals schon »imstande war, mit seinen Gesprächspartnern hier von unserer Seite sehr massiv die Themen anzupacken«.

Der erste West-Chef der Treuhand: »Wenn Sie mich fragen, wo meine Loyalität war, sage ich: Ganz klar im Osten. Ich war besessen davon, das in den Griff zu kriegen.« Und wohin ging der Griff des Mannes, der eine Minute zuvor erklärte, er habe Tag und Nacht »rund um die Uhr geschafft« in seiner nur fünfwöchigen Amtszeit? »Ich wollte mir auch im Osten ein Haus kaufen und nicht im Westen. Ich habe mir auch einige Häuser angesehen und wollte mich voll identifizieren mit dieser Aufgabe.«[63]

Fünf Wochen Tag und Nacht geschafft, um den Osten »in den Griff« zu kriegen – und dabei doch nicht die zeitraubende Suche nach dem eigenen Haus vergessen. Egal, selbst Honeckers Wandlitzer Prunkvilla wäre ihm gegönnt gewesen, falls die den Ansprüchen eines westdeutschen

Spitzenmanagers hätte genügen können. Denn er, Gohlke, unterschied sich von seinem Nachfolger und vor allem von seiner Nachfolgerin. Er war nicht in der Absicht angetreten, die Industrielandschaft des Ostens entweder anzuschließen oder plattzumachen. Er begriff, mühselig und spät, aber immerhin, er begriff es schließlich, dass kein Land, kein Wirtschaftssystem der Welt das überstanden hätte, was die Treuhand mit der Wirtschaft der DDR anstellte.

Und was ist aus dem Volksvermögen der DDR geworden, das die Bürgerrechtler retten wollten, indem sie die Gründung einer Treuhandanstalt forderten? Am 13. Februar 1990 bezifferte Ministerpräsident Modrow das »Nettoanlagevermögen« der DDR mit 1,4 Billionen DM, im Mai sprach Wirtschaftsministerin Christa Luft von 900 Milliarden, und im August schätzte Detlev Rohwedder das Treuhandvermögen auf 600 Milliarden ein.[64]

Diese Zahl nannte er auch am 22. Oktober 1990 in Wien vor der Österreichischen Bundeswirtschaftskammer. Es gibt freilich bemerkenswert unterschiedliche Wiedergaben dessen, was er dort gesagt hat, Formulierungen, die über den Geist der Treuhand viel besagen.

Im von Birgit Breuel herausgegebenen Tagebuch »Treuhand intern«, das im Spätherbst 1993 erschien, wird Rohwedder so zitiert: »Das Ganze ist etwa 600 Milliarden Mark wert.«[65] Dies ist eine geschönte Fassung dessen, was ursprünglich in den vom Ullstein-Verlag verbreiteten Druckfahnen vom 28. Juli 1993 stand: »Der ganze Salat ist etwa 600 Milliarden Mark wert.« In der Gewerkschaftszeitung *Metall* wurde Rohwedder neunzehn Tage zuvor so zitiert: »Mindestens 600 Milliarden ist der ganze Salat wert.«[66]

Der ganze Salat. Namhafte westdeutsche Wirtschaftsführer wollten sich an seiner Aufbereitung beteiligen. Einen

Tag nach Rohwedder in Wien sprach in Frankfurt der Vorstandschef der Metallgesellschaft, Heinz Schimmelbusch – einer der hochgerühmten Westmanager –, seine sichere Erwartung aus, dass mit der Währungsunion ein geeignetes Fundament für einen raschen Aufbau im Osten geschaffen sei. Er beurteile darum die Aussichten für eine schnelle wirtschaftliche Entwicklung der Ex-DDR wesentlich optimistischer als noch vor einigen Monaten. Er habe deshalb für das kommende Geschäftsjahr auf dem Gebiet der ehemaligen DDR Investitionen in Höhe von 200 Millionen Mark vorgesehen.[67]

Dreieinhalb Jahre später befand sich Schimmelbusch im Ausland auf der Flucht vor seinen Gläubigern und seinen Aktionären. Die anderen – insbesondere seine Freunde von der Deutschen Bank – blieben auf freiem Fuß.

Natürlich hatte auch Honecker blühende Landschaften versprochen, die dann doch nicht gediehen, gewiss war die Industrie der DDR großenteils veraltet und zurückgeblieben. Aber von Schrott – Lieblingsausdruck der Wessis über die Arbeit der Ossis – konnte keine Rede sein. Die DDR nahm die 16. Stelle auf dem Weltmarkt ein, in der östlichen Wirtschaftsgemeinschaft RGW rangierte sie an zweiter Stelle, 1988 hatte sie eine Exportquote von 39 Prozent (BRD 32,4 Prozent).

Von den über 600 Milliarden, die der »ganze Salat« Rohwedder 1990 wert war, bis zu dem Minuswert von 275 Milliarden klafft ein Gesamtverlust von nahezu einer Billion.

Eine Billion Mark ist verschwunden, seit die Wessis die Treuhand übernahmen, also tausend Milliarden. Anders gesagt: Nach den eigenen Zahlenangaben von Rohwedder und Breuel hat die Treuhand innerhalb von vier Jahren auf den Kopf eines jeden DDR-Bürgers gerechnet rund 60 000 Mark zum Verschwinden gebracht.

4. Kapitel
»Die Abwicklung auf eine anständige Basis zu stellen ...«

Haupttreuhandstelle Ost – ein Vorbild in dunkler Zeit

Ernst Nolte, der niemals abgewickelte Geschichtsprofessor an der Westberliner Freien Universität, hatte den Historikerstreit ausgelöst, als er Stalin zum Erfinder von Auschwitz machte und in Adolf Hitler die deutsche Antwort auf die bolschewistische Revolution von 1917 entdeckte, auf diesen »bis dahin gewaltigsten Vorstoß der ›Ewigen Linken‹«. In Fachkreisen unbestritten, wenn auch wohl unbeachtet, blieb jedoch eine Feststellung, die er am 22. Februar 1992 in der *FAZ* traf. Nolte schrieb da in einer Bilanz der neuesten westdeutschen Ostpolitik: »Zeigt sich nicht, dass sogar Hitlers Vorstellung vom ›Lebensraum‹ keine bloße Fantasie war, da doch ganz Osteuropa heute der Tätigkeit der deutschen Wirtschaft offenzustehen scheint? Residiert nicht im ehemaligen Luftfahrtministerium Görings eine ›Treuhandstelle‹, deren Name an die ›Treuhandstelle Ost‹ von einst erinnert?«[1]
Um es zu unterstreichen: Der staatstragende Historiker Ernst Nolte ist es, der so fragte im Zentralorgan für bundesdeutsche Wahrheiten, und es darf nicht verboten sein, den Fragen, die er stellt, nachzugehen.

Die Geburt der Treuhand aus Görings Geist begann am 12. November 1938 im heutigen Detlev-Rohwedder-Haus. Tags zuvor hatte Reinhard Heydrich, damals Chef der Sicherheitspolizei und des SD, dem Reichsmarschall Hermann Göring in einem Schnellbrief Bericht über die Ereignisse seit der Reichspogromnacht vom 9. November erstattet: »Die bis jetzt eingegangenen Meldungen der Staatspolizeistellen haben bis zum 11. 11. 1938 folgendes Bild ergeben: In zahlreichen Städten haben sich Plünderungen jüdischer Läden und Geschäftshäuser ereignet. Es wurde, um weitere Plünderungen zu vermeiden, in allen Fällen scharf durchgegriffen. Wegen Plünderns wurden dabei 174 Personen festgenommen.«

An erster Stelle standen die Läden und Geschäftshäuser und die möglichen Delikte, die gegen sie begangen wurden. Erst am Ende des Berichts geht es um Schäden an Menschen: »An Todesfällen wurden 36, an Schwerverletzten ebenfalls 36 gemeldet. Die Getöteten, bzw. Verletzten sind Juden. Ein Jude wird noch vermisst. Unter den getöteten Juden befindet sich ein, unter den Verletzten 2 polnische Staatsangehörige.«

Entscheidend aber war der Sachschaden: »Der Umfang der Zerstörungen der jüdischen Geschäfte und Wohnungen lässt sich zahlenmäßig noch nicht belegen. die in den Berichten aufgeführten Ziffern: 815 zerstörte Geschäfte, 29 in Brand gesteckte oder sonst zerstörte Warenhäuser, 171 in Brand gesetzte oder zerstörte Wohnhäuser, geben, soweit es sich nicht um Brandlegungen handelt, nur einen Teil der wirklich vorliegenden Zerstörungen wieder. Wegen der Dringlichkeit der Berichterstattung mussten sich die bisher eingegangenen Meldungen lediglich auf allgemeinere Angaben, wie ›zahlreiche‹ oder ›die meisten Geschäfte zerstört‹, beschränken. Die angegebenen Ziffern dürften daher um ein Vielfaches überstiegen werden.«[2]

Einen Tag später, am 12. November 1938, berief Göring eine Konferenz ein ins künftige Detlev-Rohwedder-Haus, sein damaliges Luftfahrtministerium. Weit über hundert Personen – Minister, Beamte, Versicherungsleute – drängten sich vormittags um 11 Uhr in den großen Sitzungssaal.[3]

»Meine Herren, diese Demonstrationen habe ich satt«, rief Göring. »Sie schädigen nicht den Juden, sondern mich, der ich die Wirtschaft als letzte Instanz zusammenzufassen habe. Wenn heute ein jüdisches Geschäft zertrümmert wird, wenn Waren auf die Straße geschmissen werden, dann ersetzt die Versicherung dem Juden den Schaden – er hat ihn gar nicht –, und zweitens sind Konsumgüter, Volksgüter zerstört worden.«

Göring, ehrlich empört, machte gleichwohl einen Vorschlag zur Güte: »Wenn in Zukunft schon Demonstrationen, die unter Umständen notwendig sein mögen, stattfinden, dann bitte ich nun endgültig, sie so zu lenken, dass man sich nicht in das eigene Fleisch schneidet. Denn es ist irrsinnig, ein jüdisches Warenhaus auszuräumen und anzuzünden, und dann trägt eine deutsche Versicherungsgesellschaft den Schaden, und die Waren, die ich dringend brauche – ganze Abteilungen Kleider und was weiß ich alles –, werden verbrannt und fehlen mir hinten und vorn. Da kann ich gleich die Rohstoffe anzünden, wenn sie hereinkommen.«[4]

Göring wusste, wovon er sprach. Der Reichsmarschall und designierte Nachfolger Adolf Hitlers war nicht nur preußischer Ministerpräsident und Oberbefehlshaber der deutschen Luftwaffe, er war zugleich auch als Beauftragter für den Vierjahresplan oberster Hüter der deutschen Wirtschaft.

Die Spenden, die er schon lange vor 1933 bekam, etwa vom Vorstandsmitglied der Deutschen Bank Emil Georg von Stauß,[5] hatten sein Ohr geöffnet für die Anliegen der deutschen Wirtschaft.

Er wäre dankbar – Göring wandte sich dem neben ihm sitzenden Joseph Goebbels zu, Reichspropagandaminister von Beruf –, ja, »wirklich dankbar« wäre er, wenn durch die Propaganda einmal auf diesen Punkt hingewiesen werden könnte, dass der Schaden leider Gottes nicht den Juden treffe, sondern tatsächlich die deutschen Versicherungsgesellschaften. Und er habe keine Lust, sagte Göring, die deutschen Versicherungsgesellschaften diesen Schaden tragen zu lassen.

Doch die arische Treue zum Geld trieb den Reichsmarschall zu einer zusätzlichen Überlegung: »Es taucht aber sofort ein zweites Moment auf: Diese Versicherungsgesellschaften können im Ausland rückversichert sein. Falls eine solche Rückversicherung hier infrage kommt, möchte ich nicht darauf verzichten, weil sie Devisen bringt.«

Man sei heute nicht zusammengekommen, sich erneut darüber zu unterhalten, was geschehen sollte, sondern: »Es fallen jetzt Entscheidungen, und ich bitte die Ressorts inständig, nun aber Schlag auf Schlag die notwendigen Maßnahmen zur Arisierung der Wirtschaft zu treffen.«

Arisierung – was ist das? Göring sagte es: »Bei der Arisierung der Wirtschaft ist der Grundgedanke folgender: Der Jude wird aus der Wirtschaft ausgeschieden und tritt seine Wirtschaftsgüter an den Staat ab. Er wird dafür entschädigt. Die Entschädigung wird im Schuldbuch vermerkt und wird ihm zu einem bestimmten Prozentsatz verzinst. Davon hat er zu leben.« Der Jude, so hatte er es vorher gesagt, muss »aus der Wirtschaft heraus und in das Schuldbuch hinein«.

Und da kam nun die Treuhand ins Spiel. Sie musste dafür sorgen, dass dem ursprünglichen Eigentümer, dem Auszuscheidenden, möglichst wenig blieb. Göring: »Der Treuhänder des Staates schätzt das Geschäft ab und bestimmt, welchen Betrag der Jude bekommt. Dieser Betrag ist selbstverständlich an sich schon möglichst niedrig zu halten. Das Geschäft wird dann von der Treuhand in arischen Besitz überführt, und hierbei ist der Aufschlag zu erzielen, d. h. das Geschäft ist entsprechend seinem normalen tatsächlichen Verkehrswert und Bilanzwert an den Mann zu bringen.«

Doch hier, klagte Göring, der damals im künftigen Rohwedder-Haus alles schon wusste, setzten Schwierigkeiten ein. Es sei menschlich verständlich, dass in starkem Maße versucht werde, »in diese Geschäfte Parteigenossen hineinzubringen«, um ihnen so gewisse Entschädigungen zu geben. Göring echt schockiert: »Ich habe da entsetzliche Dinge in der Vergangenheit gesehen: dass sich kleine Chauffeure von Gauleitern derart bereichert haben, dass sie auf diese Weise schließlich eine halbe Million an sich gebracht haben.«

Göring blickte in die Runde: »Die Herren wissen Bescheid? Das stimmt doch?« Die Herren murmelten Zustimmung.

Das seien natürlich unmögliche Dinge, versicherte Hitlers oberster Statthalter und schlug auf den Tisch: »Ich werde nicht davor zurückscheuen, dort, wo unsauber verfahren wird, rücksichtslos einzugreifen. Sollte es sich um eine prominente Person handeln, die das Delikt ermöglicht, so werde ich binnen zwei Stunden beim Führer sein und diese Schweinerei ganz nüchtern vortragen.«

Und so legte er sein Bekenntnis zu den Grundsätzen eines ehrlichen Kaufmanns ab: »Wir müssen darauf drängen, dass der Arier, der das Geschäft übernimmt, aus der Branche ist und davon etwas versteht.« Normalerweise müsse er sogar das Geld für das Geschäft »aus Eigenem aufbringen«. Ja, so betonte Göring: »Anzustreben ist also ein nor-

maler Geschäftsverlauf, wie er heute zwischen zwei Kaufleuten – dem einen, der sein Geschäft verkaufen will, und dem andern, der es kaufen will – stattfinden würde.«
Würde.
Göring vergaß sich nicht: »Darüber hinaus ist selbstverständlich die Arisierung aller größeren Unternehmungen ... mir vorzubehalten, sie darf nicht durch einen Statthalter oder durch untere Instanzen erfolgen, weil diese Dinge in den Außenhandel hinübergreifen und draußen oft große Probleme anrühren, die der Statthalter von seinem Ort aus unmöglich überblicken und lösen kann. Die muss ich mir vorbehalten, damit hier nicht ein größerer Schaden entsteht als der Nutzen, der erreicht werden soll.«[6]
Dass aber war damals schon ein Problem: »Bei der Übertragung wird sich nun, wenn wir den Verkehrswert zugrunde legen, selbstverständlich ergeben, dass auf 100 zu übertragende jüdische Geschäfte bestenfalls vielleicht 60 Arier kommen, die bereit sind, die Läden zu übernehmen. Ich glaube nicht, dass wir heute für jedes jüdische Ladengeschäft einen Deutschen besitzen, der es erwerben will.«
Plattmachen – das war die Lösung. Göring formulierte das so: »Darum bitte ich den Herrn Wirtschaftsminister, mir in der Stilllegung der Geschäfte von vorneherein sehr weit, außerordentlich weit zu gehen.« Göring selbst war schon weiter: »Jetzt kommen die Fabriken. Bei den kleinen und mittleren Fabriken ist ähnlich zu verfahren, dass zunächst festgestellt wird: 1. Welche Fabrik brauchen wir überhaupt nicht? Welche kann man stilllegen? Kann man nichts anderes daraus machen? – Dann wird sie möglichst rasch abgeschrottet. 2. Wenn sie benötigt wird, wird sie nach denselben Richtlinien wie das Geschäft in arischen Besitz überführt.«[7]
Göring bat, Herrn Hilgard von den Versicherungen hereinzurufen. Eduard Hilgard war Leiter der Neuen Frank-

furter Allgemeinen Versicherung, vor allem aber Vorstandsmitglied der Allianz AG, die Hitler schon im Februar 1931 eine Verfügungsmasse von fünf Millionen Mark eingeräumt hatte.[8]

»Durch den berechtigten Zorn des Volkes gegenüber den Juden sind«, so erläuterte der Reichsmarschall dem Herrn von der Allianz, »eine Anzahl von Schäden im ganzen Reich angerichtet worden.«

Ja, sagte Hilgard, ein Teil der Juden sei tumultversichert. Und Göring überlegte schon: einfach eine Verordnung, dass die Versicherung nicht zahlen muss. Aber da kam ihm wieder die Frage, die »mich brennend interessiert« – ja, »brennend« sagte er, drei Tage, nachdem über hundert Synagogen brannten, sagte, dass er Devisen sehen wolle für die Mühewaltung der Brandschatzung: »Für den Fall, dass hier irgendwie auf dem Gebiet der Tumultschädenversicherung Rückversicherungen im Ausland liegen, möchte ich selbstverständlich nicht auf diese Rückversicherung verzichten, sondern möchte die an sich heranholen und darum mit Ihnen den Weg besprechen, wieweit diese Rückversicherung, die womöglich noch Devisen bringt, nicht zum Juden kommt, sondern zur deutschen Volkswirtschaft.«

Sind, das wollte Göring wissen, »die Juden im großen Ausmaß gegen diese Schäden versichert«?

Da musste der Fachmann differenzieren. Bei Feuer und Diebstahl sehe es ganz gut aus, erläuterte Hilgard, aber: »Vollkommen anders liegen die Verhältnisse bei der Glasversicherung, die eine sehr große Rolle spielt. Hier ist der weitaus größere Teil der Geschädigten arisch. Das ist nämlich der Hausbesitz, der überwiegend in arischen Händen liegt, während der Jude in der Regel nur Mieter des Ladens ist – ein Vorgang, den Sie auf der ganzen Linie, z. B. am Kurfürstendamm, feststellen können.«

Göring: »Da ist das, was wir gesagt haben.«
Goebbels: »Da muss der Jude den Schaden bezahlen.«
Göring: »Es hat ja keinen Sinn. Wir haben keine Rohstoffe. Es ist alles ausländisches Glas; das kostet Devisen! Man könnte die Wände hochgehen.«
Hilgard rechnete: Glasschäden für sechs Millionen. Die Herstellung von Ladenfenstern liege fast ausschließlich in den Händen der belgischen Glasindustrie, man werde etwa die Hälfte ihrer Jahresproduktion einführen müssen. Göring tobte: »Hier muss eine Volksaufklärung stattfinden.« Goebbels hielt gegen: »Das kann jetzt nicht im Augenblick gemacht werden.« Göring verbittert: »So kann das nicht weitergehen. Das halten wir nicht aus. Unmöglich!« Er wandte sich wieder dem Allianz-Mann zu: »Nach Ihrer Auffassung trifft der Schaden den Arier, nicht wahr?« Hilgard: »Jawohl, zum größten Teil die Glasversicherung.«[9]
Sie war doch so gut gemeint, die Pogromnacht mit dem Ausbruch des berechtigten Volkszorns gegen die Juden. Doch Hilgard klagte: »Nein, für uns ist es eine sehr große Katastrophe. Ich darf vielleicht ausführen, dass nach meinen Schätzungen der Gesamtschaden in ganz Deutschland sich auf ungefähr 25 Millionen Mark belaufen wird: Ich wollte vorsichtig sein.«
Und Heydrich legte nach: »Sachschaden, Inventar- und Warenschaden schätzen wir auf mehrere hundert Millionen, allerdings einschließlich des Schadens, den das Reich durch Steuerausfall erleiden wird. Umsatz-, Vermögens- und Einkommenssteuer.«
Heydrich erregt: »7500 zerstörte Geschäfte im Reich.«
Kurt Daluege, in der Kampfzeit hochtalentierter Organisator von SA-Rollkommandos, jetzt Chef der Ordnungspolizei, legte nach: »Eine Frage muss noch besprochen werden. Die Waren, die sich in den Läden befanden, sind

nicht Eigentum des Besitzers gewesen, sondern laufen größtenteils auf Rechnung von anderen Firmen, die diese Waren geliefert haben. Jetzt kommen die unberechneten Lieferungen von Firmen, die bestimmt nicht alle jüdisch, sondern arisch sind, die Waren, die auf Kommission gegeben waren.«

Hilgard: »Die müssen auch bezahlt werden.«

Göring verzweifelt: »Mir wäre es lieber gewesen, ihr hättet 200 Juden erschlagen und hättet nicht solche Werte vernichtet.«

Heydrich, der die Zahl von über hundert Ermordeten noch nicht kannte, bedauerte: »35 Tote sind es.«

Walther Funk, der neue Wirtschaftsminister, meinte, die »einfachste Lösung« sei doch, den Versicherungsgesellschaften die Zahlungen zu erlassen. Doch da zeigt Göring ihm etwas, was wir heute gern rechtsstaatliche Bedenken nennen: »Das können wir doch nicht. Die legen doch den großen Wert darauf, dass sie zahlen können.«

Funk beharrte: »Wenn die Juden das bezahlen, brauchen doch die Versicherungsgesellschaften nicht zu bezahlen.«

Da entdeckte Göring die rechtsstaatlich einwandfreie Lösung: »Das halten wir fest. In diesem Augenblick denkt keine Versicherungsgesellschaft etwas anderes, als dass sie für den Schaden zahlen muss.« Göring entschuldigte sich ausdrücklich bei dem freundlichen Mann von der Allianz: »Herr Hilgard ausgenommen, der hier ist.« Göring sah durchaus ein, dass die Versicherungen den Schaden zahlen sollten: »Sie wollen auch, und ich habe volles Verständnis dafür. Sie müssen das, damit ihnen nicht vorgeworfen werden kann, sie wären nicht stark genug, den Schaden zu tragen.«[10]

Und Göring formulierte das Ergebnis seiner juristischen Erwägungen: »Der Jude muss den Schaden anmelden. Er kriegt die Versicherung, aber die wird beschlagnahmt.«

Trotzdem bleibe »im Endeffekt immerhin doch noch insofern ein Verdienst für die Versicherungsgesellschaften, als sie einige Schäden nicht auszuzahlen brauchen.«
Göring wandte sich dem Vertreter jener Allianz zu, die in den Nationalsozialismus schon lange vor der Machtübergabe 1933 Millionen investiert hatte: »Herr Hilgard, Sie können schmunzeln.«
Der Allianz-Mann wahrte die Form: »Ich habe gar keinen Grund, wenn das ein Verdienst genannt wird, dass wir einen Schaden nicht zu zahlen brauchen.«
Doch Göring kannte seinen Pappenheimer und erinnerte sich, wie viele Millionen es 1931 waren: »Erlauben Sie einmal! Wenn Sie juristisch verpflichtet sind, fünf Millionen zu zahlen, und auf einmal kommt Ihnen hier ein Engel in meiner etwas korpulenten Form und sagt Ihnen: Eine Million können Sie behalten, zum Donnerwetter noch einmal, ist das kein Verdienst? Ich müsste direkt Kippe mit Euch machen, oder wie nennt man das sonst? – Ich merke es am besten an Ihnen selbst. Ihr ganzer Körper schmunzelt. Sie haben einen großen Rebbes gemacht.«
Das Protokoll vermerkte einen vergnügten Zuruf aus der fröhlichen Herrenrunde: »Wir wollen eine Tumultschadensteuer für die Versicherungen einführen.«
So lustig – und lukrativ – ging es zu beim Vorspiel zur kommenden Vernichtung der Juden, der Weg nach Auschwitz war allianzversichert, die Mörder erhielten die Schadenssumme der Opfer. Aber Hilgard wahrte die Form und blieb sehr ernst und sehr würdig: »Es ist für mich eine Selbstverständlichkeit, dass der ehrbare deutsche Kaufmann nicht der Leidtragende sein darf. Ich habe auch mit den Unternehmungen gesprochen, ich habe dafür gesprochen, dass der Schaden nicht an den Ariern hängenbleiben darf, und er bleibt rettungslos an den Ariern hängen, weil die Versicherungsgemeinschaft – nicht die Versicherungs-

gesellschaft! – dadurch getroffen wird, indem sie erhöhte Prämien zahlen muss und verminderte Dividenden bekommt. Infolgedessen ist sie der endgültig Geschädigte. Das ist so und bleibt so. Das wird mir niemand abstreiten.«

Göring ging dieser Spaß nun doch etwas zu weit: »Dann sorgen Sie gefälligst dafür, dass nicht so viele Fensterscheiben eingeschmissen werden! Sie sind auch ein Teil des Volkes. Schicken Sie Ihre Vertreter hinaus. Die sollen sofort aufklären!«

Aufklärung im Dritten Reich. Der Chef der Fensterzerschmeißer sagt den Finanzherren der Versicherungswirtschaft, sie seien auch das Volk und sollten ihre Leute über den volkswirtschaftlichen Schaden aufklären, der entsteht, wenn man nicht Schädel, sondern Scheiben einschlägt. Ein erfolgreicher Antisemitismus ohne Glasbruch musste her, und darüber kam es zum Streit.

Heydrich: »Wir brauchen die Beschlagnahme nicht in die Verordnung hineinzunehmen, sondern das würde ich stillschweigend machen.« Doch Göring setzte sich – denn nur das hatte Zukunft – kompromisslos für den rechtsstaatlichen Weg ein: »Nein, das können Sie nicht stillschweigend machen, sondern das muss klares Recht sein.«[11] Ja, ein klares Recht musste her. Göring wurde sechseinhalb Jahre später im Nürnberger Prozess das stenografische Protokoll der Sitzung Punkt um Punkt vorgehalten, er erkannte es als korrekt an: »Ja, selbstverständlich habe ich das gesagt.«[12]

Der entscheidende Grundgedanke jeder kommenden Treuhand ward so im künftigen Detlev-Rohwedder-Haus geboren, damals im Dritten Reich, das wir im Gegensatz zur DDR nie ehemalig nennen: Die Treuhänder – und ihre Auftraggeber, die niemals verwechselt werden dürfen mit denen, die in Treuhand genommen wurden –, sie dürfen nicht in Anspruch genommen werden für die Schäden, die eben diese Treuhänder und diese Auftraggeber bei den Intreuhandgenommenen anrichten. Im Gegenteil, sie müssen an diesen Schäden verdienen.

Es war Bankdirektor Hans Fischböck aus Wien, vom Creditanstalt-Bankverein der Deutschen Bank, der die Treuhand-Idee in die Köpfe dieser tatenhungrigen Männerrunde pflanzte. Er legte die Pläne vor, die man in Wien zur Schließung der jüdischen Handwerks- und Einzelhandelsbetriebe ausgearbeitet hatte, und erläuterte, dass man für die Betriebe, die nicht gleich geschlossen oder an arische Geschäftsleute verkauft würden, die Übernahme durch eine Treuhandstelle vorgesehen habe. Fischböck: »Auf diese Weise können wir bis Ende des Jahres die gesamte nach außen sichtbare jüdische Geschäftswelt beseitigt haben.«

Göring: »Das wäre hervorragend!«

Fischböck: »Dann wären von 17 000 Geschäften 12 000 oder 14 000 geschlossen und der Rest arisiert oder an die Treuhandstelle übertragen, die dem Staat gehört.«

Göring freute sich wie ein Kind unterm Christbaum: »Ich muss sagen: Der Vorschlag ist wunderbar. Dann würde in Wien, einer der Hauptjudenstädte sozusagen, bis Weihnachten oder Ende des Jahres diese ganze Geschichte wirklich ausgeräumt sein.«

Funk begeistert: »Das können wir auch hier machen.«[13]

Fischböck trug seine Pläne mit den »jüdischen Mietzinshäusern« vor, die sollten in eine »Treuhandgesellschaft« eingebracht werden, ebenso wie die Wertpapiere. Der Bankdirektor: »Dann würde ich bitten, die Sache in der Form zu regeln, dass die Papiere abgefordert werden, damit der Wertpapiermarkt dadurch nicht gestört wird. Das kann sehr einfach geschehen. Die werden eingeliefert. Bei den Wertpapieren ist auch die Verwaltung sehr viel einfacher. Die kann die Treuhand übernehmen. Sie gibt sie ins Depot und gibt dafür Reichsschuldbuchforderungen. Damit ist die Sache erledigt. Es fragt sich nur, ob man die Sache wieder anderweitig unterbringen will.«

Reichswirtschaftsminister Funk, der wenige Wochen später auch Reichsbankpräsident wurde: »Da wird das Reich Besitzer von ½ Milliarde Wertpapieren.«

Göring zufrieden: »Ja, ja.« Goebbels: »Die kann es nach Bedarf abstoßen.« Fischböck: »Es ist ja ein Gewinngeschäft.«[14]

Ministerialrat Bernhard Lösener aus dem Innenministerium, der an der Besprechung teilnahm, notierte nach dem Krieg aus den Notizen, die er sich damals machte, das Fazit der Konferenz (vom amtlichen Stenogramm waren zwei große Teile verschwunden): »Göring hatte damit die Formel erarbeitet, dass jüdisches Eigentum ja künftiges arisches Eigentum wäre. Die weitere Beratung ging also unter diesem Gesichtspunkt vor sich. Er entwickelte dann weiter: Der enteignete Jude wird untätig. ›Wenn der Jude untätig ist, gibt es nichts wie Gefahren.‹ Deshalb dürfen wir die Juden nicht bei uns behalten, sondern sie müssen ins Ausland. Es muss eine Treuhändergesellschaft im Ausland geschaffen werden, um die Juden ohne Aufwendung von Devisen ins Ausland zu schaffen. Während der Zeit, bis das Ziel erreicht sein wird, werden wir nicht um das Ghetto herumkommen; es ist das einzige wirksame Mittel gegen die Flüsterpropaganda der Juden.«[15]

Heydrich überlegte noch: »Wie wäre es im Ghetto? Müsste da der Jude in den arischen Teil zum Einkaufen gehen?« – »Nein«, erwiderte Göring, der schon voll auf arische Geschäftstüchtigkeit setzte: »Da würde ich sagen: Es gibt genug deutsche Geschäftsleute, die sich mit Wonnegrunzen in das Ghetto hereinsetzen, weil sie da ein Geschäft machen. Ich würde nicht mehr von dem Grundsatz abweichen, dass der Jude in der Wirtschaft nichts mehr zu suchen hat.«

Heydrich: »Bei allem Herausnehmen der Juden aus dem Wirtschaftsleben bleibt das Grundproblem immer, dass der Jude aus Deutschland herauskommt ...«

Der konservative Reichsfinanzminister Schwerin von Krosigk: »Das muss doch immer das Entscheidende sein, dass wir nicht das Gesellschaftsproletariat hierbehalten. Es wird immer eine Last sein, sie zu behandeln, die fürchterlich ist. Ich stelle mir den Zwang zum Ghetto auch nicht gerade als angenehme Aussicht vor. Infolgedessen muss das Ziel sein, was Heydrich gesagt hat: Heraus, was herausgebracht werden kann.«[16]

Göring: »Aber, Kinder, habt ihr euch das einmal überlegt? Es nützt doch auch nichts, dass wir vom jüdischen Mob Hunderttausende herauskriegen. Habt ihr euch überlegt, ob dieser Weg nicht letzten Endes so viele Devisen kostet, dass er auf die Dauer nicht mehr gangbar ist?«[17]

Damit wurde die Grundlage für die Erkenntnis gelegt, dass die physische Vernichtung der Juden im NS-Sinn die einzig ökonomisch sinnvolle Endlösung des »Judenproblems« sei.

Mit der Besprechung vom 12. November 1938 war auch – am zukunftsträchtigen Ort: Birgit Breuel residierte später dort – der erste Schritt zur Haupttreuhandstelle Ost getan, die ab 1. November 1939 die »Verwaltung« der geraubten jüdischen und auch polnischen Vermögen nicht nur im Osten übernahm.

»Dann danke ich Ihnen«, schloss um 14.40 Uhr Hermann Göring die Sitzung im künftigen Detlev-Rohwedder-Haus. 52 Jahre später, am 29. November 1990, zog die Treuhandanstalt in Görings Ministerium an der Leipziger Straße 5 bis 7 ein. Die Treuhand hatte die Wahl zwischen dem ehemaligen Sitz des DDR-Ministerpräsidenten an der Klosterstraße, Gebäuden des Ministeriums für Staatssicherheit an der Frankfurter Allee und des Ministeriums für Volksbildung in der Otto-Grotewohl-Straße – sie wählte den traditionellen Ort, weil nur er »von der Größenordnung und Raumaufteilung her günstige Voraussetzungen« bot.[18]

*

Die Haupttreuhandstelle Ost (HTO) wurde am 19. Oktober 1939 ins Leben gerufen, sieben Wochen nach Beginn der friedenschaffenden Maßnahmen des Deutschen Reiches gegen Polen (Hitler: »Seit 5.45 Uhr wird zurückgeschossen«). Sie hatte dort, so der Freiburger Militärhistoriker Rolf-Dieter Müller, eine Doppelfunktion: »einmal die beschlagnahmten, enteigneten oder ›herrenlosen‹ Vermögenswerte und Betriebe sicherzustellen, zu verwalten und allmählich in deutsches Eigentum zu überführen; außerdem die zumeist von der Wehrmacht eingesetzten kommissarischen Verwalter in den kriegswichtigen Betrieben zu betreuen. Damit wurde die einheimische Bevölkerung systematisch ihrer wirtschaftlichen Existenz beraubt, begleitet von unzähligen, wilden Beschlagnahmeaktionen, insbesondere gegenüber den Juden. Als Treuhänder wurden in den ersten Monaten vor allem volksdeutsche Umsiedler mit der Aussicht auf späteren Erwerb eingesetzt.«[19]

Die Haupttreuhandstelle Ost unterstand Göring und seiner Vierjahresplanbehörde. Leiter der Treuhandstelle wurde Bürgermeister a. D. Max Winkler, ein ehemaliges demokratisches Mitglied des Preußischen Landtags. Winkler war unter achtzehn Reichskanzlern Reichstreuhänder für den geheimen Ostlandfonds, aus dem er Grenzlandzeitungen aushielt. Der neunzehnte hieß bald Führer und der zwanzigste, dem er schließlich auch noch zuarbeitete, war Bundeskanzler. Für den neunzehnten war Winkler der Erste beim Plündern des Gewerkschaftsvermögens. Die 30 Millionen Verfügungsmasse, mit denen er für das Pressereich von Hitlers einstigem Feldwebel Amann die Generalanzeiger-Presse, aber auch Ullstein und Mosse aufkaufte, stammten vor allem aus den beschlagnahmten Gewerkschaftsgeldern bei der Bank Deutscher Arbeit.[20] Der Aktienbesitz der Familie Ullstein ging im Juni 1934 an ein Konsortium, das unter der Führung der Deutschen Bank und Diskontogesellschaft stand.[21]

Vor allem aber war Winkler für die UFA und für Goebbels tätig. Der notierte denn auch wenige Tage nach Gründung der HTO in sein Tagebuch: »Winkler hat Filmwirtschaftsfragen. Die Wirtschaft in Polen macht ihm viel Kopfzerbrechen. Das ist auch eine Riesenaufgabe.«[22] Beim Plündern Polens arbeitete Winkler sehr kollegial mit der Dresdner Bank zusammen. Deren blitzschnelles Zugreifen in den von der Wehrmacht eroberten Gebieten war schon beim Überfall auf die Tschechoslowakei in der Folklore gewürdigt worden:

»Wer marschiert hinter dem ersten Tank? Das ist der Dr. Rasche von der Dresdner Bank.«[23]

Winklers Stellvertreter, der Mann, der für den so vielbeschäftigten Bürgermeister a. D. die Haupt- und Schmutzarbeit machte, war Rechtsanwalt Bruno Pfennig. Er beschrieb 1942 für den Reichsstatthalter im Reichsgau Wartheland in einer umfangreichen Ausarbeitung die gesetzlichen Grundlagen, die Aufgaben und die Arbeit der Haupttreuhandstelle Ost.

»Aufgaben: a) Die Verwaltung des Vermögens des ehemaligen polnischen Staates ... b) Die Erfassung und Verwaltung von Vermögen der Angehörigen des ehemaligen polnischen Staates ... c) Die Bereinigung der Schulden und Forderungen, die vor dem 1. Oktober 1939 in den eingegliederten Ostgebieten begründet worden sind; die Regelung bedarf der Zustimmung des Reichswirtschaftsministers und des Reichsministers der Finanzen.«[24]

Und so fort. Oberster Grundsatz: Der Pole und insbesondere der polnische Jude hat keinen Anspruch auf Eigentum. Es ist alles in deutsche Hände zu überführen. Die Haupttreuhandstelle Ost beschränkte ihre Tätigkeit bald nur noch auf die von Deutschland annektierten westpolnischen Gebiete, den sogenannten Warthegau. Das restliche »ehemalige« Polen, das als »Generalgouvernement« von Hitlers Reichsminister Hans Frank beherrscht wurde und vom Warthegau durch eine Zoll- und Devisengrenze abgetrennt war, hatte nach kurzer Übergangszeit eine eigene Treuhandstelle zum Raub des polnischen, insbesondere des jüdischen Vermögens.

Die Haupttreuhandstelle Ost hatte ihre Dienstbehörde – anders als die Treuhand von Birgit Breuel – nicht in Görings Ministerium an der Leipziger Straße, sondern in einiger Entfernung in einem Abbruchhaus in der Potsdamer Straße 28. Die HTO begann ihre Tätigkeit mit – wie es bei Pfennig heißt – »6 Männern und 4 Sekretärinnen«. Am 31. Dezember 1941 erreichte die Plünderungsbehörde einen Höchststand von 356 »Gefolgschaftsmitgliedern«. Außenstellen gab es im damaligen Danzig-Westpreußen, Posen, Schlesien und Südostpreußen.[25]

Rechtsanwalt Pfennig, der selbst nicht einem der Konzerne des Altreichs verbunden gewesen zu sein schien, beklagte sich über die mangelnde Unterstützung aus dem Westen für die eingedeutschten Betriebe im Anschlussgebiet: »Bei ihren Bemühungen, die Betriebe weiterzuentwickeln, sind die kommissarischen Verwalter in vielen Fällen von den benachbarten wirtschaftlichen Einrichtungen und Unternehmungen des Altreichs nicht in ausreichender Weise unterstützt worden. Insbesondere die dem oberschlesischen Industriegebiet benachbarte Industrie des Altreichs zeigte kein großes Interesse an dem Wiederaufbau und der Förderung der Industrie Oberschlesiens; es wurde nicht nur die Konkurrenz befürchtet, sondern auch verlangt, dass alle diejenigen Absatzgebiete, die früher zum Deutschen Reich gehört hatten, nunmehr wieder von der Altreichsindustrie zu versorgen seien, da die vom polnischen Staat aus Konkurrenzgründen aufgebaute Industrie keine Daseinsberechtigung habe. Auch die Reichsstellen und Wirtschaftsgruppen haben zunächst ihre Hilfe für die Ingangsetzung der Betriebe vielfach versagt mit der Begründung, dass die in den eingegliederten Ostgebieten vorgefundenen Unternehmungen vollkommen veraltet und nicht würdig seien, wieder instandgesetzt und erneuert zu werden.«

Pfennig hielt damals dagegen: »Nicht klein ist die Zahl der Betriebe, die nicht nur das Niveau eines Altreichsbetriebes erreicht haben, sondern sogar als vorbildlich vom Standpunkt hoher deutscher Anforderungen aus anerkannt werden müssen.«[26]

Im Februar 1940 gründete die Haupttreuhandstelle Ost zusammen mit der Reichsgruppe Handel eine Handelsaufbau Ost GmbH. Die hatte 130 000 polnische Betriebe zu verwerten. Rund 100 000 wurden plattgemacht, und der Rest ging an deutsche Umsiedler und an Volksdeutsche.[27]

Die Hauptaufgabe der Haupttreuhandstelle Ost war nach dem Bericht von Rechtsanwalt Pfennig: »Eindeutschung der Gebiete, Festigung des deutschen Volkstums und Aufbau einer gesunden deutschen Wirtschaft«.[28] Als besonders unangenehm erwies es sich, dass viele Polen ihr ehemaliges Eigentum vor den Deutschen sichern wollten. Rechtsanwalt Pfennig: »In vielen Fällen waren Maschinen und sonstige Einrichtungsgegenstände, stellenweise auch

Geschäftsbücher und sonstige Urkunden vor der Flucht vernichtet oder auf der Flucht nach Osten mitgeschleppt.« Eine ordnungsgemäße Plünderung wurde dadurch nachhaltig erschwert: »Nur in wenigen Ausnahmefällen gelang es, diese Gegenstände später wieder herbeizuschaffen.« Die Heranziehung und intensive Befragung polnischer Auskunftspersonen wurde durch politische Umstände erschwert, die sicherlich notwendig waren, gleichwohl aber die korrekte Abwicklung des verwaltungsrechtlich gebotenen Ablaufs der Eigentumsentziehung etwas beeinträchtigten: »Bevor die HTO und die Treuhandstellen ihre Tätigkeit aufnahmen, waren außerdem zahlreiche Polen aus politischen Gründen umgesiedelt (evakuiert).«
Schließlich mischten sich auch noch andere befugte Stellen beim Plündern ein. Rechtsanwalt Pfennig klagte: »Auch durch die gesetzesmäßigen Requisitionen durch deutsche Wehrmachtsstellen ist eine Verringerung des von der HTO und den Treuhandstellen zu erfassenden polnischen Vermögens erfolgt.«[29]
Schon damals sah sich die Treuhand unsachlicher Kritik und Druck von allen Seiten ausgesetzt, Schwierigkeiten, die hohe Anforderungen an das Durchhaltevermögen der Treuhandmitarbeiter stellten: »Abgesehen von dem schlechten Zustand, in dem sich die Betriebe infolge der polnischen Misswirtschaft befanden, waren die allgemeinen Kriegserscheinungen zu meistern. Die kommissarischen Verwalter haben in verhältnismäßig kurzer Zeit die Betriebe gesäubert, die vorhandenen Maschinen und Einrichtungen instand gesetzt, neue Maschinen und Werkzeuge angeschafft, bauliche Veränderungen und Erweiterungen vorgenommen sowie sanitäre Anlagen und soziale Einrichtungen.«
Gleichwohl wirkte sich der Mangel an Fachkräften aus dem Westen höchst nachteilig aus. Pfennig in seinem

Treuhand-Rechenschaftsbericht: »Durch die Einziehung deutscher Angestellter und Arbeiter, insbesondere qualifizierter Fachkräfte, ist der Aufbau und die Leistung der Betriebe nicht unerheblich beeinträchtigt worden. Die Prozentzahl der deutschen Arbeitskräfte ist in vielen Betrieben auf ein Minimum zurückgesunken. Da der Pole die Gewohnheit hat, nur zu arbeiten, wenn er unter strenger Beaufsichtigung steht und stets zur Arbeit angetrieben wird, ist das Fehlen deutscher Werkmeister usw. von erheblicher Bedeutung, auch für das wirtschaftliche Ergebnis der Unternehmungen.«[30]

Was man innerhalb kürzester Zeit aus einer Stadt machen konnte, belegt das Beispiel Lodz: »In der Stadt Litzmannstadt wurden Ende September 1939 über 7500 Einzelhandelsbetriebe festgestellt. Von ihnen waren 6300 in polnischer oder jüdischer Hand, 1283 Betriebe befanden sich in deutschem Besitz.«

Das änderte sich nach dem Bericht des stellvertretenden HTO-Chefs Pfennig gründlich: »Nachdem die erforderlichen Schließungen von Betrieben und die vollständige Beseitigung des selbständigen polnischen Einzelhändlers erfolgt ist, befinden sich Ende 1942 in Litzmannstadt 1338 Einzelhandelsbetriebe in volksdeutschem Besitz, 246 Einzelhandelsbetriebe in Händen von Umsiedlern, 43 Einzelhandelsbetriebe in reichdeutschem Besitz, 141 Betriebe sind für Kriegsteilnehmer vorgesehen.«[31]

Für die Apotheken gab es im Anschlussgebiet – »kriegsbedingt« – nicht genug Bewerber, in deren Adern das korrekte deutsche Blut floss. Das führte zu einem kaum hinnehmbaren Zustand. Der Bericht: »Soweit die Apotheken infolge des Mangels an deutschen Apothekern in polnischer Hand belassen bleiben mussten, werden sie ständig überwacht, und zwar im Allgemeinen in der Weise, dass der kommissarische Verwalter einer anderen Apotheke

mit der Betreuung einer benachbarten noch in polnischer Hand befindlichen Apotheke beauftragt wurde.«[32]
Arztpraxen wurden ordnungsgemäß ausgeräumt. Pfennig: »Die Schließung der polnischen Dentistenpraxen ist in enger Zusammenarbeit mit den örtlichen Beauftragten des Reichsdentistenführers erfolgt, mit denen in erfolgreicher Weise zusammengearbeitet wurde. Die Verwaltung der beschlagnahmten Instrumente und Einrichtungen ist durchgeführt; die erforderliche Anzahl deutscher Dentisten ist in verhältnismäßig kurzer Zeit angesetzt worden.«
Deutsches Blut allein genügte beim Bohren der arischen Zähne nicht, aber da gab es keine Probleme: »Der Einsatz reichsdeutscher Dentisten ging reibungslos vonstatten, da die Kartei des Reichsdentistenführers über die politische Zuverlässigkeit und den fachlichen Werdegang jedes seiner Mitglieder lückenlose Unterlagen lieferte.«
Doch nicht für jeden deutschen Zahn gab es – kriegsbedingt – einen deutschen Bohrer. Pfennigs Bericht: »Um die Versorgung der deutschen Bevölkerung mit Zahnbehandlung sicherzustellen, musste in einer größeren Anzahl von Fällen auf polnische Dentisten zurückgegriffen werden.«[33]
Eine Spezialität der deutsche Treuhand war der fachmännische Raub von Gold und Juwelen: »Auf dem Fachgebiet Juwelen, Gold- und Silberwaren und Uhren sind 185 Geschäfte erfasst worden. Diese Unternehmen sind überwiegend mit Handwerksbetrieben gekoppelt. Sie haben insbesondere in den großen Städten teilweise einen erheblichen Umsatz. 76 Betriebe wurden geschlossen.«[34]
Zu den Aufgaben der Haupttreuhandstelle Ost gehörte auch der Raub von Kirchengut. So gab der Kreisvertrauensmann der Treuhandstelle Posen für den Kreis Hermannsbad am 2. Juli 1942 eben dort eine gewissenhaft genaue und von hoher Sachkenntnis getragene Aufstel-

lung von Plünderware: »Kirchengeräte aus der polnischen katholischen Kirche in Hermannsbad: 2 Kelche mit Deckel (galvanisiert); 3 Ölungsbüchsen (galvanisiert); 3 Patenen (plattiert); 1 Weihrauchschale mit Löffel (plaquilliert); 1 Deckelkelch (leicht vergoldet); 2 offene Kelche (leicht vergoldet).«[35]

Aber auch Leichenfledderei bei Bischöfen gehörte zu den satzungsmäßigen Aufgaben der Haupttreuhandstelle Ost. Am 13. August 1943 bekam sie einen Brief über die »Sicherstellung zweier Ringe des Bischofs Wetmanski und Nowowieski«. Darin hieß es: »Nach dem anliegenden Schreiben des Chefs der Sicherheitspolizei und des SD vom 2. Juli 1943 handelt es sich bei den inzwischen verstorbenen Eigentümern der beiden Ringe um Polen, wonach Ihre Zuständigkeit zur Beschlagnahme der Ringe aufgrund der Verordnung über die Behandlung von Vermögen der Angehörigen des ehem. polnischen Staats vom 17. September 1940 (RBGl I S. 1270) gegeben ist.«[36] In den »eingegliederten Gebieten«, im sogenannten Wartheland, hatte die römisch-katholische, die »polnische Kirche« zu verschwinden, die beiden Bischöfe kamen im KZ Soldau um.[37]

Ende 1944 wurden die letzten Mitarbeiter der HTO nach Bückeburg verlegt. Das war das Ende der Treuhandstelle Ost. War es das?

Am 1. Juni 1945 schrieb Rechtsanwalt Pfennig seiner Mitarbeiterin Johanna Schmidt ihr Zeugnis: »Infolge des Kriegsendes scheidet Frau Schmidt aus meiner Dienststelle aus. Ich kann sie als zuverlässige und intelligente Arbeitskraft bestens empfehlen und wünsche ihr auf ihrem weiteren Lebensweg alles Gute.«[38]

Sechs Jahre später, am 28. September 1951, trat Hermann Höpker Aschoff, ein Vater des Grundgesetzes, im Bewusstsein seiner Verantwortung vor Gott und den Menschen das Amt des höchsten Richters in dem Staat an, der damals allen Deutschen das Angebot machte, die Einheit und Freiheit Deutschlands in freier Selbstbestimmung zu vollenden. Der Mann für die rote Robe trat vor und sprach: »Uns ist der Staat nicht das kälteste aller kalten Ungeheuer, wie Nietzsche sagt, auch nicht nur ein Apparat von Beamten und Soldaten im Sinne Machiavellis, sondern die durch das Recht geordnete Gemeinschaft unseres Volkes, höchste menschliche Gemeinschaft überhaupt!«[39]

Professor Dr. Hermann Höpker Aschoff war demokratischer Minister in der ersten deutschen Republik und Reichstagsabgeordneter der Deutschen Demokratischen Partei gewesen. Dann, unter den Nazis, hatte er – wie man liest – viel Zeit zum Nachdenken. Walter Henkels, der stets wohlinformierte Bonner Chronist der *Frankfurter Allgemeinen Zeitung*, hatte Höpker Aschoffs damaligen Lebenslauf mit der gewohnten Sorgfalt recherchiert: »Von 1933 bis 1945 privatisierte er in seiner Heimatstadt Herford, pflanzte Tomaten, züchtete Rosen und okulierte Obstbäume.«[40]

Und Theodor Heuss, der erste Bundespräsident der neuen Republik, bezeugte dem alten Freund und liberalen Kampfgenossen aus Weimarer Tagen, wie schwer ihm die »Untätigkeit« im Dritten Reich gefallen sein musste: »Da, von den Pflichten des Tages gerissen, begann er, um das Leben auszufüllen, um es vielleicht auch zu erfüllen, die Wendung zur Wissenschaft.« Und erst 1945 wurde er, »nachdem auch von ihm die Verfemung weggerissen war«, so unterstrich Heuss, für die jungen Menschen im Hörsaal »Übermittler von Einsicht und Erfahrung«.[41]

Die Einsicht und Erfahrung des Mannes, der da am 28. September 1951 als erster den roten Talar eines Präsidenten des Bundesverfassungsgerichtes anlegte, es war die Einsicht und Erfahrung eines hochrangigen Mitarbeiters der Leichenfledderer und Plünderungsspezialisten. In der Bundesrepublik Deutschland war Höpker Aschoff neben dem Bundespräsidenten, dem Bundestagspräsidenten, dem Bundeskanzler und dem Bundesratspräsidenten vom Range her der fünfthöchste Mann im Rechtsstaat. 1883 geboren, war er von 1925 bis 1931 preußischer Finanzminister. Für die Deutsche Demokratische Partei (DDP) saß er von 1921 an im Preußischen Landtag und von 1930 an im Reichstag, doch da hatte er sie schon kaputt gemacht. Denn er war maßgebend beteiligt an den Geheimverhandlungen mit dem nationalistischen und antisemitischen Jungdeutschen Orden und der volksnationalen Reichsvereinigung, die 1930 zur gemeinsamen Gründung der Deutschen Staatspartei führten, bei der allerdings der demokratische Flügel der Partei nicht mehr mitmachte. Doch Höpker Aschoff und Heuss blieben. Die neue Staatspartei trat für »deutsche Rüstungsfreiheit« ein und erkannte im Osten einen »Raum ohne Volk« – das wies in die Zukunft.

Und auch dies: Der Vater des Grundgesetzes von 1949 und Hüter der bundesdeutschen Verfassung erklärte am 28. August 1931 in einer vertraulichen Sitzung des Parteivorstands: »Die parlamentarisch-demokratische Regierungsform muss ein Volk und einen Staat in das Unglück hineinführen.«[42] Später, 1949, rühmte Theodor Heuss den Parteifreund im Parlamentarischen Rat für seine unentbehrliche Mitarbeit am Grundgesetz: »In welche Situation wären wir so oft gekommen – verzeihen Sie –, wenn nicht ein Mann wie Höpker Aschoff zur Verfügung gestellt gewesen wäre.«[43]

Nach 1933 hatten die Nazis sein Ruhegehalt weiterbezahlt, und 1936 schrieb er ein Buch »über den Sinn der Gemeinschaft« mit dem Titel »Unser Weg durch die Zeit«, in dem er Mussolinis Faschismus rühmte und den NS-Philosophen Alfred Rosenberg sanft kritisierte – das Buch wurde beschlagnahmt. Hermann Höpker Aschoff bemühe sich, so hieß es in einer vertraulichen Beurteilung des Hauptstellenleiters des NSDAP-Gaus Berlin vom 4. Januar 1939 für den Präsidenten der Reichsschrifttumskammer, »in seinem heutigen Verhalten seinen Pflichten als deutscher Volksgenosse nachzukommen«, dennoch könne er Höpker Aschoff, der »die Erfolge des Dritten Reiches« anerkenne, als früheren exponierten Vertreter »einer Systempartei ... nicht als politisch zuverlässig bezeichnen«.[44]

Der NSDAP-Hauptstellenleiter hatte keine Ahnung.

Siebzehn Monate nachdem er die letzte Mitarbeiterin der Haupttreuhandstelle Ost freigestellt hatte, bekam Rechtsanwalt Pfennig den bitteren Brief des alten Kollegen:

»Ihr Glückwunsch war verfrüht. Denn Sie werden inzwischen gelesen haben, dass die Militärregierung den Vorschlag, mich zum Finanzminister zu ernennen, abgelehnt hat. Die Ablehnung hängt mit meiner Tätigkeit bei der Haupttreuhandstelle Ost zusammen und war für mich insofern überraschend, als ich der Militärregierung schon im vorigen Herbst einen ausführlichen Bericht über meine Arbeit bei der HTO gemacht und die Militärregierung daraufhin meiner Bestellung zum Generalreferenten für Finanzen zugestimmt hatte.« Der Absender stand seit dem 2. Januar 1940 hoch oben auf der Gehaltsliste der Haupttreuhandstelle Ost, war als Leiter der Abteilung II zuständig für die Verwaltung des Öffentlichen Vermögens des polnischen Staates und hieß Dr. Hermann Höpker Aschoff.[45]

Pfennig kenne doch, schrieb Höpker Aschoff am 31. Oktober 1946 dem alten Treuhand-Kollegen, seine politische Haltung gut genug, denn »wir haben während unserer Tätigkeit bei der HTO viele politische Gespräche miteinander geführt«. Und dann schrieb Höpker Aschoff seinem Ex-Chef ganz genau auf, wie das damals zuging in den Räumen der HTO: »Ich habe Ihnen dabei meine Überzeugung rückhaltlos darlegen können, weil auch Sie trotz Ihrer Zugehörigkeit zur Partei die Methoden der Nazis aufs Schärfste verurteilten ...«

Und so bestätigte fleißig ein jeder HTO-Mitarbeiter, der das Plündern des polnischen Staates gesund überlebte, dem andern Widerstand und demokratische Gesinnung. Man hielt zusammen, und das war damals nicht eine Frage der Farbe von Socken, sondern der inneren Haltung. Klaus Kurt Bernhardt von der Deutschen Bank in Wesermünde tat es in seinem Brief vom 14. Oktober 1946 an Kollegen Höpker Aschoff leid, (genau wie Pfennig) zu eilig zum Ministerposten gratuliert zu haben, ja, schrieb er, er wolle seine HTO-Zugehörigkeit auch »nicht gerade herausstellen« und freue sich, dass »man ja auch Herrn Pfennig wieder freigelassen hat, wie ich hörte«. Und dann schrieb er die angeforderte Erklärung über den antifaschistischen Kampf in der Haupttreuhandstelle Ost: »Ich habe Herrn Dr. Höpker Aschoff im Jahre 1941 kennengelernt und bin bis Dezember 1943 fast täglich mit ihm zusammengekommen ... Gleich mir lehnte Herr Dr. Höpker Aschoff das Nazi-Regime auf das Entschiedenste ab und verurteilte schärfstens die von ihm stets als Verbrechen bezeichnete Politik.« Höpker Aschoff habe »seelisch außerordentlich unter dem Zwang jener Zeit gelitten« und »der Befreiung vom nationalsozialistischen Joch mit Ungeduld entgegengesehen«.

Und nicht zu vergessen: Er habe alles sehr ordentlich gemacht: »Aus seiner ganzen Haltung resultierte auch sein ständiges Bestreben, die im Rahmen seiner Tätigkeit bei der Treuhandstelle Ost zugewiesene Aufgabe der Mitarbeit an der Verwaltung in sauberer und korrekter Weise durchgeführt zu sehen, die Abwicklung auf eine anständige Basis zu stellen.«

Höpker Aschoff habe beim Plündern mutmaßlich nie etwas in die eigene Tasche gesteckt.

Auch Dr. Robert Rother aus Neubeckum schickte am 12. Oktober 1946 dem hochverehrten Herrn Minister beiliegend »die besprochene Bescheinigung« und hoffte, »dass sie Ihren Wünschen entspricht«. Aber er war auch gern bereit, ihm jeden anderen Lebenslauf zu bescheinigen: »Sollte sie aus irgendwelchen Gründen nicht recht sein, so bitte ich, mir das mitzuteilen. Ich werde dann umgehend eine andere abgeänderte Bescheinigung übersenden.«

Doch Höpker Aschoff muss wohl sehr zufrieden gewesen sein. Die unabgeänderte Ehrenerklärung lautete: »Von Juli 1940 bis Januar 1945 war ich in der Abwicklung der ehemals polnischen Kreditinstitute im Gau Oberschlesien und zwar von Januar 1942 ab als Leiter der Rechtsabteilung und Stellvertreter des Generalabwicklers tätig. In dieser Eigenschaft hatte ich dienstlich viel mit Herrn Staatsminister a. D. Dr. Höpker Aschoff zu tun und lernte ihn auch in seinem Privatleben kennen.« Und dabei konnte er feststellen, dass Herr Dr. Höpker Aschoff »ständig seiner antifaschistischen und demokratischen Gesinnung Ausdruck gegeben hat«.

Dr. Noffke wiederum, der selbst noch Ärger mit der Spruchkammer hatte, bat den ständigen Antifaschisten um »Einzelheiten und besondere Tatsachen, die mich entlasten könnten«, und schlug vor: »Vielleicht könnten Sie auch etwas näher ausführen, dass Sie selbst niemals Bedenken gehabt haben, mir gegenüber das Dritte Reich mit größter Offenheit schärfstens abzulehnen, weil Sie mir trotz meiner Parteizugehörigkeit das nötige Vertrauen entgegenbrachten.«

Höpker Aschoff antwortete sogleich mit der gewünschten Erklärung: »Herr Noffke hat sich in der damaligen Zeit niemals in irgendeiner Form für den Nationalsozialismus betätigt ... Herr Noffke verurteilte die politischen Methoden des Nationalsozialismus genauso wie ich, und er betrachtete den Krieg als ein Verbrechen.«
Kollege Paul Halart aus Berlin-Zehlendorf gratulierte am 25. August 1946 ebenfalls voreilig zur neuen Ministerwürde: »Wenngleich es für mich von vorneherein feststand, dass für dieses bedeutungsvolle Amt in fachlicher Beziehung nur Ihre Persönlichkeit infrage kommen konnte, so erfüllt es mich darüber hinaus doch mit besonderer Freude, dass die Zügel eines deutschen Landes wieder in den Händen eines Mannes liegen, der auch in charakterlicher Beziehung den höchsten Anforderungen gerecht wird. Und ich maße mir an, dies beurteilen zu können, weil ich das Glück hatte, über drei Jahre hinaus unter Ihrer Leitung tätig sein zu dürfen.« Dieser Absender ist im Beruf geblieben, er ist zu diesem Zeitpunkt schon »Finanzsachbearbeiter bei der hiesigen Militärregierung (OMGUS)«. Und er tauscht sich aus mit alten Kollegen: »Oft und gern spreche ich mit Herrn Kroppler, den ich erst jetzt wieder getroffen habe, von unserem gemeinsamen Wirken in der HTO, das eine besondere Prägung durch unsere stets unerschütterliche Abwehrfront gegen den nationalsozialistischen Ungeist erhielt.«
Und dieser Martin Kroppler hat auch geschrieben aus Berlin-Waidmannslust, ganz wie gewünscht: »Aufgrund Ihrer Zeilen vom 3. 9. 46 schicke ich Ihnen gern die von Ihnen gewünschte Erklärung über Ihre Tätigkeit bei der Haupttreuhandstelle Ost. Ich bin jederzeit bereit, diese Erklärung zu ergänzen und durch eine mündliche Aussage vor den zuständigen Stellen der britischen Militärregierung zu erhärten. Bei dieser Gelegenheit möchte ich die in

meinem Brief vom 20. 8. ausgesprochene Bitte wiederholen, mir gegebenenfalls Ihre Vorschläge zur finanziellen Reorganisation Deutschlands zu übermitteln, damit ich sie bei den zuständigen Stellen des amerikanischen Hauptquartiers selbstverständlich unter Hinweis auf Sie als Verfasser vorlegen kann.«

Gestern Polen geplündert, heute Vorschläge für die US-Besatzungsmacht zur finanziellen Reorganisation Deutschlands. Ein neues Deutschland erwacht aus den Ruinen. Kropplers Liste für die Militärregierung: »Da ihm bei seiner demokratischen Vergangenheit jede Verweigerung der Mitarbeit als Sabotage ausgelegt worden wäre, hatte er sich der an ihn ergangenen Aufforderung nicht entziehen können, doch hat er es verstanden, seine Mitarbeit auf ein kleines Finanzreferat zu beschränken. Innerhalb dieses an sich unpolitischen Arbeitsgebietes war er stets um Recht und Gerechtigkeit mit Erfolg bemüht. Bei dem Gewicht seiner Persönlichkeit ging sein Einfluss allerdings weit über die Grenzen ... Dass er jahrelang den Nationalsozialismus mit einer Offenheit bekämpfen konnte, die mich oft um seine Sicherheit besorgt machte, ist lediglich dem Umstand zuzuschreiben, dass auch seine politischen Gegner sein hohes Ethos, seinen lauteren Charakter und seine fromme Menschlichkeit achteten.«[46]

*

Acht Jahre später stand am Grab des höchsten Richters der Republik der Freund und erste Mann des Staates, der einst für Hitlers Ermächtigungsgesetz im Reichstag die Hand gehoben hatte. Und Heuss sprach: »Für uns beide, Höpker Aschoff und mich, war es ein sehr bewegender Augenblick, als vor bald zweieinhalb Jahren er in meine Hand, die Hand des vertrauten Freundes, die neue Verpflichtung als oberster Verfassungsrichter der Bundesrepublik ablegte.«

Etwas merkwürdig müssen die beiden das schon gefunden haben, denn, so Heuss: »Wir überdachten die seltsamen Fügungen des Schicksals, die zu dieser Begegnung hinleiteten. Nun stand nicht mehr bloß Mensch neben Mensch, sondern Amt neben Amt, versachlichte Rechtsgegebenheiten ...«[47]

Versachlichte Rechtsgegebenheiten. Ein Jahrzehnt zuvor sagte Höpker Aschoff in einer Leitersitzung der Haupttreuhandstelle Ost über die finanzpolitische Notwendigkeit, aus dem benachbarten Generalgouvernement zwei Millionen Zwangsarbeiter nach Deutschland zu importieren: »Wenn die Zahlungsbilanz des Gouvernements nicht in Ordnung ist, muss eben weniger eingeführt und mehr ausgeführt werden. Und da man drüben keine Waren hat, die man ausführen kann, bleibt eben nichts anderes übrig als Arbeitskräfte. Das war auch der ursprüngliche Plan, dass das Gouvernement etwa zwei Millionen Arbeitskräfte für das Großdeutsche Reich zur Verfügung stellen sollte. Aus diesem Plan ist leider nie etwas geworden, und ob in Zukunft etwas daraus werden wird, weiß niemand. Ob wir letzten Endes die Sache ohne das Gouvernement machen können? Die rechtlichen Möglichkeiten dazu würde wohl die Einsatzverordnung bieten. Aber es ist ja auch die Frage, ob der Herr Beauftragte für den Vierjahresplan und die beteiligten Minister einer solchen Regelung zustimmen werden. Jedenfalls versuchen wir zunächst, über all diese Dinge mit dem Generalgouvernement zu verhandeln ...«[48]

1946 ließ die britische Militärregierung den Mann, der zwei Millionen Menschen zu Sklavenarbeitern machen wollte, der an führender Stelle einer gigantischen Raub- und Plünderungsmaschinerie zur treuen Hand angehörte, noch nicht Minister in Westfalen werden. Doch mit der entstehenden Bundesrepublik war alles vergessen. Der neue deutsche Staat kannte gegen Höpker Aschoff keine Gauck-Behörde – er ließ den Mann von der Hauptreuhandstelle Ost Universitätsprofessor, Mitglied des Parlamentarischen Rates, des Bundestages, Vater des Grundgesetzes und Präsident des Bundesverfassungsgerichtes werden. Und wo immer seither sein Lebenslauf veröffentlicht wurde, da gähnte ein auffällig tiefes Loch in den Jahren zwischen 1933 und 1945.

Er selbst gab für das Biografische Nachschlagewerk »Wer ist wer« von 1951 an: »1925-1931 Pr. Finanzminister im Kabinett Braun, danach schriftst. Tätigk., ab Okt. 1945 Lehrbeauftragter ...«[49]

Sein offizieller Lebenslauf in den Publikationen des Bundesverfassungsgerichts vermerkt für jene Zeit nur dies: »Zog sich unter dem nationalsozialistischem Regime völlig aus dem politischen Leben zurück und verbrachte diese Zeit als Privatmann in seiner westfälischen Heimat.« Und verhilft ihm, ganz exklusiv – als Wiedergutmachung für Besatzerunrecht –, auf dem Papier doch noch zur der Stellung, die ihm immerhin verwehrt war: »1946 als Finanzminister Mitglied der Regierung von Nordrhein-Westfalen.«[50]

Sein Verfassungsrichterkollege Theo Ritterspach macht ihn in einer umfangreichen Würdigung im Jahrbuchs des Öffentlichen Rechts der Gegenwart ebenfalls zum Minister von Nordrhein-Westfalen und bescheinigt ihm für die Zeit von 1932 bis 1945: »Fortan blieb dem Fünfzigjährigen das politische Wirken versagt; er lebte zurückgezogen in seiner westfälischen Heimat.« Er nennt es ein »Jahrzehnt der Vita contemplativa«, in dem der hohe Kollege »zu voller Lebensreife und Bildungshöhe« gelangte. Das war 1983.[51]

1988 triumphierte wieder einmal die wissenschaftliche Neugier und bekannte Recherchierkunst von Mitarbeitern des Instituts für Zeitgeschichte. Das von ihnen erarbeitete Biografische Lexikon zur Weimarer Republik vermerkt, dass Höpker Aschoffs Nachlass im Bundesarchiv Koblenz liege – die hier zitierten Briefe und Protokolle über seine Treuhandtätigkeit waren dort alle einzusehen, mittlerweile befinden sich die HTO-Akten in Berlin, der Nachlass ist in Koblenz geblieben.

Doch über die bewussten zwölf Jahre wissen die Herren der Zeitgeschichte nur zehn falsche Worte: »1933-1945 lebte er in Bielefeld und trieb private Studien«.[52]

Aber hätte es wirklich etwas geändert, wäre Höpker Aschoff nicht unser höchster Richter geworden, wenn bekannt gewesen wäre, was er unter Hitler trieb? Globke, Oberländer, Kiesinger, Lübke legen Zeugnis dafür ab, dass die freiheitlich-demokratische Grundordnung der Bundesrepublik Deutschland zu ihrem Aufbau auch einen Höpker Aschoff brauchte. »Das Denken der Trauer wird eins mit dem Danken der Treue«, verabschiedete sich der Bundespräsident am Grab des Freundes.[53]

*

Was lehrt uns die Tätigkeit der Haupttreuhandstelle Ost und ihrer bedeutenden Mitarbeiter? Es ist sicherlich nicht erlaubt, den großdeutschen Krieg gegen die Polen von gestern mit dem westdeutschen Krieg gegen die Ostdeutschen von heute zu vergleichen. Aber kurz bevor Ernst Nolte ohne böse Absicht in Birgit Breuels Treuhandanstalt eine Fortsetzung von Hermann Görings Haupttreuhandstelle Ost erblickte, hatte der staatstragende Siedler-Verlag das Bekenntnisbuch eines hochgeachteten Historiker-Kollegen Noltes an der Westberliner Freien Universität veröffentlicht: Arnulf Baring in einem unzweifelhaft großdeutschen und repräsentativen Disput mit seinem Verleger Wolf Jobst Siedler zum Thema: Wie entgehen wir der »Gefahr der Ver-Ostung«, die aus der näheren und weiteren Umgebung nach Westberlin hineinschwappt.[54]

Immer wieder traf Professor Baring, so versicherte er, Menschen in den Gewerkschaften und den Kirchengemeinden, die ihm erklärten: »Wir können doch nicht Hunderttausenden von Leuten sagen, sie seien nichts wert.« Doch Baring hielt es für »Schönfärberei«, wenn man ihnen verschweigt, dass sie nichts taugen.[55]

Da ist nichts zu retten, die Leute drüben sind »verzwergt«, sie sind »verhunzt«. Baring über das ostdeutsche Menschenmaterial: »Ob sich heute einer dort Jurist nennt oder Ökonom, Pädagoge, Psychologe, Soziologe, selbst Arzt oder Ingenieur, das ist völlig egal: Sein Wissen ist auf weite Strecken unbrauchbar.« Politisch und charakterlich Belasteten könnte man ruhig ihre Sünden vergeben, es nützte nichts, »denn viele Menschen sind wegen ihrer fehlenden Fachkenntnisse nicht weiter verwendbar«.[56]

Dass die Schlüsselindustrien des gesamten Ostens »von sich aus«, wie sein Gesprächspartner Siedler sagte, »Teil der westdeutschen Industrie werden wollen«, daran hatte auch Baring keinen Zweifel, er verlangte die »Konsolidierung der polnischen Verhältnisse«.[57] Sie waren sich einig: Es half kein Drumherumreden, wir müssten uns klar machen: »In der alten DDR herrschte im Grunde, wie man es früher formuliert hätte, polnische Wirtschaft.« Andere hätten es auch gesagt: »Aus den Menschen dort sind weithin Deutsch sprechende Polen geworden.«[58]

Wenn sie, die Westdeutschen, jetzt mit ihren Spitzenkräften für eine hochqualifizierte Industrie einrückten, klagte Baring, dann träfen sie in der alten DDR weithin Fehlanzeigen – kein Fax, kein IC, keine Schulen, die man den

Managerkindern zumuten könnte. »Von Golf- und Tennisplätzen bis zu guten Restaurants«, da sehe es doch »in den neuen Ländern miserabel aus.« Dazu die Frechheiten, diese »kompensatorische Arroganz des unterlegenen Schwächeren«. Sie liebten sie nicht.[59]

Diese »Ressentiments«, und dann auch noch der sächsische Dialekt, »dieses Idiom des deutschen Sozialismus«,[60] und das Gerede, dass man »zu Honeckers Zeiten doch besser dran« gewesen sei. Bittesehr, könnten sie haben, Baring platzte die Geduld: »Wenn vielen von euch das alles so wenig gefällt, wenn ihr weder zu arbeiten noch etwas dazuzulernen bereit seid, sondern nur Forderungen stellt, schlagen wir euch vor, wir setzen euch raus. Wir ändern die Verfassung, ihr werdet frei und könnt euren Kram künftig alleine machen!«[61]

Und das hieß natürlich: Die Westdeutschen setzen die Ostdeutschen an die Luft, nicht etwa umgekehrt, denn die Rechtsnachfolge für den Grund und Boden im Osten lag doch eindeutig im Westen. Die Ostdeutschen könnten verschwinden. Nach Polen, bis man auch dorthin nachkommen und Ordnung schaffen würde. Weil nämlich, Arnulf Baring wusste es genau, »die Ungarn, Slowaken, Tschechen und Polen vom neuen Deutschland ›die Regelung ihrer Angelegenheiten‹ erwarten«.[62]

P.S. 2011: Bei ARD und ZDF, die sich das ostdeutsche Fernsehen an- und dessen Mitarbeiter ausgeschlossen haben, ist Arnulf Baring seither einer der häufigsten Talkshowteilnehmer.

---

5. Kapitel

»Zur jederzeitigen Einsichtnahme bereithalten ...«

Der Kampf ums freie Wort

Die Verfügung der Treuhandanstalt, Abteilung Sondervermögen, war gerichtet gegen die »Gemeinnützige Gesellschaft zur Förderung des Menschlichen Glücks«, vertreten durch »den allein vertretungsberechtigten Geschäftsführer Himmelreich bzw. die gemeinschaftlich vertretungsberechtigten Geschäftsführerinnen Else Stratmann und Alice Schwarzer«.
Treuhand-Offensive auch im Westen bei Elke Heidenreich und in der Kölner *Emma*-Redaktion? Nur denkübungshalber. Zielobjekt war eine etwas andere Redaktion in Berliner U-Bahn-Nähe. Und das Formular des Geschäftsführers »Himmelreich« war der »Entwurf einer Musterverfügung«, mit der sich die Treuhandstrategen ihre Fröhlichkeit bei ernster Arbeit bewiesen.
Aber eine Invasion sollte es schon sein. »D-Day: 24. Juni 1991, 08.00 Uhr«. So stand es am Beginn einer vertraulichen »Übersicht über notwendige Maßnahmen im Rahmen der Übernahme der Verwaltung der PDS-Grundstücke«.
D-Day – im Juni 1944 der Code-Name für den Beginn der

militärischen Aktion gegen die deutsche Besetzung in Frankreich – sollte im Juni 1991 die Tarnbezeichnung für den Beginn einer vom Bonner Innen- und Finanzministerium abgesegneten westdeutschen Blitzaktion gegen die Grundstücke der PDS, vor allem aber gegen das *Neue Deutschland* sein.

D-Day – so nannten die Treuhandkrieger den Start ihrer Besetzungsaktion, sie wollten professionell handeln, um, wie Dr. Josef Dierdorf vom Direktorat Sondervermögen bei der Treuhand zwei Jahre später versicherte, »nicht wie eine Laienspielschar die Sache anzugehen«.[1]

Unterzeichnet war die »D-Day-Verfügung« mit »Dr. Dierdorf«, der vor seiner Unterschrift vermerkte: »Frist: D-Day minus 3 Tage«. Später sagte er, die Nutzung des Terminus »D-Day« sei eine »Eselei« gewesen, die sein Abteilungsleiter – »ein Mann mit einem etwas skurrilen Humor« – zu verantworten hatte. Sein eigenes Bemühen, versicherte Dierdorf, sei es immer gewesen, »jeden Anschein zu vermeiden, dass es sich hier um eine Auseinandersetzung mit einem missliebigen Presseorgan« handelte.

Josef Dierdorf irrte – von Eselei konnte keine Rede sein, denn die Ausschaltung und Vernichtung des *Neuen Deutschland* war für die Treuhandanstalt von hoher strategischer Relevanz. Nach dem Ende des Deutschen Fernsehfunks, nach dem Anschluss des ostdeutschen Deutschlandsenders Kultur an den RIAS, dem »Rundfunk im Amerikanischen Sektor« – »Deutschlandradio Berlin« nannte man das traurige Ergebnis bis 2005 –, war ausgerechnet das *Neue Deutschland* (neben der *jungen Welt*) die letzte überregionale Stimme der Ostdeutschen geworden. Hier konzentrierte sich der Widerstand gegen die Treuhand, hier wurde penibel Tag für Tag alles verzeichnet, was über ihre Taten an die Öffentlichkeit gelangte. Aber auch manches von dem, was nicht dorthin dringen sollte.

Und deshalb sollte das *Neue Deutschland* durch einen Millionen-Prozess, den die Treuhand vor dem Landgericht Berlin führte, aus der Welt geschafft werden.

Neues Deutschland – was ist das? »Die widerliche Beweihräucherung der Politbüroführer, die verlogene Beschönigung des Regimes, die Verleumdung aller Strömungen, Organisationen und Personen, die sich durch eigenständiges Denken auszeichneten, die vielen unsäglichen Beschimpfungen (auch gegen die Unterzeichner)« – all das machte vor der Wende nicht nur für die Politik-Professoren und ausgewiesenen SED-Gegner Wolfgang Leonhard und Hermann Weber die Lektüre des früheren SED-Zentralorgans nicht leicht. Um so mehr, so erklärten sie gleich nach der Treuhand-Invasion, »begrüßen wir, dass *Neues Deutschland* nach der Wende und friedlichen Revolution sich bemüht, als kritische sozialistische Tageszeitung einen anderen Weg einzuschlagen«.[2]

Tatsächlich ist das *Neue Deutschland* seit 1990 nicht wiederzuerkennen. Die endlosen Bleiwüsten, die sich in Millionenauflage tagtäglich lähmend über das Land legten, haben sich – hier ist der Kohl-Plan gelungen – verwandelt in blühende Landschaften der Kritik und Information; sogar der Börsenverein des (west-)deutschen Buchhandels prämierte das lebendige und streitsüchtige Feuilleton schon bald nach der Wende.

Aus dem dogmatischen Verkündigungsorgan der SED ist ein linkspluralistisches Blatt geworden, das zwar der PDS (seit 2007: Die Linke) gehört, aber sich keineswegs als deren Zentralorgan geriert. Für die samstägliche Gastkolumne auf Seite 1 schrieben schon die unterschiedlichsten Leute: Gregor Gysi natürlich, aber auch Björn Engholm, Jens Reich und Gerhard Jahn, Karsten Voigt und Friedrich Schorlemmer, Helga Enselder-Barzel und Helga Königsdorf, Ulf Fink und Gerhard Zwerenz. Ja, auch der Bloch-

Schüler Zwerenz, einer der schärfsten Gegner der SED, der schon früh aus Leipzig in die Bundesrepublik geflohen war, fand sich in den Nachwendejahren besonders gern als Autor im *ND*.

Die Auflage allerdings war kräftig gesunken. Von den mehr oder weniger zwangsverordneten 1,3 Millionen Exemplaren der SED-Zeit waren im zweiten Quartal 1993 nur 83 000 verkaufte Exemplare geblieben. Aber mit 280 000 Lesern blieb das *ND* immer noch die größte überregionale Tageszeitung Ostdeutschlands. »Die Westzeitungen reden an der Bevölkerung im Osten vorbei«, bekannte Roderich Reifenrath, bis 2000 Chefredakteur der *Frankfurter Rundschau*.[3] So erreichte die *Frankfurter Allgemeine Zeitung* 1993 nur 50 000 Leser im Osten, *Süddeutsche* und *Welt* je 30 000 (die jeweilige Ostauflage der drei überregionalen Blätter blieb unter 10 000 Exemplaren). Umgekehrt verkaufte das *ND* zur selben Zeit nur drei Prozent seiner Auflage in den Westen.

Wie wichtig das *ND* für einen neuen deutsch-deutschen Dialog werden könnte, bewies niemand besser als die Präsidentin der Treuhandanstalt, Birgit Breuel. Käthe Reichel, die große alte Schauspielerin und Brecht-Schülerin, die sich dem Hungerstreik von Bischofferode angeschlossen hatte, appellierte im *Neuen Deutschland* an die Treuhandchefin: »Geben Sie Ihren entsetzlichen Job auf«, der »Millionen in Unfreiheit, in die Arbeitslosigkeit bringt«.[4] Während noch der Treuhand-Prozess lief, durch den sie das *Neue Deutschland* vernichten wollte, wandte sich die Treuhand-Präsidentin an das Blatt und bat, ihre Antwort zu veröffentlichen, was auch prompt geschah.

Birgit Breuel im *ND*: »Es gibt kaum ein Problem, für das die Treuhandanstalt nicht verantwortlich gemacht wird.« Sie hielt dagegen und machte aus ihrer Verteidigung – Grundtenor: Niemand habe 1989 voraussehen können, wie schlecht es um die Wirtschaft der DDR bestellt gewesen sei – einen beinahe mitreißenden Aufruf zum Antifaschismus: »Nur aus einer klaren Analyse der Ausgangssituation kann Zukunft gewonnen werden. Alles andere führt zu Legenden. Und wohin dies dann führt, das haben wir in der deutschen Geschichte nach 1933 auf grausame Weise erfahren.« So belehrte Birgit Breuel die Frau, von der sie selbst sagte, dass sie zu jenen gehört, »die am 4. November 1989 sichtbar und mutig für Freiheitsrechte eingetreten« waren.

Dann schrieb die Treuhand-Chefin: »Wir lernen, wir machen Fehler, wir entscheiden, wir tragen Verantwortung.« Sie meinte: »Wir sind Menschen wie Sie.« Und lud Käthe Reichel zum »privaten Gespräch« ein.[5]

Die Schauspielerin antwortete mit einem Satz, der – wie sie schrieb – über ihrem Schreibtisch hängt: »Die Öffentlichkeit der Meinung nützt den Besitzlosen.« Sie lud darum Birgit Breuel statt zum privaten zu einem öffentlichen Gespräch ein. Daraufhin ließ die Bankierstochter durch ihren Pressesprecher Wolf Schöde die Behauptung verbreiten: »Die Öffentlichkeit der Meinung nutzt nach meiner Überzeugung allen Bürgern, deshalb schützt die Verfassung der Bundesrepublik diese Öffentlichkeit und die Freiheit, in ihr eine Meinung zu äußern, auch so ausdrücklich.« Und – gerade deshalb? – sagte sie das Gespräch, zu dem sie eingeladen hatte, ab.

Treuhand-Sprecher Schöde schrieb gleichwohl weiter: »Ich fand es deshalb auch richtig, dass das *Neue Deutschland* den Antwortbrief von Frau Breuel abgedruckt hat. Es wäre für die Öffentlichkeit von großem Interesse, Ihre Antwort auf diesen Brief zu hören. Ich bin fest davon überzeugt, dass die Medien eine solche Antwort aufnehmen würden.«

Das einzige Medium, das die Antwort der Käthe Reichel

aufnahm, war eben jenes *Neue Deutschland*, das zu vernichten die Adressatin zur selben Zeit bemüht war. Käthe Reichel schrieb der »sehr geehrten Frau Breuel« einen offenen Brief, in dem sie eine Aufforderung der Präsidentin (»Bitte, tragen Sie mit dazu bei, dass keine Legenden entstehen.«) in fünf Punkten exemplarisch erfüllte. Sie wies darin einiges zurück:

Erstens: die Breuel-Legende, die Kritiker der Treuhand würden nur innerdeutsche Ressentiments schüren, Zwietracht und Hass säen und die wahre Lage nach dem Ende des Staatssozialismus verkennen. Diese Legende zwinge die Ostdeutschen in die Haltung von Nachhilfeschülern, Befehlsempfängern und Selbsterniedrigern.

Käthe Reichel: »In Wirklichkeit ist es die westliche Inkompetenz selbst, die sich von Tag zu Tag mehr blamiert, und die westlichen marktwirtschaftsideologischen Versprechungen und Legenden werden von Tag zu Tag tiefer bloßgestellt.«

Zweitens: die Breuel-Legende, die westlichen Wirtschaftskoryphäen hätten trotz ihrer alltäglichen und umfangreichen Wirtschaftsbeziehungen keine Ahnung vom schlechten Zustand der DDR-Wirtschaft gehabt.

Käthe Reichel: »Wenn es so wäre – seit wann gehört die eigene ökonomische Ahnungslosigkeit zu den Befähigungsnachweisen dafür, hinterher in der Chefposition anderen zeigen zu können, wo es langgeht?«

Drittens: die Breuel-Legende, dieser schlechte Zustand der DDR-Wirtschaft hätte auf jeden Fall den Untergang praktisch der gesamten Industriestruktur, Massenarbeitslosigkeit und die extreme soziale Spaltung in arm und reich bringen müssen.

Käthe Reichel: »Länder des Westens selber, z.B. Griechenland oder Portugal, standen und stehen weit schlechter da als die ehemalige DDR, ohne dass sie bis heute völlig zusammengebrochen wären. Es ist längst nachgewiesen, dass es der brachiale Anschluss an die BRD mit der Währungsunion war, der den völligen Zusammenbruch der Industrie herbeigeführt hat, und dass unter solchen Bedingungen auch die Industrie Österreichs oder Belgiens, vielleicht sogar Frankreichs zusammengebrochen wäre.«

Viertens: die Breuel-Legende, dass die Privatisierung in der bisher durchgeführten Art und Weise sich zwingend aus der noch von der Volkskammer beschlossenen Gründung der Treuhandanstalt ergeben hätte.

Käthe Reichel: »Auch die westlichen Marktwirtschaften funktionieren nicht nach einem einheitlichen Schema, und die ostasiatischen neuen Industrieländer konkurrieren ebenso wie Japan mit ganz und gar nicht liberalen staatlichen Steuerungs- und Subventionsmaßnahmen, mit Wechselkursmanipulationen und Marktabschottung.«

Fünftens: die Legende, die 1992 einsetzende wirtschaftliche Rezession des Westens sei ein unvorhersehbares Naturereignis und habe nichts zu tun mit dem »Totrüsten« der Sowjetunion, für das US-Präsident Reagan die ganze Welt zahlen ließ.

Käthe Reichel: »Warum war die Krise des Ostens ausschließlich durch die Fehler des staatssozialistischen Systems bedingt, während die jetzt sichtbar werdende Krise des Westens mit Abermillionen von Arbeitslosen, mit neuer Massenarmut, brutalem Sozialabbau, Strangulierung der kulturellen Leistungen usw. plötzlich gar nichts mehr mit Systemfehlern zu tun haben soll, sondern von Ihnen so naturhaft und so schicksalhaft dargestellt wird wie ein Wirbelsturm über dem Atlantik?«

Am Ende ihres langen Briefes, der das von der Treuhandpräsidentin verweigerte öffentliche Gespräch ersetzen musste, schrieb die Brecht-Schülerin: »Die Ostdeutschen erleben jetzt, dass durch die Entfesselung des Marktes der totalitäre Zwang der Staatsbürokratie nur durch den totalitären Zwang des Geldes abgelöst worden ist, der die ›individuellen Freiheitsrechte‹ für die Mehrzahl der Menschen zur Farce macht.«[6]

Der Prozess, den die Treuhand gleichzeitig gegen das *Neue Deutschland* führte, das diesen Brief veröffentlichte, dieser Prozess war allerdings nur die Konsequenz rein rechtsstaatlichen Handelns, wie Dr. Dierdorf vom Direktorat Sondervermögen bei der Treuhand nicht oft genug versichern konnte.

Das *Neue Deutschland* hatte am 7. Juni 1990 von der Zentrag 31 Millionen DDR-Mark für Investitionen (Umstellung von Blei- auf Fotosatz, neue Telefonanlage u. Ä.) bekommen. Die Zentrag war die Zentrale Druckerei-, Einkaufs- und Revisionsgesellschaft der SED. Das *Neue Deutschland* musste damals Gewinne an die Zentrag abführen und Investitionsmittel ebenfalls bei der Zentrag beantragen. Es konnte also niemals seine Gewinne selbst und unmittelbar für neue Investitionen benutzen. Am 21. Mai 1990 hatte der Verlagsdirektor des *Neuen Deutschland* die 31 Millionen angefordert.

Nun geschah es, dass in der Volkskammersitzung am 30. Mai die (der bayerischen CSU nahestehende) DSU überraschend eine Änderung der Tagesordnung beantragte. Das Parteiengesetz der DDR sollte ganz schnell geändert werden. Der Änderungstext war – mit Ausnahme weniger Eingeweihter in Ost und vor allen Dingen West – den Abgeordneten des ersten freigewählten Parlaments am Morgen des Sitzungstages noch unbekannt – doch am nächsten Tag war er bereits mit Mehrheit beschlossen. Verkündet wurde der Beschluss erst am 12. Juni im Gesetzesblatt der DDR. Doch in Kraft soll er – das behauptete jedenfalls die Treuhand später – schon am 1. Juni 1990 getreten sein. Und dieser rückwirkende Termin war der

Strick, mit dem das *Neue Deutschland* nun gehängt werden sollte.

Am 10. Juni 1991 stellte ein vom Bundesinnenminister in Bonn abhängiges »Sekretariat der Unabhängigen Kommission zur Überprüfung des Vermögens der Parteien und Massenorganisationen der DDR im Bundesministerium des Innern« – so der genitivreiche Briefkopf – fest, dass »die PDS gegenüber der Neues Deutschland Druckerei und Verlag GmbH eine Forderung in Höhe von DM 15,5 Mio hat«.

Davon wusste die PDS zwar nichts, aber das sollte sie auch überhaupt nichts angehen. Die »Unabhängige Kommission« hatte die 31-Millionen-Investitionsmittelzuteilung durch die Zentrag vom 7. Juni 1990 ganz einfach in eine »Schenkung« der PDS umdeklariert und forderte eine Rückzahlung des (durch die Währungsumstellung halbierten) Betrages von 15,5 Millionen DM.

In einem auf den 30. Juni 1991 – einen Sonntag – datierten Schreiben, das erst sechzehn Tage später beim *Neuen Deutschland* ankam, stellte die Treuhandanstalt das Vermögen des *Neuen Deutschland* unter seine »treuhänderische Verwaltung«. Veränderungen des Vermögens dürften, so hieß es, nur noch mit Zustimmung der Treuhandanstalt getroffen werden, und die Geschäftsunterlagen des *ND* seien – Pressefreiheit hin oder her – »zur jederzeitigen Einsichtnahme während der Geschäftszeiten in den Räumen der Gesellschaft bereitzuhalten«.

Darauf erschien *Neues Deutschland* mit einem dicken schwarzen Balken über dem Titel mit der Inschrift: »Die einzige deutsche Tageszeitung unter direkter Regierungsaufsicht«.

Die »treuhänderische Verwaltung« des *Neuen Deutschland* währte nur ein Vierteljahr. Dann bekam die »Unabhängige Kommission« plötzlich verfassungsrechtliche

Bedenken. Man war nämlich auf eine elegantere Lösung gekommen.

Das Treuhand-Direktorat Sondervermögen beschied das *Neue Deutschland* unter dem Betreff »Entlassung aus treuhänderischer Verwaltung« am 29. Oktober 1991:

»Mit Zustellung dieses Bescheides unterliegt das Vermögen der Neues Deutschland Druckerei und Verlag GmbH nicht mehr der treuhänderischen Verwaltung durch die Treuhandanstalt.«

Ausgenommen waren nur die der GmbH gehörenden Gebäude und Grundstücke. Doch dann folgte ein Satz, der sich als tückisch erweisen sollte:

»Die Neues Deutschland Druckerei und Verlag GmbH wird durch diesen Bescheid nicht beschwert, so dass der Rechtsbehelf des Widerspruchs nicht gegeben ist.«

Der schnelle Tod eines illiquiden *Neuen Deutschland*, so hoffte man, werde schon alles richten. Tatsächlich waren, wie das *Neue Deutschland* errechnete, durch die »treuhänderische Verwaltung« Verluste von dreieinhalb Millionen Mark entstanden. Fest mit dem schnellen Exitus rechnete darum auch der Vorsitzende der Unabhängigen Parteienvermögenskommission, Professor Hans-Jürgen Papier, auf einer Pressekonferenz am 22. Oktober 1991.

Treuhand-Dierdorf dazu: »Die unabhängige Kommission ist dann relativ kurzfristig auf die Idee gekommen, zu sagen, da abzusehen ist, dass die Mittel sich weiterhin verbrauchen, entlassen wir das *ND* aus den Händen der Treuhandverwaltung, geben es in die Hände der PDS, dass sie die unternehmerische Verantwortung übernehmen kann.«[7]

Aber das *Neue Deutschland* entzog sich seinem eingeplanten Tod durch den Aufruf zu einer Spendenaktion, die innerhalb von vier Monaten 1,3 Millionen erbrachte. Nach Sparmaßnahmen und Preiserhöhungen – das *ND* beachtete die unterschiedliche Einkommenssituation und verlangte im Westen 33 und im Osten 24 Mark für ein Monatsabonnement – schrieb das *ND* nach eigener Auskunft seit 1993 schwarze Zahlen.

Das durfte natürlich nicht sein, und darum versuchte es die Treuhand jetzt anders. Angewiesen wurde sie dazu von der »Unabhängigen Kommission« mit dem langen Genitivnamen, die ursprünglich von der Volkskammer gegründet und nach dem Anschluss um ausgesuchte Wessis bereichert wurde. Wer beispielsweise Professor Papier aus Bielefeld ist, der einen von der Volkskammer eingesetzten Ostberliner Rechtsanwalt vom Vorsitz dieser vom Bundesinnenministerium ferngelenkten Einrichtung verdrängte, davon hatten die *ND*-Redakteure so wenig Ahnung wie die übrigen Ostdeutschen, in deren Namen Papier arbeitete. Hans-Jürgen Papier, der in einem großen Artikel für die *FAZ* 1986 den neueingeführten Antistreik-Paragrafen des Arbeitsförderungsgesetzes gegen die Gewerkschaften verteidigte, erwies sich stets als ein Verfechter der bundesdeutschen Staatsräson.[8] Engagiert vertrat er die Interessen der Großindustrie gegen die Zumutungen der Demokratie: »Der topos einer ›Demokratisierung der Wirtschaft‹ kann keinesfalls als Erfüllung eines Demokratisierungsauftrages der Verfassung, also eines grundgesetzlichen Regelungsgebotes verstanden werden.«[9] Das schrieb er 1984 in einer Veröffentlichung, die das parlamentarische System der Bundesrepublik »auf den Prüfstand« stellte. Vor dem Amtsgericht Frankfurt verteidigte er drei leitende Mitarbeiter der Hoechst AG, die mit Nitrochlorbenzol belastetes Spülwasser in den Main fließen ließen: Nach dem »objektiven Gehalt des Erlaubnisbescheides hätten sie davon ausgehen können«, dass sie »auch das giftige Spülwasser in den Fluss leiten« dürfen.[10] Er vertrat darüber hinaus im Wendejahr 1989 die Bundesregierung bei ihrer Klage gegen das in Schleswig-Holstein eingeführte Kommunalwahlrecht für Ausländer und nannte es verfassungswidrig aufgrund eines ethnisch-nationalistischen Volksbegriffes, der davon ausgehe, dass Volk im Sinne des Grundgesetzes ausschließlich das sei, wo allein »deutsches« Volk drin sei.[11]

Papier war auch Mitglied jenes Professoren-Nukleus, der in Gutachten für die Atomindustrie kämpfte. Um die Genehmigungsverfahren für Atomkraftwerke voranzutreiben, ließ er sich dazu den Grundsatz einfallen: »Der Bürger« – gemeint ist Bürger AKW-Bauer – müsse einen Rechtsanspruch auf Genehmigungserteilung haben, wenn ein gesetzlicher Versagungsgrund nicht vorliege.[12]

Diesen schönen Einfall hatte er im Jahre 1991, auf der Wintertagung des Deutschen Atomforums im Februar: Zum Frühlingserwachen im März wurde er von der Bundesregierung zum Vorsitzenden der sogenannten »Unabhängigen Kommission« berufen, die noch ein für delikate Vermögensfragen besonders kompetentes Mitglied in ihrem Gremium führte: den Erfinder des Grundsatzes, dass immer, »wenn irgendwo in deutschen Kassen Geld klimpert«, es »die Juden« seien, die »sich schnell zu Wort melden« – den ehemaligen CSU-Bundestagsabgeordneten Hermann Fellner aus Freudenberg, der 1986 wegen dieser jüdischen Geldgier die Entschädigungsansprüche ehemaliger Flick-Zwangsarbeiter als unmoralisch betrachtet hatte. Fellner und die übrigen 15 Kommissionsmitglieder hatten es durch ihre Arbeitsweise – nur keine jüdische Hast – selbst in der Hand, wie lange sie noch die jährlich rund 44 000 DM für ihre nicht sehr anstrengende Mühewaltung (eine Sitzung im Monat) kassieren durften – Papier bis 1998, die Kommission insgesamt sogar bis 2006. Diese »Unabhängige Kommission« drängte also die durchaus nicht unwillige Treuhand, dem *Neuen Deutsch-*

land endlich ein Ende zu setzen. Nachdem das verwaltungsrechtliche Verfahren eingestellt und damit auch die vom *ND* eingelegten Widersprüche ohne Entscheidung beseitigt waren, klagte man jetzt andersherum. Was verwaltungsrechtlich nicht gelang, sollte zivilrechlich erreicht werden. Die Treuhandanstalt reichte im Mai 1993 beim Landgericht Berlin eine Zivilklage ein, mit der sie »einen Anspruch auf Rückzahlung einer unberechtigten Zuwendung der Partei des Demokratischen Sozialismus PDS an die Beklagte geltend« machte.

Dieser neue Weg brachte einen großen Vorteil, den es im verwaltungsrechtlichen Verfahren bisher nicht gegeben hatte; am 28. Juli 1993 verweigerte das vom Innenministerium abhängige Sekretariat der Unabhängigen Kommission den Anwälten des *Neuen Deutschland* Akteneinsicht mit der Begründung:

»Gemäß § 29 VwVfG haben Beteiligte eines Verwaltungsverfahrens ein Recht auf Akteneinsicht nur innerhalb des Verwaltungsverfahrens im Sinne des § 9 VwVfG, und nur bei der das Verfahren führenden Behörde.«

Das Verfahren führte – zum Glück für das *Neue Deutschland* – immer noch das Berliner Landgericht und nicht die Treuhand. Aber der zuständige Treuhand-Mann Dr. Dierdorf beanspruchte gegen die Einsicht in peinliche D-Day-Akten eine Intimsphäre für die Treuhand: »Das sind interne Vorgänge, sollen jetzt meine Entscheidungsvorlagen, meine Prüfungsmaßnahmen, soll das auf dem silbernen Tablett alles im *Neuen Deutschland* präsentiert werden – das kann doch nicht sein.«

Weil nicht sein durfte, was für die Treuhandanstalt nicht sein konnte, bestand nach Auskunft des Sekretariats der Unabhängigen Parteivermögenskommission ein Akteneinsichtsrecht für die Anwälte des betroffenen *Neuen Deutschland* »nur während des laufenden Verwaltungsverfahrens, d. h. bis zur Unanfechtbarkeit des Verwaltungsaktes«. Und das bedeutet: »Die Treuhandanstalt hat Ihre Mandantin mit Bescheid vom 29. Oktober 1991 aus der treuhänderischen Verwaltung entlassen. Dieser Bescheid ist unanfechtbar geworden. Mithin ist das Verwaltungsverfahren bezüglich Ihrer Mandantin abgeschlossen, so dass auch von daher kein Anspruch Ihrer Mandantin auf Akteneinsicht besteht.«

Doch dieser Trick half den Kommissions- und Treuhand-Leuten nicht weiter. Am 20. September 1993 wies die 9. Zivilkammer beim Landgericht Berlin die Millionenklage der Treuhand gegen das *ND* als unzulässig ab. Die Kammer verwies die Klage an das Verwaltungsgericht. Das hatte zuletzt die Treuhand selbst beantragt, weil sie – wie Dr. Dierdorf erklärte – eine völlige Abweisung der Klage verhindern wollte.

Da säße die Treuhand nun in der eigenen Falle, denn sie hatte ja zwei Jahre zuvor im festen Glauben an das schnelle *ND*-Ende den Verlag ausdrücklich »unbeschwert« aus der Treuhandverwaltung entlassen. Aber die Treuhand hätte, selbst wenn es durch eine Aufhebung dieses Entlassungsbescheides noch möglich geworden wäre, vielleicht doch noch das lästige Verwaltungsgerichtsverfahren mit dem peinlichen Akteneinblick vermeiden können. Hilfe kam von der Eisenbahn. Die unter westdeutsche Kuratel gestellte und inzwischen auch der Bundesbahn angeschlossene Deutsche Reichsbahn des Ostens entdeckte nämlich, dass das Verlagsgebäude am Franz-Mehring-Platz 1 ihr gehöre. Es war – zuvor nicht genutzter – Reichsbahn-Boden, auf dem 1968 das heutige *ND*-Gebäude errichtet wurde. Juristische Grundlage war ein gültiger Vertrag aus dem Jahr 1953, durch den dem *Neuen Deutschland* unbefristet die Errichtung seines Verlagsgebäudes eingeräumt worden war. Über eine Fortsetzung des

Vertrages unter den neuen Bedingungen verhandelten *Neues Deutschland* und Reichsbahn seit Juni 1992 einvernehmlich. Doch in dem Augenblick, in dem das *ND* 1993 seine Erwiderung auf die Klage der Treuhand einreichte, ging die inzwischen von Bonn gelenkte Reichsbahn in Gefechtsstellung. Bevor die *ND*-Leute es von der Reichsbahn selbst erfuhren, mussten sie im *Spiegel* nachlesen: »Jetzt fordern die Bahner auch die Herausgabe des Bauwerkes, wollen Miete vom *ND* und die von den Zeitungsleuten einkassierten Nettoerlöse aus der Weitervermietung der restlichen Bürofläche – alles rückwirkend ab dem 3. Oktober 1990. Da kommen einige Millionen zusammen. Setzt sich die Reichsbahn bei dem unvermeidlichen Zivilprozess durch – die Aussichten scheinen gut – wäre das Schicksal der Zeitung besiegelt.«

P.S. 2011: Die guten Aussichten, die sich der *Spiegel* auf die Liquidation seiner *ND*-Kollegen machte, sie trogen. Das *Neue Deutschland* existiert auch heute noch und bewohnt nach einem Zwischenaufenthalt an der Elsenbrücke auch wieder die vertrauten Redaktionsräume.

Doch was für die Nachfolger der Blockpartei SED galt, musste für die Nachfolger der Blockpartei CDU keineswegs recht sein. Im Juli 1993 wollte Gregor Gysi zusammen mit seiner PDS von dem für die Unabhängige Kommission (UK) zuständigen Innenministerium einige Fragen zum ehemaligen Grundstücks- und Presse-Imperium der Ost-CDU und der mit ihr zusammengeschlossenen Blockflöte Demokratische Bauernpartei Deutschlands (DBD) beantwortet haben. So beispielsweise:
»Trifft es zu, dass sich die UK zu einem Vermögensbericht

der CDU und der DBD deshalb nicht in der Lage sieht, weil die Unterlagen ... untergegangen sind?«
Bundeskanzler Helmut Kohl hatte nämlich am 15. November 1990 als Vorsitzender der seit sechs Wochen zusammengeschlossenen CDU-West und -Ost in einer hinreißenden Geste gegenüber der Treuhandanstalt und der Unabhängigen Kommission den unwiderruflichen Verzicht seiner Partei auf das Vermögen der Ost-CDU erklärt. Mag sein, dass er dabei den überflüssig gewordenen Papierkram tatsächlich gleich in den Reißwolf warf oder auch schlicht die Dokumente verlegte. Das Innenministerium jedenfalls erklärte auf die Gysi-Anfrage, die Überprüfung sei noch nicht abgeschlossen. Und im Übrigen hätten die Beteiligten einen Anspruch darauf, dass ihre Geheimnisse nicht unbefugt offenbart werden. Dies galt insbesondere für das offenbar sehr sensible Geheimnis, das über dem Weg des Ost-CDU-Zeitungs- und Grundstücksvermögens von Ostberlin nach Bonn und von da nach Frankfurt möglicherweise irgendwo zurückblieb. »Trifft es zu«, wollte Gysi im Juli von der Bundesregierung auch wissen, »dass die Treuhandanstalt dem Verlag Frankfurter Allgemeine Zeitung die Übereignung der betreffenden Liegenschaften aus Bundeseigentum angeboten hat, ohne eine weitere Kaufpreiszahlung zu verlangen?«
Mit Datum vom 24. August legte die »Unabhängige Kommission zur« – damit wir ihre Genitive nicht vergessen – »Überprüfung des Vermögens der Parteien und Massenorganisationen der DDR« am 26. Oktober ihren lange erwarteten Zweiten Zwischenbericht vor. Der schönste Satz für die Union steht auf Seite 71: »Aufgrund der Verzichterklärungen erfolgten keine Entscheidungen der Unabhängigen Kommission zum materiell-rechtsstaatlichen Erwerb von Vermögenswerten der CDU der DDR und der DBD durch die CDU.«

Einerseits. Andererseits aber hieß es auf Seite 74: »Die Auswirkungen des Verzichts der CDU auf die Wiederzurverfügungstellung der Vermögenswerte von DBD und CDU der DDR sowie die Verwendung dieser Vermögenswerte für die Gliederungen der CDU in den neuen Ländern werden derzeit von der Unabhängigen Kommission in Zusammenarbeit mit der CDU aufgeklärt.«

Ein schönes Spiel. Die Ost-CDU schließt sich der West-CDU an. Ihr jetzt gemeinsamer Vorsitzender Helmut Kohl verzichtet feierlich auf das Vermögen der Ost-CDU. Diese selbst oder – im Unterschied zu ihr? – die Landesverbände der CDU in den neuen Ländern schließen sich dem Verzicht an. Nachdem es aber wegen des Verzichtes keine Prüfung des materiell-rechtsstaatlichen Erwerbs der Vermögenswerte der Ost-CDU gegeben hat, spricht die Unabhängige Kommission von einer, nein von »der Wiederzurverfügungstellung der Vermögenswerte« an die Gliederungen der CDU in den neuen Bundesländern. Und das ganze unterschrieb ein penibler Verwaltungsjurist wie Professor Papier.

Fünfzehn Grundstücke der Ost-CDU sind in dem Zwischenbericht der Unabhängigen Kommission erwähnt. Aber für die Richtigkeit der Angaben gibt es keine Gewähr. Der Zwischenbericht: »Die Grundstücksangaben sind insgesamt noch nicht abschließend. Zahlreiche tatsächliche Schwierigkeiten bei der Aufklärung der grundbuchrechtlichen Lage führen zu erheblichen zeitlichen Verzögerungen.«

Und was geschah mit dem *Neuen Deutschland* der Ost-CDU, mit ihrem zentralen Parteiorgan, der *Neuen Zeit*? Der Zwischenbericht verrät mit keinem Wort, dass das Blatt inzwischen dem Verlag der *Frankfurter Allgemeinen Zeitung* gehörte (1994 wurde das Erscheinen eingestellt). Der Bericht erwähnt die 1990 in UVG umbenannte VOB

Union, in der die gewerblichen Aktivitäten der Ost-CDU zusammengeschlossen waren: fünf Zeitungsverlage, vier Kunst- und Buchverlage, sechzehn Druckereien/Buchbindereien, ein Hotel, zehn Ferienheime, ein Übersetzungsbüro. Und – aber das nur »nach gegenwärtigem Kenntnisstand«: 24 Grundstücke.

Doch in einer internen Ausarbeitung der Treuhandanstalt offenbarte das Treuhand-Vorstandsmitglied Dr. Günter Rexrodt schon am 2. November 1992 dem Vorsitzenden der Unabhängigen Kommission, Professor Papier: »Am 7. Februar 1991 hat die Treuhandanstalt die Anteile an der UVG zunächst von der CDU erworben und unmittelbar im Anschluss daran an die *FAZ* verkauft und abgetreten. Dies geschah, weil der Bundesvorsitzende der CDU, Bundeskanzler Dr. Helmut Kohl, am 15. November 1990 auf das Vermögen der Ost-CDU verzichtet hatte und die *FAZ* aus geschäftspolitischen Gründen nicht von der CDU erwerben wollte. Andernfalls hätte sich die Treuhandanstalt entsprechend der gesetzlichen Regelung darauf beschränkt, einem Vertrag zwischen der CDU und der *FAZ* ihre Zustimmung zu erteilen.«

Der spätere Bundeswirtschaftsminister und damalige Treuhandvorstand Dr. Günter Rexrodt sagte also einerseits und insoweit in Übereinstimmung mit der CDU, dass deren Vorsitzender auf das Vermögen der Ost-CDU verzichtet habe. Andererseits habe die Treuhand die Anteile der UVG von der CDU »erworben«, und zwar deshalb, weil die *FAZ* diese Anteile nicht direkt von der CDU, sondern auf dem Umweg über die Treuhand erwerben wollte. Die *FAZ* zahlte der Treuhand einen Preis von – wie es heißt – vier Millionen Mark, ein Geschenk also. Welchen Preis zahlte die Treuhand der CDU?

Dem Vertrag zum Erwerb der Union Verwaltungsgesellschaft mbh (UVG) durch die *Frankfurter Allgemeine* war eine bemerkenswerte Transaktion vorausgegangen. Rexrodt über die Bestimmungen des Kaufvertrags: »Den Einzelunternehmen seien von der UVG seit dem 1. Juli 1990 Darlehen in Höhe von über DM 11 Mio gewährt worden, die voraussichtlich nicht oder nur zu einem geringen Teil zurückgezahlt werden könnten.«

Gegen das *Neue Deutschland* der PDS führte die Treuhand einen Prozess, der im Erfolgsfall das Blatt vernichtet hätte. Grund: Die PDS-eigene Zentrag hatte dem Blatt am 7. Juni 1990 31 Millionen DDR-Mark für Investitionen zur Verfügung gestellt, die bereits im Mai beantragt worden waren, damit habe sie gegen ein Gesetz verstoßen, das am 12. Juni verkündet wurde, aber rückwirkend zum 1. Juni gegolten habe. Gegen die Union-Verlage hingegen, die von der Union-Verwaltungsgesellschaft, die der Zentrag entsprach, nach dem 1. Juli – als das Gesetz unzweifelhaft galt – 11 Millionen bekommen hatten, erhob die Treuhand keine Forderungen. Ein Prozess wurde natürlich auch nicht geführt.

Bevor der sicherlich nicht rechtsunkundige Rexrodt den Umweg des Ost-CDU-Vermögens zur West-*FAZ* am 2. November 1992 so bemerkenswert umständlich beschrieb, hatte er bei seinem Amtsantritt am 30. Juli 1991 in einem Interview mit dem *Tagesspiegel* auf die Frage, wie er den »umstrittenen Bereich Sondervermögen in den Griff kriegen« wollte, eine sehr vorsichtige Antwort gegeben: Dort seien zum überaus größten Teil wirtschaftliche Entscheidungen zu treffen. Es bleibe aber »ein sehr heikler politischer Bereich, der mit großer Abgewogenheit und Distanz angegangen werden muss«. Er werde sich, das sagte Rexrodt ganz klar zu, »in diesem Bereich nur so bewegen, dass Interessenkonflikte aufs Strengste vermieden werden«.

Das tat er so befriedigend, dass er bei nächster Gelegenheit, und die bot sich schnell beim hurtigen Bonner Verbrauch von Bundeswirtschaftsministern, zu einem solchen ernannt wurde – und von 1993 bis 1998 die Interessen und Geheimnisse der Treuhand in der Kabinettsdisziplin wahren konnte.

Mit der allerstrengsten Vermeidung von Interessenkonflikten zwischen der CDU Helmut Kohls und der FDP Hans-Dietrich Genschers, in der Rexrodt saß, hatte die Verteilung der Pressebeute in der frisch angeschlossenen DDR begonnen. Wer schneller begann mit der Versorgung seiner Freunde aus dem Plündergut, Kohl oder Genscher, ist egal, mutmaßlich wurden beide schon mit oder gar vor der Währungsunion tätig. Im Sommer 1990 setzte sich Helmut Kohl beim damaligen Treuhand-Präsidenten Reiner Maria Gohlke für den Verkauf der – ja, wenn man schon so heißt – *Freien Presse* in Chemnitz an den Verlag seines Leib-und-Magen-Blattes ein, der *Rheinpfalz* in seiner Heimatstadt Ludwigshafen.

Zugleich bemühte sich der damalige Außenminister Genscher in seiner Geburtsstadt Halle um die *Mitteldeutsche Zeitung* als Präsent für seinen Freund und Parteifreund, den Verleger Alfred Neven DuMont in Köln. Genscher war immerhin vornehmer als Kohl: Er trieb nicht selbst den Treuhand-Präsidenten an, er ließ ihn antreiben. Der *Spiegel* veröffentlichte die Kopie eines Schreibens des Kölner Verlegers an den Verwaltungsratsvorsitzenden der Treuhand, damals noch Rohwedder, auf dem der ebenfalls damalige Bundeswirtschaftsminister Helmut Haussmann (FDP) für seine Beamten handschriftlich notierte: »Bitte bei THA nachfassen (Auch im Interesse von BM Genscher)«.[13]

Kurz: Die Beamten des Wirtschaftsministeriums sollten die Treuhand veranlassen, in dem Sinne für das Interesse des Bundesaußenministers zu wirken, dass dessen Freund in Köln die *Mitteldeutsche Zeitung* in Halle bekomme. Das nannte man Wiedervereinigung.

Es gelang. Damit waren die fettesten Brocken unter den großen SED-Bezirkszeitungen weg – *Freie Presse* mit einer Auflage von 603 000 und *Mitteldeutsche Zeitung* mit 530 000. Nun geschah es aber, dass es in der damaligen Bundesrepublik Deutschland mehrere große Pressekonzerne gab, die sich auch gern wiedervereinigen wollten. Sie reagierten etwas säuerlich auf den Vorsprung der beiden Kohl- und Genscher-Freunde. Immerhin, die Treuhandanstalt, immer bemüht, gerecht zu denen zu sein, die das verdienen, hatte für die übrigen, sehr begehrten SED-Bezirkszeitungen schon ihren Verteilungsschlüssel gemacht. Die großen Pressekonzerne freuten sich schon auf ihren Anteil, doch mussten sie sich noch etwas gedulden. Es kam für kurze Zeit etwas Unvorhergesehenes dazwischen – doch keine Angst, alles endete in schönster Harmonie damit, dass die SPD es wieder einmal für richtig hielt, Rosa Luxemburg zu verkaufen, diesmal an Axel Springer.

Rosa Luxemburg war eine führende Frau in der deutschen Sozialdemokratie, sie verließ die Partei erst ein Jahr vor ihrer Ermordung durch gehorsame deutsche Soldaten. Heute würde sie es mutmaßlich wieder tun. Denn Rosa Luxemburg war eine der berühmtesten Mitarbeiterinnen der traditionsreichen *Leipziger Volkszeitung*. Und die war Eigentum der SPD, wurde 1933 von den Nazis geraubt, 1945 von den Sowjets an die wiedererstandene SPD zurückgegeben und 1946 durch die Zwangsvereinigung von KPD und SPD Eigentum der SED.

Am 30. April 1991 alarmierte die *Frankfurter Allgemeine Zeitung* ihre Mitbewerber: »Die SPD will Miteigentümer an Ostdeutschlands Presse sein.« Am selben Tag reichte die SPD Klage gegen die Treuhandanstalt beim Landgericht und beim Verwaltungsgericht in Berlin ein. Die SPD verfechte damit, so erklärte der damalige SPD-Schatzmeister Hans-Ulrich Klose, einen Rechtsanspruch auf die Rückgabe von früherem Parteivermögen aus der Druck- und Verlagsbranche, sie wolle damit ein maßgeblicher Miteigentümer der Regionalpresse in den neuen Bundesländern werden. Laut *FAZ* gab Klose sich in seiner Beurteilung der Rechtslage so sicher, dass er voraussagte: »Ohne die SPD läuft bei der Privatisierung der ostdeutschen Regionalpresse nichts.«[14]

Das war's dann schon. Es folgten die Demutsgesten. Er habe, sagte Klose, die Treuhandanstalt über den Rechtsstandpunkt der SPD rechtzeitig informiert, er sei bereit, sich da und dort mit Entschädigung statt Rückgabe zufriedenzugeben, er sei auch bereit, die verlegerische Führungsrolle bei den zu übernehmenden Regionalzeitungen Partnern aus der »westdeutschen Presse« zu überlassen, und er führe darüber bereits mit sieben Verlagen Gespräche. Den drei großen Hamburger Verlagsgruppen Bauer, Gruner + Jahr und Springer habe er frühzeitig sein Vorgehen erläutert.

Aus der Wiedergutmachung eines Unrechts, das zuerst die Nazis und später nach Rückgabe der SPD-Zeitungen durch die Sowjets die deutschen Kommunisten den zur SED zwangsvereinigten Sozialdemokraten angetan hatten, sollte so ein westdeutscher Beutezug zusammen mit zumindest zwei scharf rechts agitierenden Pressekonzernen werden.

Es ist nicht bekannt, wäre aber sicherlich bekannt geworden, wenn Klose in seine Gespräche auch die Journalisten der von der West-SPD beanspruchten Blätter miteinbezogen hätte. Gewiss, die Geschichte der SPD und ihrer Zeitungen – sie hat sich zielstrebig fast aller entledigt – ist auch eine intensive Leidensgeschichte von Journalisten.

Aber dass Medienpolitik etwas ist, was man – wie oder besser anders als die CDU – eigentlich auch einmal machen sollte, war schon lange eine in Bonner Vorstandskreisen der SPD nicht völlig unverbreitete Einsicht. Und so hatte Gerhard Hirschfeld – als Chefredakteur des abgeschafften sozialdemokratischen *Vorwärts* ein allseits leidgeprüfter Mann – grünes Licht bekommen, als er schon zwei Monate nach der Wende im Dezember 1989 dem Parteivorstand signalisierte, es bestehe gute Aussicht, dass die PDS die großen Bezirkszeitungen an die SPD zurückgebe, die durch die Zwangsvereinigung 1946 in SED-Vermögen übergegangen waren.

Der Auftrag kam – wie dessen Büroleiter Karlheinz Maldaner bald pflichtgemäß dementierte – vom SPD-Schatzmeister Hans-Ulrich Klose. Hirschfeld verhandelte mit Professor Lothar Bisky vom Präsidium der PDS und war schon guter Dinge. Auch Bisky erinnerte sich später: »Ich war damals durchaus dafür, dass man einen Weg findet, denn da war ja damals die junge Ost-SPD, und das war für mich völlig klar, dass die Möglichkeiten brauchen in den Medien.«

Doch plötzlich merkte Hirschfeld, dass da noch ein anderer im Auftrag des Parteivorstands zu verhandeln versuchte, der Bonner Rechtsanwalt Dr. Helmut Neumann. Der setzte auf die Treuhand und die Zusammenarbeit mit den westdeutschen Pressekonzernen. »Wir wollen die Geschäftsführung den Presseprofis überlassen«, erläuterte Neumann später dem Branchendienst werben und verkaufen (w&v).[15] Hirschfeld: »Ich hatte den Eindruck, dass sich das nicht miteinander verträgt, und habe mein Verhandlungsmandat zurückgegeben.«

Auch Bisky, der mit Hirschfeld »sehr vernünftige Gespräche führte« und dem »klar« war, dass »die SPD berechtigte Ansprüche hatte«, merkte, dass es plötzlich nicht mehr weiterging: »Die Gespräche sind dann von der SPD abgebrochen worden, weil die SPD plötzlich einen ganz anderen Kurs verfolgte. Sie wollte nicht mit der PDS verhandeln.« Anders als CDU und FDP, die mit den ihnen entsprechenden SED-Blockparteien sogar fusionierten.

Bisky: »An uns hat das nicht gelegen. Die wollten nicht. Und nun waren die alten Verhandlungspartner von der SED auch nicht mehr verfügbar, das hat vielleicht manches erschwert. Dort gab es viele Kanäle und Gespräche, doch mit den neuen Leuten der PDS, da wollten manche dann nicht mehr. In der Umgebung von Honecker gab es da ja sehr erfolgreiche Kontakte, aber als dann das alte Politbüro weg war, sind diese Kontakte zerbrochen. Die SPD machte dann eine ganz andere Politik: mit der SED ja, mit der PDS nein – so habe ich das begriffen.«

Bis dahin hätte die SPD ihre Zeitungen noch direkt aus den Händen der PDS zurückbekommen können. Doch nach dem Abbruch der Gespräche ging alles in die »Hände des Volkes« über, und das bedeutete unglücklicherweise Treuhand und schließlich Breuel.

Noch im Februar 1992 hetzte der SPD-Parteivorstand drei Rechercheure durch die Archive Ostdeutschlands, um die Rechtmäßigkeit des SPD-Besitzes nachzuweisen. Ein langer Rechtsstreit stand an, den die SPD mit so großer Wahrscheinlichkeit gewonnen hätte, dass auch das Haus Breuel zugab:

»Der Treuhand war von Anfang an bewusst, dass sie sich wegen der komplizierten Eigentumsverhältnisse bei den Zeitungstiteln auf sehr dünnem Eis bewegt.«[16]

Doch die SPD kapitulierte vor der Treuhand und nahm ein Millionentrinkgeld, wo ihr ein Milliardenvermögen mit einiger Sicherheit zustand. Sie einigte sich mit der Breuel-Behörde auf eine Abfindung von 70 Millionen für den Verzicht auf ein Presseimperium im Wert von weit über einer Milliarde, dazu bekam sie noch einen 40-prozentigen Anteil an der *Sächsischen Zeitung*, die von der Treuhand dem Haus Gruner + Jahr zugeteilt wurde. Hätte die SPD rechtzeitig mit der PDS nur halb so viel verhandelt wie einst mit der SED, dann wären mindestens sieben mächtige Bezirkszeitungen in ihrer Hand – gewiss, sie müsste investieren, aber die nötigen Mittel wären aus dem Verkauf von einem oder zwei der Titel aufzubringen gewesen.

Diese sieben großen Regionalzeitungen im Wert von 1,16 Milliarden Mark, die aus ursprünglich sozialdemokratischen Verlagshäusern entstanden sind, gingen fast alle an die großen Verlagskonzerne der bundesdeutschen Rechten. Die *Schweriner Volkszeitung* (Auflage 1988: 201 000 / 1991: 180 000) an Burda, die Magdeburger *Volksstimme* (451 000 / 374 000) an Bauer, die *Märkische Allgemeine* (348 000 / 280 000) an die *Frankfurter Allgemeine Zeitung*, die Rostocker *Ostsee-Zeitung* (292 000 / 243 000) an die *Lübecker Nachrichten* und damit über dessen 49-Prozent-Beteiligung an den Springer-Konzern, der auch zusammen mit Madsack in Hannover die *Leipziger Volkszeitung* (484 000 / 379 000) bekam.

Linke und liberale Journalisten hatten in diesen Verlagshäusern bisher wenig zu melden.

Hirschfeld stand resigniert vor dem Scherbenhaufen: »Die SPD hat die Chance verpasst für die Schaffung eines liberalen Korrektivs – die Medienlandschaft ist jetzt auf Jahrzehnte verfestigt.« Sein Verhandlungspartner Bisky: »Ich hätte die Zeitungen doch viel lieber bei Sozialdemokraten oder beim Bündnis 90 gesehen. Aber das hat die Kolonialisierung dann nicht erlaubt, und damit ist die Geschichte in eine Richtung gegangen, die der SPD sehr schaden wird, fürchte ich. Ich bin auch mehr traurig darüber, wie es gekommen ist, als dass ich mit der SPD meckern möchte.«

Doch deswegen geht das freie Wort noch lange nicht unter. Die SPD hält daran immer noch einen gut versteckten Anteil von 30 Prozent. Die allerkleinste der Bezirkszeitungen war nämlich stets das *Freie Wort* in Suhl – es hatte 1993, und das entsprach den neuen Verhältnissen, nur noch eine Auflage von 149 000 Exemplaren. Das *Freie Wort* wurde von der *Neuen Presse* in Coburg gekauft. Und die gehört zu 70 Prozent dem Süddeutschen Verlag – der Rest war und ist Eigentum der SPD.

6. Kapitel

»Jeden Abend eine Büchse Ananas«

Vom Desaster der schnellen Währungsunion

Es geschah in jener dunklen Zeit, über die wir nicht zu viel reden wollen. Aus den Lautsprechern des Großdeutschen Rundfunks ertönte die angenehme Stimme der IM des Ministeriums für Volksaufklärung, Marika Rökk, und verkündete vier Aufforderungen; erstens: »Kauf dir einen bunten Luftballon.« Zweitens: »Nimm ihn fest in deine Hand.« Drittens: »Stell dir vor, du fliegst mit ihm davon.« Und viertens die Zielortbestimmung: »In ein fernes Märchenland.«

Die Voraussetzungen dieses Appells hatten sich am 1. Juli 1990 erledigt. Den Luftballon gab es umsonst, jeder Bürger der Deutschen Demokratischen Republik konnte ihn haben, ohne auch nur einen Pfennig dafür zahlen zu müssen. Kein Bürger der Deutschen Demokratischen Republik musste sich von dem Ballon davontragen lassen in eine ungewisse Ferne. Es war von nun an einfach da: Das ferne Märchenland war nicht länger Werbefernsehen aus dem Westen, es war hier, fest auf dem Boden der nunmehr bald ehemaligen Deutschen Demokratischen Republik, die Bürger der DDR mussten nicht mehr länger auf den eben-

falls zum Liedtext gehörenden Prinzen warten, der sie traumhaft glücklich macht.
Sie war da. Die Deutsche Mark war das Mark aller Deutschen geworden, und *er* war auch da und sprach an diesem 1. Juli 1990 die feierlichen, die unvergessenen Begrüßungsworte: »Es wird niemandem schlechter gehen als zuvor – dafür vielen besser.« Und fügte hinzu: »Durch eine gemeinsame Anstrengung wird es uns gelingen, Mecklenburg-Vorpommern und Sachsen-Anhalt, Brandenburg, Sachsen und Thüringen schon bald wieder in blühende Landschaften zu verwandeln.«
Es wurden – vor dem Angesicht der Geschichte, mit der er Hand in Hand durchs Leben ging – die meistzitierten Sätze Helmut Kohls.
Auf den bunten Luftballons aber stand die Verheißung für das ferne Land, das jetzt hier war. Und sie klang wie Gottes Wort: »Von Anfang an Deutsche Bank.«
Der Prinz kannte seine Deutschen, die neuen wie die alten, denn er war ein erfahrener Wirtschaftspolitiker. Und so erläuterte Helmut Kohl David Marsh, dem Korrespondenten der *Financial Times*, schon am 30. März 1990, wie das kommende Märchenland aussehen würde: »Ich würde die Deutschen nicht kennen, wenn es nicht sofort einen gewaltigen Auto-Boom gäbe. Die Deutschen legen großen Wert auf Essen und Trinken, auf Autos und Reisen. Das Auto ist ein Statussymbol. Und wenn die Ostdeutschen viele Autos haben, dann müssen die natürlich auch repariert werden. Außerdem wird die Bauindustrie einen gewaltigen Aufschwung nehmen. Sie [die Kommunisten] haben nichts getan, um die alten Häuser zu reparieren, und die neuen sind schrecklich. Die DDR hat einen sehr hohen Anteil an arbeitenden Frauen – neunzig Prozent. Also gibt es viele Doppelverdiener. Und was sagt die Hausfrau: ›Ich will endlich ein ordentliches Bad haben – genau

wie in den Illustrierten.‹ Und das eröffnet Klempnern und Handwerkern einzigartige Chancen.«[1]
Für die bald ehemaligen Bürger der bald ehemaligen DDR hatte in einer Fernsehsendung kurz vor dem großen Tag der unvergessliche Günther Krause, dem die Ostdeutschen nie, niemals vergessen sollten, was sie seiner Verhandlungskunst beim Einigungsvertrag verdanken, an die Einführung der Deutschen Mark die hohen Erwartungen geknüpft, die realistisch waren: »Ich freue mich schon darauf, nach dem 1. Juli mit meinen Kindern jeden Abend eine Büchse Ananas essen zu können. Die wird dann nämlich ganz billig sein.«[2]
Doch dies war nicht einfach der Cargokult der Primitiven, die Anbetung exotischer Dosen, nein, tiefreligiöses Denken zog ein, wo gestern noch der Kommunismus seine atheistische Hand übers Land gelegt hatte. Die *Frankfurter Allgemeine Zeitung* berichtete über die Austeilung des Sakraments der Heiligen Deutschen Mark an die Eingeborenen des kommenden Anschlussgebietes: »Andacht in den Wechselstuben der Währungsunion: Am Tag der Geldumstellung standen die Deutschen in der DDR schon kurz nach Mitternacht in langen Schlangen vor den Filialen der Deutschen Bank, um das alte Geld einzutauschen.«[3]
Dreieinhalb Jahre später war man im Treuhanduntersuchungsausschuss des Bundestags gespannt auf den Mann, der gewarnt hatte, der von Kohl überfahren wurde, der als Chef der Bundesbank in Ostberlin nichts ahnend verhandelte, während Kohl plötzlich seinen Einfall einer schnellen Währungsunion verkündete, der Mann, der seine Kritik am Kanzler widerrief, danach doch wieder im *Spiegel* mahnte, und, nachdem er endlich die volle Wahrheit gesagt hatte, die Konsequenz zog. Der ehemals höchste Bundesbankier sagte es glatt heraus, was an jenem Freu-

dentag geschah: Am 1. Juli 1990 war mit der Einführung der DM die Wirtschaft der DDR »uno actu« – in einem Vorgang – mit einer Aufwertung von 450 Prozent nicht mehr wettbewerbsfähig. Denn, so sprach Pöhl, nach Kenntnis der Bundesbank habe die DDR ihren Export zu einem Wechselkurs von durchschnittlich 4,50 Ost-Mark zu einer West-Mark abgewickelt.

»Die Einführung der D-Mark in der DDR von einem Tag zum anderen hatte den Effekt natürlich einer massiven Aufwertung aller Forderungen und Verbindlichkeiten.«

Das Ergebnis war, erläuterte Pöhl, »dass, rein währungstechnisch gesehen, die Betriebe der DDR natürlich nicht mehr wettbewerbsfähig waren«. Und er fügte ausdrücklich hinzu: »Darauf haben wir auch seinerzeit hingewiesen.« Denn für Löhne, Mieten und andere inländische Kosten mussten die DDR-Bürger dasselbe zahlen wie bisher und bald schon sehr viel mehr, kein ausländischer Abnehmer aber zahlte ihnen 450 Mark für ein Produkt, das bisher 100 Mark kostete.

Und da sind wir bei der verschwundenen Billion, beim Volksvermögen der DDR. Hat Kohl es gestohlen mit seinem Wahlkampfschlager der eiligen Währungsunion? Pöhl jedenfalls meinte, dies sei das Hauptproblem der Treuhand: Man durfte die Betriebe nicht alle auf einmal und sofort in die Zahlungsunfähigkeit entlassen. Man musste ihnen Kredite für Betriebsmittel geben, und das habe die Treuhand in großem Umfang getan. Pöhl: »Das ist einer der Gründe, warum sie eben so hoch verschuldet ist heute.«

Das sei so ähnlich, meinte der Exbundesbankchef, »als wenn man heute die D-Mark in Österreich einführen würde und den Schilling 1:1 umstellen würde«.[4] Richtig, jeder würde dann ein paar Monate später sagen, dass Österreichs Wirtschaft nur Schrott war.

Damals, sagte Pöhl im Dezember 1993 den Abgeordneten im Untersuchungsausschuss, damals vor der Währungsunion habe die Bundesbank geglaubt, dass »bei der Privatisierung des Staatseigentums oder des Volkseigentums, wie es genannt wurde in der DDR, der Volkseigenen Betriebe, der landwirtschaftlichen Flächen usw., dass da netto ein Überschuss entstehen würde«.

Das Ergebnis? Pöhl vor dem Ausschuss: »Es ist genau umgekehrt gelaufen. Was aber nicht heißt, glaube ich, dass das Vermögen der DDR nichts wert gewesen sei. Natürlich hat das auch – Grund und Boden, Gebäude und so weiter –, das hatte natürlich auch einen gewissen Wert – vielleicht nicht so einen hohen Wert, wie wir vermutet hatten, aber einen gewissen Wert schon.«[5]

Es war die Hatz in die Einheit, die das Volksvermögen vernichtete. Pöhl: Die große Mehrheit des Zentralbankrates und die meisten Sachverständigen seien von einem langen Prozess ausgegangen, innerhalb dessen die Ost-Mark langsam konvertibel für den freien Austausch mit anderen Währungen gemacht werden sollte. Genauso wie es damals mit der noch jungen D-Mark lief. Pöhl: »Man muss sich mal vor Augen führen, dass zum Beispiel die Konvertibilität der D-Mark, der westdeutschen Währung, ja auch fast zehn Jahre gedauert hat. '57, glaube ich, ist sie voll konvertibel geworden, und wir hatten das Glück, dass wir nach '48 aus verschiedenen Gründen«; er nannte einen besonders guten: »Koreakrieg und so weiter, plötzlich einen riesigen Exportüberschuss hatten und dass wir riesige Goldreserven angehäuft hatten. Und trotzdem hat es so lange gedauert, bis die Kapitalverkehrsbeschränkungen beseitigt wurden.«

Wofür Konrad Adenauer und Ludwig Erhard zehn Jahre brauchten, um es flottzubekommen, das hatten Helmut Kohl und Theo Waigel schon nach viereinhalb Monaten von außen tief in den Sand gesetzt. Denn spätestens am Tag der hastig ereilten Währungsunion mit der eigentlich noch souveränen DDR war klar, dass der Kohl-Beschluss vom Februar zwar vorzüglich dem eigentlichen Ziel – Sieg in der März-Wahl – gedient hatte, die DDR-Wirtschaft aber in den Abgrund trieb. Für den Ex-Bundesbankpräsidenten vor dem Ausschuss war freilich ein anderer Punkt »viel wichtiger«, nämlich die Frage: »Konnte die westdeutsche Wirtschaft dies eigentlich aushalten? Es gab ja dann den Spruch vom Aufschwung Ost. Ich habe gesagt: Wir müssen aufpassen, dass der Aufschwung Ost nicht zum Niedergang West führt.«

Doch zunächst wurde die Währungsunion der beiden deutschen Staaten zum fantastischen Konjunkturprogramm für den ganzen Westen. In Fachkreisen nennt man das ein »Keynessches Deficit-Spending-Programm«, und Pöhl erläutertete den Abgeordneten, wie das gemacht wird: »Es wurde also mit einem Schlag eine riesige zusätzliche Nachfrage durch Kreditaufnahme im Westen in D-Mark finanziert, und die Brüder und Schwestern im Osten konnten also nun – dank eines doch relativ generösen Umtauschkurses – sich eben, Gott sei Dank, ein Auto kaufen und Waschmaschinen, und ich weiß nicht was alles.«

Aus dem Westen. Sprach der großzügige Onkel von der Bundesbank, der genau wusste, dass die Nichten und Neffen im Osten für das großzügige Geschenk doch noch zahlen mussten – bis aufs Blut. Der SPD-Abgeordnete Nils Diederich erinnerte Pöhl daran, dass er am 21. März 1991 die übereilte Einführung der deutschen Währungsunion als das abschreckendste Beispiel einer Währungsunion bezeichnet hatte. Pöhl wusste es noch zu gut. Er war im Europäischen Parlament vor einem größeren Kreis von Spezialisten eingeladen, über die Europäische Währungs-

union zu sprechen. In einer stundenlangen Diskussion sah er sich immer wieder von der Frage bedrängt, warum es Deutschland so genau nehme mit der Notwendigkeit der sogenannten Konvergenz als Voraussetzung für die Europäische Währungsunion. Er sagte, wie außerordentlich wichtig es sei, dass die fundamentalen wirtschaftlichen Daten einigermaßen übereinstimmten, wenn man eine gemeinsame Währung einführe. Und dann, so erinnerte Pöhl sich vor dem Ausschuss, rutschte es ihm heraus: »Wenn wir ein ganz extremes Beispiel dafür haben wollen, wo zwei völlig heterogene Wirtschaftsgebiete durch eine Währung verbunden worden sind, dann sehen Sie das in Deutschland bei der deutschen Währungsunion. Und dann habe ich auf Englisch – die ganze Diskussion lief in Englisch – gesagt: ›The result, as you know, is a desaster.‹« Das Ergebnis ist, wie Sie wissen, eine Katastrophe. Sieben Wochen später war Pöhl nicht mehr Bundesbankpräsident. Vor dem Ausschuss behauptete er jetzt, es sei seine eigene Entscheidung gewesen zurückzutreten.
Kohl hatte sich aufgeregt, als habe auch Pöhl auf ihn ein faules Ei geworfen: »Ich habe versucht, ihm das zu erklären, aber er hat trotzdem die Gelegenheit wahrgenommen, dies nun also mit starken Worten zurückzuweisen.«[6]
Heute sehe er das alles aus einer gewissen Distanz, sagte Pöhl und sagte auch, was er heute wahrnehme: »Aber mein Eindruck ist doch nach allem, was man lesen und hören kann, dass die frühere DDR ein in vielen Teilen deindustrialisiertes Gebiet geworden ist.« Und er verglich das heutige Anschlussgebiet mit Maggie Thatchers Elendslandschaft, den Midlands in Großbritannien, und vergaß nicht zu sagen, wo das eigentliche, das schlimmste Problem liege: »Wenn eine Region erst einmal deindustrialisiert ist, ist es außerordentlich schwierig, irgendetwas Neues wieder dort hinzubringen.«

Und dann sagte der ehemalige Bundesbankchef etwas, was man – genau betrachtet – als ein spätes Kompliment an den dahingegangenen anderen Staat betrachten muss. Er verwies auf einen Anstieg des Realeinkommens im Osten und meinte: »Insofern ist ja das Wort, dass es allen besser, aber keinem schlechter gehen soll, objektiv gar nicht falsch. Es ist halt das Einkommen gestiegen, nur die Lebenssituation hat sich zum Teil dramatisch und zum Teil tragisch verschlechtert. Das hängt ja nicht nur vom Einkommen ab.«[7]

Die Lebenssituation – dazu gab es etwas später zwischen Fritz Schumann von der PDS und Karl Otto Pöhl, dem ehemals formal höchsten Geldmanager der Republik, ein Frage-und-Antwort-Spiel, nein, kein Spiel, es ging um Menschen. Schumann: »Ich habe eine letzte Frage. Sie haben das ja sehr ausführlich erläutert, wofür ich Ihnen auch sehr danken möchte, wie das also im Bankwesen gelaufen ist. Hat die Bundesbank auch Einfluss genommen auf die Versicherungen? Die sind ja auch außerhalb der Treuhand gelaufen, im Prinzip also mit dem Einigungsvertrag – so wie das Bankwesen. Haben Sie dort auch maßgeblich mitgewirkt, also die Bundesbank an dieser Strecke?«

Pöhl: »Soweit ich weiß, nicht. Ich weiß nicht. Ich weiß nicht, ob überhaupt jemand ... Ich meine, die westdeutschen Versicherungen sind ja sehr schnell rübergegangen. Es gab ja keine Versicherungen in dem Sinne wie hier bei uns.«

Schumann: »Trotzdem haben wir auch etwas eingezahlt!«

Pöhl: »Ja, ja, Sozialversicherung; das ist nur was anderes.«

Schumann: »Nicht nur da!«

Pöhl: »Aber gab es private Versicherungen?«

Schumann: »Natürlich gab es private Versicherungen! Da haben wir auch alle eingezahlt!«

Pöhl: »Damit haben wir uns, glaube ich, nicht sehr beschäftigt.«
Schumann: »Wer hat das gemacht? Wissen Sie das?«
Pöhl: »Ich meine, sie sind umgestellt worden, wie alle, 2:1.«
Schumann: »Die Wirtschaft hat also die Treuhand geregelt und in Aufsicht gehabt. Das Geldwesen hat die Bundesbank im Prinzip unter Aufsicht gehabt. Wissen Sie, wie das bei den Versicherungen gelaufen ist?«
Pöhl: »Ich kann nur dazu sagen, Herr Schumann, es ist ja bekannt, die Allianz hat doch damals die ostdeutsche Versicherung übernommen und ist damit nicht so sehr glücklich geworden, wie ich weiß, wie man weiß.«[8]
Die Allianz ist nicht glücklich geworden mit den Ostdeutschen – und die Ostdeutschen? Versicherungszusatzrenten, im Unrechtsstaat erworben, interessierten den Rechtsstaat nicht, der noch der Witwe des durch Bomben umgekommenen Volksgerichtshofpräsidenten Freisler den Rentenmehrbetrag zahlen wollte, den er erreicht hätte, wenn er seine Mordtätigkeit – die nach unserem Recht keine war – bis Mai '45 fortgesetzt hätte und anschließend selbstverständlich in Treue zur freiheitlichen Grundordnung weiter Karriere gemacht hätte, vielleicht als Bundesverfassungsrichter, wie Willi Geiger, der zuvor junge Polen aufs Schafott brachte.[9] Wir würden heute allenfalls seinen Ostrichter, der allein ihn nach dem Krieg verurteilt hätte, wegen Rechtsbeugung vor Gericht stellen und verurteilen, auch noch nach fünf Jahrzehnten.
Pöhl, ein wohlwollender Wessi, ein Geldmensch, der sich durchaus Gedanken machte, wusste also nicht so genau, was aus jenen Renten wurde, für die er als Chef der Bundesbank zuständig geworden war. Er hielt es für selbstverständlich, dass sie auf die Hälfte gekürzt wurden, während Nazirenten in unserem Staat um ein Vielfaches stiegen.
Im Übrigen aber wusste Pöhl genau Bescheid. Die Ausre-

de, dass man ja nicht gewusst habe, wie heruntergekommen die DDR-Wirtschaft gewesen sei, dass es lange keine Zahlen gegeben habe – Pöhl widerlegte sie: »Die Zahlen haben wir relativ früh bekommen.« Schon im März 1990. Und die Zahlen waren nicht schlecht, eine Auslandsverschuldung von nur 20 Milliarden Dollar – »relativ gering«, kommentierte Pöhl.[10]

Am 26. Februar 1990 hatte der Bundesbankchef im *Spiegel* eine eindeutige Prognose abgegeben: »Wenn die DDR die Voraussetzungen für Investitionen schafft, wenn es interessant ist, dort zu investieren – dann wird es in der DDR zu einem enormen Aufschwung kommen.«[11]

Jetzt stellte Pöhl fest, dass kein westdeutsches Unternehmen von einiger Bedeutung seine Zentrale in den Osten zurückverlegte. Schon gar nicht diejenigen, die ihn am meisten ausplünderten. Pöhl: »Die Deutsche Bank geht natürlich nicht wieder nach Berlin, die Allianz geht natürlich nicht wieder nach Berlin. Die Dresdner Bank geht auch nicht nach Dresden usw., usw.«[12]

Deutsche Bank, Dresdner Bank, Allianz – das waren die Ersten, die heiligen drei Könige aus dem Wessi-Land, die rechtzeitig für die Anbetung der heiligen D-Mark ins Land einfielen.

Denn wem gehört von nun an das Land? Der Deutschen Bank, der Dresdner Bank und der Commerzbank, der heiligen Dreieinigkeit der Großbanken, in der längst feststand, wer der Gottvater ist: Die Deutsche Bank bekam die meisten der alten Reichsbankfilialen mit den – wichtig im ersten Jahr – vorzüglichen Telefonverbindungen des Staatssicherheitsdienstes, der sich zuvor dort eingerichtet hatte.

Der Unternehmensberater E. Mrachacz war von der Treuhandanstalt in den Aufsichtsrat der Mähdrescherwerke AG (MDW) Singwitz in Sachsen berufen worden. Was er erlebte, schilderte er in einem Brief an den Treuhanduntersuchungsausschuss so: »Die AG sollte ›privatisiert‹ und für eine D-Mark an einen westlichen Konzern unter Zugabe einer ›Anschubfinanzierung‹ von 175 Millionen DM verkauft werden, was ich durch persönliche Intervention beim Präsidium der Treuhand verhinderte. Außerdem konnte ich erhebliche Zinssenkungen zugunsten der AG und damit zu unser aller Gunsten durchsetzen. Aufgrund der erzielten Zins-Einsparungen forderte ich den Treuhand-Verwaltungsratsvorsitzenden, Herrn Odewald, auf, meine Erfahrungen und die erheblich zinsgünstigeren Kreditangebote einer anderen Bank an alle kreditwürdigen Treuhandunternehmen weiterzuleiten. Dies lehnte er im Einvernehmen mit der Treuhand schriftlich ab.«

Odewald saß im Beirat der Dresdner Bank.

In Birgit Breuels »Tagebuch« steht unter dem 1. Juli 1990, dem Tag der Währungsunion, das Geständnis: »Die Treuhandanstalt übernimmt die Aufgabe der Erstausstattung der Unternehmen mit Liquidität. THA, Treuarbeit, Ministerium der Finanzen, Deutsche Bank und Dresdner Bank arbeiten gemeinsam die Idee der Kreditgewährung an die Unternehmen im Rahmen einer Globalbürgschaft und auf der Grundlage eines Musterkreditvertrages aus.«[13] Die Treuhand bestimmt, wer kreditwürdig ist, und die Großbanken, denen der Antragsteller ausgeliefert wird, bestimmen die Höhe der Zinsen.

Pöhl bestätigte vor dem Ausschuss: »Die Treuhandanstalt hat die Kredite gegeben. Wenn Sie so wollen, können Sie sagen, es war die Sterbehilfe: Das war in dem einen oder anderen Fall auch eine Überlebenshilfe.«[14]

Die Ostdeutschen sind in einem Staat gelandet, in dem Sterbehilfe für ihre Wirtschaft der Normalfall ist und die Überlebenshilfe etwas für den einen oder andern Fall – Dr. Mengele hat Vortritt vor Hippokrates.

Knapp vier Jahre nach der Währungsunion, im April 1994, freute sich – unter der Überschrift: »Tröstliche Bankbilanzen« – die *Welt:* »Aus der diesjährigen Bilanz-Tristesse fallen die Banken eindeutig heraus. Während die Industrie mit Schreckensnachrichten aufwarten muss, übertreffen sich die Großbanken mit Rekordergebnissen. Zuletzt kündigte die Commerzbank für das Rezessionsjahr 1993 eine Gewinnsteigerung von 43 Prozent an.«

Die Wirtschaft Gesamtdeutschlands liegt darnieder, die Bankprofite explodieren, und die *Welt* lässt »der hohe Profit hoffen, die Kreditinstitute mögen ihre Dividende noch etwas stärker anheben«. Sie hat auch einen guten Grund: »Anders als die Industrie muss das Geldgewerbe seine stattlichen Gewinne weniger für Investitionen in sichere Arbeitsplätze zurückhalten.«

Doch ein Blick umher zeigt der *Welt*, dass »die Banken nicht stets die fettesten Gewinne einfahren, wenn der Rest der Wirtschaft am Boden liegt«. Die größte Bank Europas, die französische Crédit Lyonnais, habe Verluste in vielfacher Milliardenhöhe aufgetürmt. Die *Welt:* »Heute ist die Bank pleite. Nur der Staat kann Frankreich noch vor dem größten Bankenzusammenbruch aller Zeiten bewahren.«

In der Bundesrepublik ist es nicht der Staat, sondern – das hat alte deutsche Tradition – der andere Staat, der den Banken zu »goldenen Bilanzen« verhilft. Ohne die fantastischen, von der Treuhand abgesegneten und bezahlten Kreditverträge zu überhöhten Zinsen mit den zuvor durch die Währungsunion in die Illiquidität getriebenen DDR-Betrieben hätte die Bilanz der westdeutschen Banken nicht so golden ausgesehen. Und andererseits hätte die französische Großbank Crédit Lyonnais kaum noch Kummer, wenn sie ein an Frankreich angeschlossenes Spanien zu den gleichen Bedingungen ausplündern dürfte wie Westdeutschland die Ostdeutschen.

Bundesbankpräsident Karl Blessing – Pöhls Vorgänger als Präsident der Bundesbank von 1958 bis 1969 – hatte 1967 in die Zukunft geschaut: »Möge der Tag kommen, an dem in einem wiedervereinten Deutschland eine Währungs- und Notenbank dem ganzen deutschen Volke dienen kann!« So zitierte er bei der Grundsteinlegung des neuen Bundesbankgebäudes am 10. November 1967 eine Erklärung der Bank, die in besagtem Grundstein verschlossen wurde. Blessing hatte übrigens – immer mischt sich die Geschichte ein und stört das ernsthafte Tagwerk vielbeschäftigter Leute – auch eine Vergangenheit, die ihn am 12. November 1938 ins spätere Detlev-Rohwedder-Haus gehen ließ. Reichsmarschall Göring hatte sein Schlusswort begonnen, voller Optimismus, dass die gerade beschlossenen Maßnahmen der »großen Abrechnung an den Juden« dienen würden. Da mischte sich Bundesbankpräsident Karl Blessing ein, der spätere natürlich – damals, 1938, war er ein glänzender Fachmann im Direktorium der Reichsbank –, und da zeigte sich, dass die Nazis wieder einmal nicht alles bedacht hatten, die Plünderung der Juden grob dilettantisch betreiben wollten. Mutig richtete Blessing das Wort an seinen Parteigenossen Göring: »Ich habe Bedenken, dass die Juden in den nächsten Tagen ab Montag für Hunderttausende Reichsanleihen verkaufen, um sich Mittel zu beschaffen.« Das würde den Kurs der Reichsanleihen empfindlich stören. Göring versuchte den routinierten Sachkenner einzuwickeln: »Dann sperre ich den Verkauf der Reichsanleihen für drei Tage.« Doch der spätere Bundesbankpräsident, der bald auch sein hohes Fachwissen – er kannte sich, damals jedenfalls, ganz genau aus, welche finanzpolitischen Probleme schon immer von Juden verursacht wurden[15] – in den »Freundeskreis Reichsführer SS Heinrich Himmler« einbrachte, er bestand mit äußerster Korrektheit darauf, dass bei allem, was geschieht, der Weg des Rechts nicht verlassen werden darf. Darum hielt Blessing Göring entgegen: »Das müsste durch eine Verordnung geschehen.« Doch Göring setzte sich über den kommenden Bundesbankpräsidenten hinweg: »Ich würde keine Logik darin sehen. Der Jude kann nur Sachen verkaufen. Er kann ja gar nichts machen. Da muss er das Geld abliefern. Den Schaden hat er so oder so.«[16]

7. Kapitel

»Das Hühnchen fragte, wer hilft mir, den Weizen zu pflanzen …«

Wie Birgit Breuel den Überschuss verlor

Er war in seiner aktiven Berufszeit »eine der markantesten Führungspersönlichkeiten und neben Hermann J. Abs einer der wenigen wirklichen ›Trendsetter‹ für die deutsche Wirtschaft«.[1] Das schrieb voller Anerkennung das *Hamburger Abendblatt* 1983 zum 75. Geburtstag von Alwin Münchmeyer, dem bekanntesten Bankier und Bankrotteur der Hansestadt. Und es ist wahr: Abs – der große, aber immer unschuldige Chefarisierer der Deutschen Bank – war das Vorbild des vornehmen Hamburgers, der ein Außenhandelshaus unterhielt, dem wiederum eine große Privatbank angegliedert war. Münchmeyer erinnerte sich sehr gut an den November 1938, auch wenn er damals bei der großen Konferenz am künftigen Arbeitsplatz seiner gerade erst einjährigen Tochter nicht dabei war: »Von dem Ausmaß der widerwärtigen Pogrome wussten wir nichts. Als ich am 11. November morgens ins Büro ging, hatte ich noch keine Ahnung, was geschehen war. Auf meinem Weg habe ich, soweit ich mich erinnern kann, nur einen einzigen Laden gesehen, dessen Schau-

fenster kaputt waren ... Sicher erschien uns die Begründung absurd, und wir empfanden jede Gewalttätigkeit und Zerstörung als vollkommen ungerechtfertigt. Nur was war wirklich geschehen? Die Informationen widersprachen sich. Manche wussten von Toten, andere nur von zerstörten Synagogen. Manche schoben die Ausschreitungen unkontrollierten SA-Leuten in die Schuhe, andere sprachen von einer geplanten Aktion des Regimes. Jeder wusste etwas, und keiner wusste das Gleiche. Verlassen konnte ich mich nur auf mein eigenes Bild, und in der Erinnerung findet sich bloß ein einziges zerstörtes Schaufenster.«
Später, sagte Münchmeyer, erfuhr er es: »Erst heute weiß ich von dem widerwärtigen finanziellen Nachspiel der Pogrome. Die Juden mussten für die Zerstörungen in der Reichskristallnacht« – *wer* hat da zerstört? – »eine kollektive Geldbuße in Höhe von einer Milliarde Reichsmark leisten. Und damit nicht genug: Sämtliche Beträge, die die Versicherungen den jüdischen Geschäftsinhabern auszahlten, wurden vom Staat beschlagnahmt.«
Münchmeyer fand heraus, dass es nicht nur der Staat war, der sich an jüdischem Eigentum bereicherte: »So mancher Unternehmer und auch mancher Privatmann profitierte kräftig von dem Ausverkauf jüdischer Unternehmen. Aus ethischer Sicht war jede Arisierung ein Unrecht.«
Aus ethischer Sicht. Anderseits darf man auch nicht – Münchmeyer betont, dass er dieser Meinung sei – »die Handelnden in Bausch und Bogen verurteilen«. Es gab nun einmal neben der völlig einwandfreien ethischen Sicht auch einen durchaus korrekten kaufmännischen Blick, es gab Handel und Wandel. Dabei war es gewiss so, dass Münchmeyer & Co. »sich von den Arisierungsgeschäften möglichst fern« hielt.
Möglichst. Aber wie das Leben so spielt, bei der Arisierung des Besitzes der Brüder Franz und Paul Rappolt in

Hamburgs bester Verkaufsmeile, der Mönckebergstraße, war man dann – ethische Sicht hin, kaufmännischer Blick her – doch dabei. Die Rappolt-Brüder gehörten, erinnerte sich Alwin Münchmeyer, »zu den letzten jüdischen Kaufleuten, die erkennen mussten, dass sie ihr Geschäft in Hamburg nicht halten konnten«.[2]

Sie verkauften darum, nachdem es in Hamburg zu dem Bruch der einen erwähnten Schaufensterscheibe gekommen war, außerordentlich günstig, nämlich in etwa zum steuerlichen Einheitswert, der ein Vielfaches unter dem Verkehrswert lag. Beteiligt an dem Schnäppchen war auch – neben dem heute noch in Hamburg sehr bekannten Grundstücksmakler Arnold Hertz & Co. – das Bankhaus Schröder Gebrüder & Co. Mit ihm und dem ebenfalls im Arisierungsgeschäft nicht untüchtigen Frankfurter Bankhaus Hengst fusionierte Münchmeyer 1969. Kompagnon Friedrich Hengst hatte sich 1938 gezwungen gesehen, das Bankhaus S. Merzbach & Co. zu arisieren, weil – wie Münchmeyer herausfand – »niemand etwas gegen Hitlers Rassenwahn unternahm«.[3]

Bei der Fusion der drei Arisierer 1969 war Münchmeyer längst zum Präsidenten des Deutschen Industrie- und Handelstages, zum Vorsitzenden des Bundesverbandes der Deutschen Banken, zum vielfachen Aufsichtsrat und einigem mehr aufgestiegen. Das Bankhaus Schröder, Münchmeyer, Hengst & Co., abgekürzt SMH-Bank, wurde auf diesem festen Fundament eines der bedeutendsten und angesehensten Geldinstitute der Bundesrepublik Deutschland. So führt letztlich doch manches, was aus rein ethischer Sicht durchaus diskussionswürdig erscheinen mag, gesamtwirtschaftlich gesehen zu einem bemerkenswert positiven Ergebnis.

Münchmeyer war bei der Vertragsunterzeichnung im Februar 1939 schon etwas aufgefallen, das ihm ein wenig zu denken gab: »Die beiden Brüder hatten nicht allein unterschrieben. Auf der Verkäuferseite waren mehrere Familienangehörige mit sämtlichen Vornamen aufgeführt. Bei allen Männern fand sich der Name Israel, bei allen Frauen der Name Sara. Das war keineswegs eine Eigenart der Familie Rappolt.« Münchmeyer fand schnell heraus, was da mit seinen Vertragspartnern nicht stimmte: »Wieder einmal hatten die Nazis eine neue Vorschrift erlassen. Juden, die keinen typisch jüdischen Vornamen hatten – im Innenministerium war eine entsprechende Liste angefertigt worden –, mussten vom 1. Januar 1939 an den zusätzlichen Namen Sara oder Israel führen.«[4]

Aber das hat sicher seine Richtigkeit gehabt. Schließlich war an der Ausarbeitung dieser Liste Hans Globke beteiligt, Konrad Adenauers späterer Vertrauter und Staatssekretär – damals war er noch Referent für Staatsangehörigkeitsfragen im Reichsinnenministerium.

Münchmeyer hielt – trotz einer verständlichen Abneigung gegen das proletenhafte Auftreten des Führers – Hitler für einen »antibolschewistischen Friedenspolitiker«, so dass es ihm auch aus ethischer Sicht leichtfiel, Rüstungsaufträge entgegenzunehmen.[5]

Im besetzten Frankreich machte er gute Geschäfte, er gründete dort mit Unterstützung der deutschen Militärbehörden und dem, was er stets »französische Behörden« nannte, die Firma Socolilex mit acht Millionen Reichsmark Umsatz.

Münchmeyer war befremdet, als er nach dem Krieg von Frankreich wegen Plünderung gesucht wurde; ausgerechnet er, der doch voll ehrlicher Verachtung beobachtet hatte, wie »ein wichtiger Parteimann aus dem Berliner Wirtschaftsministerium« – ihn musste er aus rein geschäftlichen Gründen in die Pariser Schlemmerlokale ausführen – »seine schwere, hässliche Hand über einen schönen Aschenbecher legte und ihn langsam in seinen Schoß zog«. Doch »der Nazi verlor die Nerven« und holte den ersten Aschenbecher wieder hervor, als der Kellner mit unbewegter Miene einen zweiten auf den Tisch stellte.[6]

Münchmeyer behielt – so wie heute auch seine Tochter, wenn Ossis törichte Beschuldigungen gegen sie erheben – die Nerven und führte die Plünderungsvorwürfe der Franzosen darauf zurück, dass gleich nach dem Krieg die »Wellen der Emotion« so sehr hoch schlugen, dass die Alliierten sogar sein Vorbild, den völlig unschuldigen Hermann Josef Abs, verhafteten. Darüber allerdings war Münchmeyer »mehr als befremdet«. Abs, der Aufsichtsrat der IG Auschwitz, hatte doch »nichts anderes getan als wir und war im Inneren gewiss kein Nazi gewesen«. Er hatte doch »nur versucht, aus den gegebenen Umständen das Beste zu machen – das Beste für die Deutsche Bank«.[7]

In diesem Milieu wuchs die Tochter auf – vergaßen wir zu erwähnen, dass sie Birgit Breuel heißt?

Als Birgit in die Pubertät kam, mutmaßlich um 1950, kaufte der Vater – natürlich auf Firmenkosten – einen alten Fischkutter, der vollgestopft wurde mit Nahrungsmitteln und Medikamenten. »Wir nannten ihn ›Glückauf‹«, erinnerte sich Alwin Münchmeyer, »und im Notfall sollte er uns sicher in die freie Welt bringen.« Später stellte sich zwar heraus, dass die Russen gar nicht nach Hamburg kamen, aber zuvor hatte man schon einmal eine »Probefahrt auf der Nordsee« unternommen. Münchmeyer: »Während dieser Fahrt war es so stürmisch, dass wir unseren Sohn am Mast festbinden mussten. Der Kutter hatte den Härtetest bestanden.«[8]

Der Sohn, Hans-Hermann Münchmeyer, nicht. Er »wählte irgendwann – allerdings nur ein einziges Mal – die SPD«. Schlimmer noch: »Er behielt den Streich, für den er eigentlich schon viel zu alt war, nicht einmal für sich.« Und

das, obwohl »meine Tochter Birgit bereits eine vielversprechende CDU-Karriere begonnen« hatte.[9]
Hoch über der Elbe auf dem Luusbarg, in einem einige tausend Quadratmeter großen Park- und Villenbesitz, war die spätere Präsidentin der Ostberliner Treuhandanstalt aufgewachsen. Gleichwohl zeigte sie mütterliches Verständnis für die ihrer Fürsorge anvertrauten Ostmenschen: »Den Menschen hier nehme ich ihre Kritik nicht übel.«[10] Man muss schon Verständnis haben, wie sehr sie das »niederschmetternde Umfeld« deprimierte, das sie bei ihrer Arbeitsaufnahme am Alexanderplatz umgab, bevor die Treuhand umzog ins Göring-Ministerium an der Leipziger Straße. Wie muss die Tochter aus so gutem Haus dies alles bedrückt haben, was sie in ihrem »Tagebuch« so bitter beklagt: »veraltete und größtenteils beschädigte Möbel, abgewohnte Blümchentapeten an den Wänden der Arbeitszimmer, verschlissene Schreibmaschinen, fehlende technische Ausstattung, unzumutbare sanitäre Einrichtungen«.[11]
Tochter Birgit hat viel von ihrem Vater gelernt. Ökonomischen Sachverstand zuallererst, aber auch, wie man bescheiden auftritt: Als seine Bank pleite war, überlegte sich Herrenreiter Münchmeyer sehr ernsthaft, wie er sich jetzt in seinem privaten Lebensstil einschränken könnte, und bedachte eine gewichtige Änderung des morgendlichen Frühstückszeremoniells. Er machte sich nämlich »Gedanken, ob ich mir wohl auch in Zukunft nach dem Reiten noch zwei Spiegeleier erlauben könnte«. Tochter Birgit hatte schon früh aus solch väterlichen Weisheiten ein ganzes Buch voller staats- und wirtschaftspolitischer Einsichten geschrieben, das ihr keine zwei Jahre nach seinem Erscheinen schon einen Sitz als Wirtschaftsministerin im niedersächsischen Kabinett des bekannten Ernst Albrecht einbrachte. Titel: »Es gibt kein Butterbrot umsonst«.

Allerdings – und so weit ging die Tochter nicht –, dem letztlich nicht unintelligenten Vater war schließlich doch aufgefallen, dass »es wohl weniger um die Eier als um das Pferd ging« und dass er sich für beide Frühstückseier viel mehr Zeit lassen konnte, wenn er das Reitpferd verkaufte. Ins nackte Elend wurde der alte Herr nicht gestoßen, der Millionenbesitz in Hamburgs bester Gegend, nicht weit von Axel Springers vornehmstem Reduit, blieb ihm zusammen mit dem zweiten Frühstücksei erhalten. Und wenn sich nun auch alle Treuhandopfer der Birgit Breuel ein bescheidenes Dach über dem Kopf bewahren könnten, so wäre dies schon ein Segen.

Doch leider hat die Tochter nicht vom Vater gelernt, dass man mit Eine-Mark-Geschäften sehr vorsichtig sein muss, was freilich in ihrem Fall nicht so tragisch war, den Schaden übernahm, wo das ehemalige Volksvermögen der ehemaligen DDR nicht mehr reichte, der gesamtdeutsche Steuerzahler. Den Vater aber traf es seinerzeit hart.

Schuld war, davon zeigte sich der Vater überzeugt, Lumumba. Münchmeyer: »Sie war eine schöne« – der Bankier hatte sich dadurch nicht warnen lassen – »dunkelhäutige Frau – deshalb wurde sie auch meistens Lumumba genannt –, und sie war intelligent, ambitioniert und herrschsüchtig.«[12]

Lumumba war die Tochter seines Kompagnons Friedrich Hengst, und zusammen mit ihrem Gemahl Ferdinand Graf Galen ritt sie das schöne Bankhaus Schröder, Münchmeyer, Hengst & Co. in den Abgrund.

1980 hatte Münchmeyer die zu seinem Bestand gehörende hessische Maschinenfabrik Wibau an den – wie sich später herausstellte – Milliardenbetrüger Horst-Dieter Esch verkauft. Der hatte in der Absatzkrise der Baumaschinenindustrie von 1983 bis 1985 weltweit rund vierzig sanierungsbedürftige Fabriken aufgekauft und saß nun

auf einem Bestand von vielen Tausenden von Baggern und Straßenwalzen, Bulldozern und Asphaltiermaschinen, die auf ihren Lagerplätzen vor sich hin rosteten. Für den bald wertlosen Schrotthaufen holte er sich hohe Kredite.[13]
Münchmeyer glaubte, einen tollen Coup gemacht zu haben, als er Esch seine Wibau verkauft hatte für nur eine Mark – das gab es schon damals, lange bevor auch die Treuhand der Tochter solche Geschäfte machte. Im Gegenzug bekam Münchmeyer – darum freute er sich so – sieben Prozent der Aktien des großen Esch-Baumaschinenkonzerns IBH. Gewiss, der Markt war zusammengebrochen. Aber Münchmeyer hatte denselben unerschütterlichen Glauben, den auch Esch zu haben vorgab: »Wenn der Markt sich allerdings erholen würde, so das Konzept des Herrn Esch, würde er aus dem Nichts zum Herrscher über ein riesiges Imperium aufsteigen. Hatte der legendäre Onassis nicht auf ähnliche Weise den Grund für sein Reich gelegt? Hatte er nicht Schiffe gekauft, als die Schifffahrt in der Flaute steckte? Esch versuchte eben das Gleiche mit Maschinenfabriken.«[14]
Weil dieser Glaube so erhebend war, bekam Esch, als andere Banken längst abgewunken hatten, immer neue Kredite vom Bankhaus Schröder, Münchmeyer, Hengst & Co., mehr und mehr und immer mehr. Und als der Glaube an Esch längst eine reine Absurdität geworden war, als selbst der alte Münchmeyer, der sich aus Altersgründen in den Beirat seiner Bank zurückgezogen hatte, zu zweifeln begann, da drängten Graf Galen und Gemahlin den Sohn Hans-Hermann, der den Geschäftsanteil von Vater Münchmeyer übernommen hatte, immer noch einmal nachzulegen.
Doch die große Pleite kam zum Glück für die Wirtschaftsministerin aus dem Hause Münchmeyer gerade noch rechtzeitig. Die 50 Millionen aus der zugesagten Landes-

bürgschaft für die Gesellschaft, in der ihr Bruder Vorstandsmitglied war, sie waren noch nicht geflossen. Das ersparte ihr unangenehme Fragen. Birgits Bruder kam im Wirtschaftsstrafprozess mit einer Haftstrafe von einem Jahr und neun Monaten günstig davon. Und der Vater stellte sich die Frage, die sich später eigentlich auch die Tochter beim Verteilen des ostdeutschen Volksvermögens an westdeutsche Treuhandkunden des Öfteren hätte stellen müssen. Der Vater dachte: »Fiel ich nicht auf jemanden herein, den unsere Bank erst zu dem gemacht hatte, den er jetzt darstellte – auf ein selbstgeschaffenes Trugbild sozusagen? So ähnlich wird es wohl gewesen sein.«[15]

Die Deutsche Bank – in solchen Fällen kulant – sorgte für eine Auffanggesellschaft, die den offiziellen Bankrott im Haus des langjährigen Vorsitzenden des Bundesverbandes der Deutschen Banken vermied – Deutschbankier Friedrich Wilhelm Christians war schließlich sein Nachfolger geworden. Die Deutsche Bank wusste allerdings nach einer Esch-Aussage – genau wie 1994 beim Milliardenbetrug des Baulöwen Jürgen Schneider – früher als andere, dass der Baumaschinenkonzern mit all seinen Krediten vor dem Zusammenbruch stand.

Was tat's, der Vater musste sich nicht länger Gedanken um sein zweites Frühstücksei machen, und die Tochter bewahrte so viel Dankbarkeit gegenüber der Deutschen Bank in ihrem Herzen – da zahlte sich das damalige finanzielle Engagement für das gestrauchelte Bankhaus letztlich doch wieder vielfach aus. Sippenhaftung gibt es nicht, und so konnte die Pleite von Vater und Bruder Birgit Breuels Karriere als Ministerin nicht schaden.

Theoretischem Denken nie völlig abhold, hat sie neben ihrer Kabinettstätigkeit eine Fülle von Büchern geschrieben, die leider wohl keiner ihrer Untertanen gelesen hat. Da findet sich in ihrem grundlegenden Werk »Perspektiven des Aufbruchs. Aus Fehlern lernen« – 1983, im Jahr der väterlichen Pleite geschrieben – die Swimmingpooltheorie, die zeigt, wie Arm und Reich den Staat ausnehmen, obwohl doch, gäbe es vernünftige Gesetze, die Leute erst gar nicht auf solche Gedanken kämen. Die Ministerin: »Viel zu leicht wird heute der Vorwurf des Missbrauchs staatlicher Leistungen – insbesondere von Subventionen und Sozialleistungen – erhoben. Manche Politiker scheinen mit Hilfe des Missbrauchstadels nicht selten verdecken zu wollen, dass die Regelung selbst falsch ist. Abgesehen von betrügerischen Aktivitäten handelt es sich beim sogenannten Missbrauch um völlig einzuschätzende Verhaltensweisen. Es ist zweifellos folgerichtig, wenn jemand auf den Bau eines privaten Schwimmbades verzichtet, weil gleich nebenan ein öffentliches Schwimmbad gebaut wird. Dieses Vorgehen unterscheidet sich allenfalls graduell, aber nicht prinzipiell vom Verhalten eines von baldiger Arbeitslosigkeit bedrohten Arbeitnehmers, der durch möglichst viele Überstunden und Zuschläge sein Arbeitslosengeld noch ›aufbessern‹ will.«[16]

Als würden die von Birgit Breuel Freizusetzenden auch noch auf letzte Überstunden verzichten und stattdessen im Garten vor dem Haus, aus dem sie demnächst ein Westdeutscher verjagt, einen Swimmingpool graben, damit der neue Besitzer nicht die öffentlichen Schwimmbäder missbrauchen muss, die ohnedies entweder privatisiert oder geschlossen werden. Marie-Antoinette wurde 1793 geköpft, als sie den Hungernden empfahl, sie sollten doch einfach Kuchen essen, wenn es kein Brot gebe.

Trotz alledem, die Familie Münchmeyer zeigte sich konsequent. Auch in Zeiten der Not wie 1983 hatte der Vater nie das eigene Schwimmbad auf dem Luusbarg zugeschüttet und stattdessen etwa eine der vielen öffentlichen Badeanstalten in Rissen oder Blankenese benutzt.

Neben der Swimmingpooltheorie hat Birgit Breuel noch das Theorem vom »Fleißigen Hühnchen« ausgearbeitet und – nach Recherchen des *FAZ-Magazins* – in einem ihrer Bücher ausgebreitet. Dieses Theorem geht so: »Das Hühnchen fragte, wer hilft mir den Weizen zu pflanzen, damit wir alle zu essen haben? Kein Huhn mag helfen, das eine mit Hinweis auf seinen Arbeitsvertrag, das andere wegen des hohen Dienstalters, wieder ein anderes wegen der Fünfunddreißig-Stunden-Woche. Aber am Ende nach getaner Arbeit, nach dem Brotbacken, da kamen sie alle, um am Erfolg teilzuhaben. Ein trauriges Fazit des Hühnchens: ›Es beschloss, nie wieder Brot zu backen, sondern sich in Zukunft gemäß A-Z wie die anderen versorgen zu lassen.‹«[17]

Dieses Fleißige-Hühnchen-Theorem steht in weitaus ausführlicherer Fassung auf der zweiten Seite des Breuel-Werkes »Den Amtsschimmel absatteln« und ist laut Verlagsauskunft »das Ergebnis langjähriger politischer und wirtschaftlicher Erfahrungen«. Das Fleißige-Hühnchen-Theorem wurde in der *FAZ-Magazin*-Kurzfassung stark intellektualisiert, im Breuel-Original ist es noch schlichter, dort steckt hinter dem Verhalten der Fünfunddreißig-Stunden-Wochen-Hühnchen »der kommunistische Bürokratismus«, der das fleißige Hühnchen im KZ beziehungsweise im GULAG enden lässt.[18]

Immerhin trug die Verfasserin zu diesem Zeitpunkt längst schon Verantwortung als niedersächsischer »Minister« für Wirtschaft und Verkehr im Kabinett Ernst Albrechts. Sie bestand auf der männlichen Form ihrer Amtsbezeichnung, doch half ihr das bei Alwin Münchmeyer wenig. Vater Münchmeyer wollte seine eigenen Vorstellungen bewahrt wissen: »Da mochte meine Tochter Wirtschaftsministerin in Niedersachsen werden und ein ganzes Regiment von Beamten befehligen. Wenn sie am Wochende nach Hause kam – sie wohnte mit ihrem Mann und ihren Söhnen jetzt auf dem Luusbarg in dem alten Haus meiner Mutter, die 1967 gestorben war –, gebührte ihr der Platz der Tochter.« Da gab es eine Rangordnung, die auch strikt eingehalten werden musste. Der Vater: »Und natürlich ärgerte sie sich manchmal darüber, besonders an meinem 70. Geburtstag. Aus diesem Anlass gab ich in Rissen ein Herrenessen, und die Großkopfeten der Republik, von Bundespräsident Walter Scheel bis zu Helmut Schmidt, von Bundestagspräsident Carstens bis zu Hermann Josef Abs, waren auf dem Luusbarg zu Gast. Meine Töchter, die Frau Ministerin eingeschlossen, durften jedoch nicht mitessen. Sie waren in den ersten Stock verbannt und bewirteten dort ungezählte Sicherheitsbeamte.«[19]

Niedersachsen war das Übungsfeld, auf dem Birgit Breuel ihre Hühner- und Swimmingpooltheoreme zwölf Jahre lang testen konnte, bevor ihr für ein Jahresgehalt von rund 700 000 Mark das große Treuhandexperiment mit den Ostdeutschen anvertraut wurde.

Schon 1987 erkannte und forderte sie, was bald auch Regierungsprogramm wurde: »Vor dem Hintergrund einer fast bundesweiten Sättigung des Wohnungsmarktes bedarf der soziale Wohnungsbau nicht mehr der fürsorglichen staatlichen Unterstützung wie bisher.«[20]

Nur in einem Punkt muss der Staat sehr energisch durchgreifen: »Sicher ist jedenfalls, dass nicht mehr länger akzeptiert werden kann, wie die Gewerkschaften ganz unumwunden ihr Recht auf Änderung des Wirtschaftssystems proklamieren.«[21] Das steht nur ihresgleichen zu. Darum lehnte sie damals auch ab, wozu sie dann bei der Treuhand gelegentlich gezwungen war: 1986 forderte die niedersächsische Wirtschaftsministerin die Bundesregierung auf, mit den Gewerkschaften nicht länger über eine Änderung des Betriebsverfassungsgesetzes zu verhandeln, weil das Gesetzesvorhaben »dialogfähige Gewerkschaften« voraussetze, die, soweit es sich um den DGB handele, nicht erkennbar seien.[22] Schon zuvor hatte sie in PR-Anzeigen in *Newsweek* für Niedersachsen mit einem Hinweis geworben: »No problems unionwise« – keine Probleme mit Gewerkschaften. In den deutschen Zeitschriften, in denen sie ebenfalls mit satten Profiten für Investoren in Niedersachsen warb, fehlte dieser Hinweis, mit dem sonst nur Diktaturstaaten inserieren, die Gewerkschaften unterdrücken.[23]

Birgit Breuel sang – und das machte die richtigen Leute auf sie aufmerksam – schon damals das Hohelied der Entstaatlichung, der allumfassenden Privatisierung. Der Aufgabenkatalog des Staates müsse erheblich eingeschränkt werden: »In den Bereich seiner Verantwortung gehören, strenggenommen, nur Justiz und Polizei.« Sogar die Steuerverpachtung aus der Zeit vor der Bürgerlichen Revolution von 1789 wollte sie wieder einführen. Die Bankierstochter: »Selbst bei der Steuerverwaltung könnte man sich rein theoretisch in wesentlichen Teilen eine privatwirtschaftliche Struktur vorstellen, bei der kommerziell geführte Körperschaften, die alle den gleichen Gesetzen, etwa bei der Aufbringung von Steuern, unterliegen, miteinander in Wettbewerb stehen. Sie könnten um die Gunst der Einwohner wetteifern, die ihrerseits durch Wechsel des Wohnsitzes für eine Körperschaft stimmen könnten, die ihnen die größten Vorteile zum geringsten Preis bietet.«[24]

Kein Mensch konnte sich damals ausmalen, dass man den Einfällen dieser Frau einmal eine im Grunde jeglicher öffentlichen Verantwortung entzogene Abwicklung einer ganzen Volkswirtschaft überlassen würde.

Aber es geschah. Die Ostdeutschen wären vielleicht doch noch einmal in Massen auf die Straße gegangen, wenn sie rechtzeitig erfahren hätten, was da auf sie zukommt. In den Wochen vor ihrer Ernennung war der Proteststurm gegen die Treuhand angeschwollen. Es begannen gerade wieder die noch von 1989 bekannten Montagsdemonstrationen – nicht mehr gegen die SED und Honecker, sondern gegen die Treuhand und Rohwedder –, doch da, Ostern 1991, wurde der Treuhandpräsident ermordet. Dieser, was Täter und Motive betrifft, noch immer völlig ungeklärte[25] Mord an Rohwedder kam sehr gelegen. Der Widerstand gegen die Treuhand brach zusammen, denn wer wollte noch auf die Straße gehen und so auch nur den Anschein erwecken, er wolle etwas zu tun haben mit den Mördern? Birgit Breuel konnte ungestört die Macht in der Treuhandanstalt übernehmen.

Im niedersächsischen Kabinett hatte die spätere hauptamtliche Privatisiererin einen Entwurf eingebracht, der vorsah, die Statistik – Aufgabe des Landesverwaltungsamtes – in private Hände zu geben. Das führte rechtzeitig vor dem Urteil des Bundesverfassungsgerichtes, das die für den April 1983 vorgesehene Volkszählung aussetzte, zum Skandal in Niedersachsen. Trotz der vom damaligen Bundesinnenminister Friedrich Zimmermann abgegebenen Garantie, dass Private nicht an die Daten der Volkszählung herankönnten, setzte der stets auf Entstaatlichung und Privatisierung bedachte Wirtschaftsminister Birgit Breuel im Kabinett durch, dass private Firmen die ausgefüllten Fragebögen auswerten sollten. Die Ausschreibebedingungen waren zwar den Firmen oder der Firma, die zur Ausschreibung zugelassen war(en), zugänglich, nicht aber der Öffentlichkeit und schon gar nicht der Presse. Der Autor fragte damals beim Breuel-Ministerium an, warum das Privatinteresse von Firmen wichtiger sei als die Kontrolle der Öffentlichkeit. Antwort: »Das ist kein Privatinteresse, das ist das Interesse der an einem öffentlichen Auftrag Mitwirkenden.« Schon gar nicht wollte das Ministerium den Namen der Privatfirma nennen, der aufgrund der Geheimausschreibung die Daten der Bürger überlassen werden sollten.

Wen hatte Birgit Breuel wohl erwählt? Das zu erraten war nicht schwer. Ein Anruf bei der Leiharbeitsfirma Adia Interim: Bitte den Herrn, der für die Volkszählung zuständig ist. Und siehe, es gab ihn. Aber die Vertraulichkeit der Daten sei gewahrt, versicherte Kurt Bohlien von Adia Interim. Und wo lagen die Bögen mit all den vertraulichen Bürgerdaten bis zur Bearbeitung? Na klar: »Die Bögen gehen in die Firma.«[26]

Adia Interim hatte damals – so sparte Birgit Breuel die Steuerzahlergroschen – ein so günstiges Angebot abgegeben, dass sich Kenner fragten, wie die Leiharbeitsfirma dabei auf ihre Kosten kommen wollte. Adia Interim hatte dafür aber auch – so verkaufte Birgit Breuel den Steuerzahler – von ihr das Recht bekommen, »einige Teile dieser Volksbefragung auszuwerten, insbesondere die, die sich auf Wohnungsbau und Energiefragen beziehen«. Adia Interim konnte Birgit Breuel unter diesen Umständen leicht ein sehr günstiges Angebot machen, die geheimen, datengeschützten Fragebögen, welche die Ministerin der Firma ausliefern wollte, wären für ein solches Arbeitshandelsunternehmen eine Goldgrube gewesen.

So wäre, wenn nicht noch rechtzeitig das Bundesverfassungsgericht eingegriffen hätte, der Bürger schon damals von Birgit Breuel privatisiert worden. Später privatisierte sie ein ganzes Volksvermögen – und wieder sollte alles geheim bleiben, selbst vor der Volksvertretung, dem Bundestag.

Sie fühlte sich sicher, denn nahezu die gesamte Presse hielt es für uninteressant, bei ihrer Amtsübernahme nachzuprüfen, was sie eigentlich in Niedersachsen als Ministerin geleistet hatte. Aus ihrem öffentlichen Bekenntnis gegen Subventionen war schnell das Gegenteil geworden – für die richtigen Leute öffnete sich die Landeskasse.

1982 spendierte sie zusammen mit Kabinettschef Albrecht dem Stahlunternehmer Willy Korf 70 Millionen Investitionsbeihilfen und dazu noch eine Bürgschaft von 100 Millionen. 200 Arbeitsplätze sollten geschaffen werden, doch nach wenigen Monaten meldete das Unternehmen Konkurs an. Beamte in der Staatskanzlei hatten rechtzeitig vor der Mittelvergabe hohe Verluste vorhergesagt und gewarnt: »Es muss alles getan werden, um eine Zukunftsruine zu vermeiden.« Breuel und Albrecht hörten nicht hin. Und so blieb dem Steuerzahler die 170-Millionen-Ruine.

Keine Investitionsruine wurde leider aus einer 220-Millionen-Subvention für ganze 230 Arbeitsplätze, mit der allenfalls Kriegsruinen geschaffen werden konnten. Birgit Breuel spendierte die Millionensumme dem reichen und mächtigen Rheinmetall-Rüstungskonzern für die Errichtung eines sogenannten »Technologiezentrums« im niedersächsischen Unterlüß. Zweck des Unternehmens war die Schaffung neuartiger Tötungsinstrumente – eine Investition, die Birgit Breuel gelang.

1986 zog die CDU in den Landtagswahlkampf mit dem Slogan: »Niedersachsen wählt das Glück.« Doch die Regierung Albrecht blieb im Amt. Und dass Birgit Breuel das Wirtschaftsministerium verließ, brachte dem Land letztlich auch kein Glück, sie setzte ihr Werk als Finanzministerin fort.

Als Birgit Breuel nach der Wahlniederlage 1990 endlich gehen musste, zog das Niedersächsische Institut für Wirtschaftsforschung die Bilanz aus zwölf Jahren Breuel: »Das Pro-Kopf-Einkommen liegt in Niedersachsen etwa zehn Prozent unter dem bundesdurchschnittlichen Niveau.«

Niedersachsens Anteil an der Wirtschaftsproduktion der Bundesrepublik war zurückgegangen, besonders bei der industriellen Forschung. Dafür war aber die Verschuldung des Landes – Birgit Breuel betätigte sich zuletzt wie gesagt als Finanzministerin – von 7,5 auf 40 Milliarden Mark gestiegen.[27] Die Generalprobe für ihre künftige Tätigkeit bei der Treuhand. Tatsächlich resümierte die Gewerkschaftszeitung *Metall* schon ein Jahr vor ihrem Abgang: »Alteingesessene Betriebe gehen reihenweise pleite. Viele Unternehmen und Teile der Bevölkerung wandern ab. Ganze Regionen drohen, wirtschaftlich und sozial zu verkommen. Nicht nur in Ostfriesland: In der Stahlstadt Peine sind von 1980 bis 1986 60 Prozent aller Arbeitsplätze verloren gegangen, allein in Braunschweigs Metallindustrie in den letzten zehn Jahren 10 000. Braunschweig sei ›stärker betroffen als Städte wie Glasgow und Liverpool‹, belegt eine Studie der örtlichen Universität.«[28]

Das war die niedersächsische Schule, die Birgit Breuels Aufstieg zur mächtigsten Frau Deutschlands vorausging. Mit dem offiziellen Vollzug des Anschlusses im Oktober 1990 war sie als Vorstandsmitglied in die Treuhandanstalt, damals noch am Alexanderplatz, eingetreten. Was sie vorfand, beschrieb sie immer wieder in ihrem »Tagebuch«, und zwar in der Reihenfolge, die sie für angemessen hielt: »Die Toiletten sind in einem unglaublichen Zustand. Die Mitarbeiter sind zum größten Teil noch ehemalige Mitarbeiter der früheren Wirtschaftsministerien der DDR.« Aber es gab auch schon westdeutsche Leihmanager, sie brachten »Pioniergeist und Leistungswillen, auch nationales Pflichtgefühl« mit.[29]

In der Nacht vom 23. auf den 24. August 1572 beauftragte Katharina von Medici pflichtbewusste und leistungswillige Katholiken, alle Hugenotten umzubringen. Es wurden 10 000 bis 20 000 Hugenotten ermordet. Der 24. August war der Bartholomäustag. Seit 1572 weiß man also, was eine Bartholomäusnacht ist. »Wir können keine Bartholomäusnacht veranstalten. Wir müssen den Leuten eine Chance geben.« So zitiert das Breuel-»Tagebuch« den damaligen Treuhandpräsidenten.[30] Die Chance dieser Leute war, nicht umgebracht zu werden, ob sie wenigstens dafür einmal dankbar waren?

Birgit Breuel, die nach Rohwedders Ermordung Ostern 1990 selbst Treuhandpräsidentin wurde, nahm in die Mitte ihres »Tagebuchs« als Vermächtnis ein Interview, das ihr Vorgänger drei Monate vor seinem Tod der *Welt* gab. Sie hatten sich zu seinen Lebzeiten gestritten. Er betonte den Vorrang der Sanierung, sie selbstverständlich den der Privatisierung. Aber was er in diesem Interview sagte, entsprach auch ihrem Denken. Er möchte, so erklärte Rohwedder der *Welt*, dass »die Menschen in der früheren DDR möglichst rasch aus ihrer materiellen Inferiorität herausgeführt werden«.

Die *Welt* bohrte tiefer, sie fragte – und sie fragte das ganz ernsthaft –, ob es im Osten dazu noch eine andere Inferiorität gebe: »Sind die ›Hirne‹, die Denkwerkzeuge beschädigt? Gibt es geistige Deformationen?« Und Rohwedder antwortete, als ob es sich um ganz normale Fragen handele: »40 Jahre lang eine ganze Generation oder anderthalb durch Kindergärten, Grundschulen, weiterführende Schulen, Universitäten und dann durch ein Berufsleben hindurch in einem kommunistischen System gelebt zu haben, dann sind Dimensionen des normalen Denkens verloren gegangen. Das Wort Deformation bedeutet, dass die Menschen nur verkrüppelt sind in der Weite ihrer Lebenserfahrung. Alles war gefiltert und musste durch das Nadelöhr des Marxismus-Leninismus.«

Ist das die Zwangsvorstellung von den Ostdeutschen, die in der Treuhandspitze herrschte? Rohwedder wollte diese armen Menschen auf die Höhe der westdeutschen Kulturstufe bringen und klagte über die Westdeutschen, die ihm dabei nicht folgen konnten. Rohwedder zur *Welt*: »Leider habe ich nicht den Eindruck, dass für die Westdeutschen die Heranführung der Menschen in der ehemaligen DDR an unsere Denkwelt ein brennendes Anliegen ist.«

Da war es nur konsequent, wenn Rohwedder in der Treuhandanstalt weit über ihren gesetzlichen Auftrag hinaus vor allem eine Besserungsanstalt erblickte, damit auch »die Lebensbedingungen, Arbeitsbedingungen, die wirtschaftliche Existenz der Menschen in den früheren DDR-Bezirken möglichst rasch sich unseren Maßstäben, unserem Niveau angleichen«.

Er sah einen klaren Auftrag zur Missionierung der Menschen im Osten: »Die Treuhandanstalt ist die zentrale Institution, die unsere wirtschaftspolitischen Erfolgsrezepte und Grundüberzeugungen in die Ex-DDR hineinzutragen« habe.[31]

Einmal, in einer Rundfunkdiskussion, versuchte es Birgit Breuel ganz anders. Einem der Männer der Bürgerbewegung empfahl sie sich als Heldin vom Herbst 1989: »Die Treuhand selber ist die erste gewesen, die gesagt hat, wir müssen uns selber auflösen, wir sind sozusagen ein Kind – entschuldigen Sie, Herr Schorlemmer, wenn ich Ihnen zu nahe trete –, ein Kind einer friedlichen Revolution, von der Volkskammer gegründet, wenn auch etwas verändert im Laufe der Zeit – eine Übergangseinrichtung, ein Zwischeneigentümer, und müssen in dem Moment, wo wir den wesentlichen Teil unserer Aufgabe erfüllt haben, uns selber überflüssig machen, weil inzwischen die föderalen Strukturen ja gewachsen sind.«

Da konnte der Angesprochene nur noch schlucken und leise sagen: »Wir hatten doch gedacht, dass aus Staatseigentum Volkseigentum und nicht Westeigentum wird.«

Drei Jahre, nachdem Birgit Breuel Treuhand-Präsidentin geworden war, sprach zu ihr der Urheber des Treuhandgedankens in der DDR, der damalige Bundestagsabgeordnete Wolfgang Ullmann (Bündnis 90/Die Grünen): »Wenden wir uns der Zukunft zu, also dem Ende Ihrer Arbeit. Und da sagen sowohl Treuhandgesetz wie Einigungsvertrag, es werde vorgesehen, dass den Sparern ein verbrieftes Anteilsrecht am volkseigenen Vermögen eingeräumt werden kann. Eigentlich eine sehr verpflichtende Formulierung. Wie steht denn die Treuhand heute dazu?«

Die Präsidentin antwortete in der Kürze, die im Umgang mit solchen Leuten geboten ist: »Ich verstehe Ihre Frage sehr gut. Aber: Nach Abzug der DDR-Staatsschulden müssen die Überschüsse der Treuhand an die Bürger der ehemaligen DDR verteilt werden. Überschüsse sind nicht da, also wird nichts verteilt. Das ist natürlich etwas salopp formuliert.«[32]

8. Kapitel

»Den Amtsschimmel haben wir abgesattelt«

Halle, eine Goldgrube für Treuhandbetrüger

»Mit Ihnen will ich was unternehmen.« Lächelnd offerierte Petra David, eine attraktive junge Frau, den Lesern der *Welt* ihre Dienste.

Die Ansiedlungsberaterin des Magistrats der Stadt Halle lockte: »Kommen Sie zu uns, damit es weiter aufwärts geht. Wer jetzt in die Zukunft investieren will, kann auf uns bauen. Ihre Gewerbefläche nach Maß ist sofort verfügbar.«

Für den westdeutschen Investor Wolfgang Greiner stimmte alles: »HALLE – unbürokratisch, unkonventionell, unternehmenslustig. Bei uns sind Sie nicht Antragsteller, sondern Auftraggeber. Nicht Bittsteller, sondern Partner. Versprochen ist versprochen.«

Und noch eine Zusicherung machte Greiner munter: »Den Amtsschimmel haben wir abgesattelt.«[1]

»Den Amtsschimmel absatteln«, so hieß eines der vielen Bücher, die Birgit Breuel schrieb und die keiner las.

Am Ende saß Wolfgang Greiner im Gefängnis, viele Millionen waren verschwunden, einige Firmen ruiniert, Hunderte von Arbeitsplätzen verloren.

Und Birgit Breuel hatte aus Versehen nicht den Amtsschimmel abgesattelt, sondern der Treuhand die Sorgfalt eines ordentlichen Kaufmanns abgeschminkt. Das jedenfalls stellte die C & L Treuarbeit Deutsche Revision AG im Juli 1993 fest:

»Mit der Sorgfalt eines ordentlichen Kaufmanns hätten ... folgende Mindestanforderungen erfüllt werden müssen:

- Aufstellung der zu veräußernden Vermögensgegenstände
- Schaffung von Grundlagen der Wertermittlung
- Vorlage eines schriftlichen Angebots des Erwerbers
- Einholung einer Bonitätsauskunft über den Käufer
- Detaillierte Angebotsauswertung und Gegenüberstellung der Angebote.«

Doch als dann das Kind in den Brunnen gefallen war, da standen ganz viele Amtsschimmel gesattelt herum, mit Namen »VS« wie »Verschlusssache« oder »Nfd« wie »Nur für den Dienstgebrauch« oder auch mit Doppelsattel »VS-nfd« –, und fraßen die Akten. Das waren liebe Regierungsamtsschimmel, denn die Akten waren für die Vertreter des Volkes nicht zur Einsicht bestimmt, und da die Mähren einen gesunden Appetit hatten, fraßen sie an die hundert Ordner und holten sich auch noch die schönsten Blätter aus den restlichen.

Ausschussvorsitzender Otto Schily schrieb jedenfalls dem ihm hinreichend bekannten Parlamentarischen Staatssekretär Joachim Grünewald im Finanzministerium, dass es sich bei den lange bestellten und endlich eingetroffenen Akten »um insgesamt 55 vollkommen ungeordnete und keinerlei System der Aktenführung erkennen lassende Leitzordner« handele. Vor Ort aber, in Halle, hätten Gutachter 150 bis 160 Aktenordner gesehen, die »eine gute, nachvollziehbare Ordnung aufgewiesen hätten«, ja die Mitarbeiter der Treuhandniederlassung Halle seien von der Zentrale in Berlin ausdrücklich gelobt worden, weil ihre Aktenordner »eine gute, nachvollziehbare Ordnung« gezeigt hätten. Und jetzt habe er, Schily, zwei Tage vor der Vernehmung der Zeugen zum Greiner-Komplex, gerade noch einmal 27 Aktenordner bekommen: »Bei diesen Unterlagen handelt es sich teils um leere Leitzordner, lediglich mit Hinweisen auf entnommenes und als VS einzustufendes Aktenmaterial.« Vor dem Hintergrund der Herausgabeverweigerung der übrigen Akten könne er die Übersendung eines einzelnen Leitzordners, gefüllt mit Presseerklärungen und Presseartikeln, »nur als Provokation« werten. Den übergebenen Akten fehle im Übrigen »nahezu jeder Aussagewert, und ein ausreichender Überblick über die Vorgänge im Zusammenhang mit der Privatisierung der vorgenannten Firmen« sei auch nicht ansatzweise gegeben.

Absatteln, Herr Schily, den Amtsschimmel absatteln – die leeren Leitzordner erfüllten genau den Anspruch auf Diskretion, der oberstes Gebot, ja Lebensgesetz der Treuhand war.

Grünewald, der durch die katholische Studentenverbindung CV hochgekommen war und seinen Doktor mit einer regimetreuen Arbeit über »Das Eigentum und das Eigentumsrecht in der Sowjetischen Besatzungszone« geangelt hatte, rächte sich für Schilys bürokratische Pingeligkeit. Er steckte der *Frankfurter Allgemeinen Zeitung*, dass die Ausschussarbeit bis zum Abschluss sechs bis acht Millionen Mark kosten werde, bisher habe der Ausschuss allein 140 000 Blatt Papier bekommen.[2] Andere machten schließlich Geschichte ganz ohne Papier und Bürokratenkram. Hat Jeanne d'Arc erst Formulare ausgefüllt, Akten angelegt, bevor sie sich 1429 daran machte, Frankreich zu retten? Na also.

Wolfgang Greiner kam aus dem schwäbischen Göppingen

als Retter in den Osten. Er besaß in seinem Heimatort schon lange den Daimler-Zulieferbetrieb Bellino und hatte jetzt Hunger nach mehr. Es war ja so wunderschön in der Ehemaligen: einst DDR, jetzt ein einziger Sommerschlussverkauf. Es war eine Lust, zu retten.

Insgesamt 21 Firmen kaufte sich Wolfgang Greiner in und um Halle, und der Amtsschimmel wieherte nicht ein einziges Mal.

Später, im Februar 1993, ergab eine Prüfung der zwischen dem 10. Juni 1991 und dem 30. November 1992 mit Greiner abgeschlossenen Treuhandkaufverträge:

- Arbeitsplatzgarantie, Investitionszusagen und entsprechende Pönalen sind in einem erheblichen Teil der 21 Verträge der Niederlassung Halle nicht enthalten;
- nur in wenige Verträge wurden Wertanpassungs- und Spekulationsklauseln aufgenommen;
- Wertermittlungen für Unternehmen und Grundstücke liegen nur in einigen Fällen vor;
- die Kaufpreisfindung ist häufig nur in begrenztem Umfang nachzuvollziehen;
- teilweise wurde unter Wert verkauft;
- Bieterverfahren sind nur bei der Hälfte der Verträge durchgeführt und führten teilweise zu nicht nachvollziehbaren Ergebnissen.

Das Zeug musste raus, egal zu welchem Preis, zu welchen Konditionen. Insgesamt, so musste das Bundesfinanzministerium im Juni 1993 feststellen, hatte Greiner seine 21 Ostbetriebe für 16,1 Millionen Mark erworben – selbst die ehedem Haupttreuhandstelle Ost verkaufte geraubte jüdische Betriebe im Verhältnis kaum günstiger an verdiente Parteigenossen. Bezahlt hatte Greiner davon nur 9,7 Millionen, was ja vorkommen mag. Aber er hätte bequem auch das Doppelte zahlen können. Denn er persönlich hatte 22,6 Millionen aus den Kassen seiner neuen,

teilweise unbezahlten Ostbetriebe als »Darlehen« entnommen.
Und seine Bellino im westdeutschen Göppingen erhielt als Finanzspritze aus dem Osten noch einmal 3,2 Millionen gute Westmark aus dem Osten. Zusammen 25,8 Millionen. Zieht man die für Kaufpreise verbrauchten 9,7 Millionen ab, bleibt immer noch ein Gesamtverdienst von 16,1 Millionen für eine zweijährige Arbeit an der Rettung der Ostdeutschen aus sozialistischer Misere. Das sind knapp 700 000 Mark im Monat. Und wenn es nach der Revisionsgesellschaft geht, sind es 800 000 Mark monatlich – sie entdeckte noch mal 2,4 Millionen, die Greiner schuldig blieb und die der Treuhand bei ihrer nachträglichen Prüfung entgangen waren wie so vieles.
Immerhin, Greiner hatte kein Problem, seine Treuhanderwerbungen auch mal sofort in bar zu bezahlen. Etwa den Betriebsteil Roßbach der Drakena Weißenfels GmbH, den er am 25. Februar 1992 von der Treuhand Halle kaufte. Greiner verpflichtete sich, in seinen neuen Betrieb bis Ende 1995 siebzig Millionen Mark zu investieren und 300 neue Arbeitsplätze zu schaffen. Wenn nicht, drohten in beiden Fällen besonders schwere Pönalen (Strafen), nämlich, wie die Revisionsfirma später knapp vermerkte: »keine«. Ähnlich knapp, aber präzise sind die Vermerke der Revision zu anderen Kriterien, auf die ein ehrbarer Kaufmann achtet. Kaufangebote? »Liegen vor, aber kein Angebot des Käufers.« Wertermittlung? »Nicht nachvollziehbar.« Verkaufsverhandlungen? »Keine Unterlagen vorhanden.«
Ach ja, die Kaufpreiszahlung. Sie ist penibel vermerkt, und sie ist positiv. »Ja«, ist in der Rubrik vermerkt, und dann – Klammer auf – steht da auch ohne jede Geheimniskrämerei der Preis: »DM 1,00« – Klammer zu.
Es hätten auch 50 Pfennige sein können für den Palast der

Republik – Finanzminister Theo Waigel hatte längst und mit gutem Grund Birgit Breuel darauf aufmerksam gemacht, dass ihr und den anderen so leicht nichts passieren konnte. Im Dezember 1992 schrieb er der Treuhandpräsidentin: »Da der Treuhandanstalt ein Ermessensspielraum durch den Gesetzgeber eingeräumt worden ist, wird sich bei Privatisierungen der Verdacht der Untreue im Regelfall kaum begründen lassen, insbesondere wenn im Rahmen einer ordnungsgemäßen Ausschreibung der Bestbieter den Zuschlag erhält.« Sollte sich das »Insbesondere« nicht machen lassen, keine Sorge, Waigel sattelte ab: »Sofern dennoch in Einzelfällen Zweifel bleiben sollten, steht Ihnen das Bundesministerium der Finanzen gern beratend beiseite.«

Schließlich war ein Abgleiten ins Kriminelle für Westdeutsche im Anschlussgebiet kaum ein Problem: »Es hat in Ostdeutschland gar keiner großen Kriminalität bedurft. Jeder bekam, was er wollte, und dies zu Konditionen, die außerordentlich günstig waren.« So sprach der Stuttgarter Wirtschaftsstaatsanwalt Dr. Hans Richter zur *Zeit.*[3] Er musste es wissen, denn er war bis Ende 1992 Leiter der Stabsstelle »Besondere Aufgaben« in der Treuhandanstalt. Zuständig auch für Vertragscontrolling.

Wolfgang Greiner musste sich also ganz schön dumm angestellt haben, um den Staatsanwalt in Halle am 22. Juni 1993 doch noch dazu zu bringen, ihn zu verhaften. Es war allerdings ein Minister ins Spiel geraten, bei dem man – angesichts seiner Genehmigungspraxis – immer mal wieder ins Grübeln kam. AKW-Minister Klaus Töpfer also war nach Deutsch-Ost eingeflogen, zur Grundsteinlegung für Greiners »Mitteldeutsche Recycling AG« in Hohenthurm bei Halle. Es wurde keine weihevolle Feier – die Belegschaft störte. »Wo ist das Geld?« – »Wo bleiben unsere Löhne?«, stand auf den Plakaten, mit denen der Plebs in die Festversammlung eindrang, und das schöne Fest versaute. »Wir brauchen hier einen Investor, keinen Exvestor, der das Geld rauszieht«, sagte ein Betriebsrat zum befremdeten Minister.

Sofort verwandelte sich Greiner in Gegenwart des Ministers in einen Investor, versprach Geld noch für den selbigen Abend, und siehe, es gelang. In der unangenehmen Situation dieses Tages hatte es sich doch als ein Segen erwiesen, dass Greiner einmal nicht zu geizig war, eine ganze Million für einen Betrieb hinzulegen, der allerdings ein Glanzstück der DDR-Wirtschaft war, die STAMAG, die Stahl- und Maschinenbau AG. Aus ihrer Kasse, die aus den Klauen des sogenannten Volkseigentums befreit war und jetzt dem freien Bürger – dem noch freien Bürger, muss man allerdings aus späterer Sicht sagen – Greiner gehörte, überwies Greiner ganz schnell 1,2 Millionen Mark in die andere Kasse, die ihm auch gehörte, zur Zeit aber leer war. Damit hatte er am 2. April 1993 schon 200 000 Mark mehr rausgeholt, als er eingezahlt hatte. Doch diese Rechnung ist laienhaft und verbirgt, welche wunderbaren, ja geradezu messianischen Einkäufe ein Westdeutscher bei der Treuhand machen konnte.

Was Jesus damals bei der Speisung der Viertausend gerade so hinkriegte, die wundersame Vermehrung des Brotes, das gelang der Treuhand zu Halle mit der Million: Greiner legte sie hin und bekam dafür nicht nur eine Perle von Betrieb, nein, in der Betriebskasse lagen gleich 35 Millionen liquider Mittel.

Nur sprach sich leider langsam herum, dass Greiner die Mittel aus seinen 21 verschiedenen frisch erworbenen Ostunternehmen hin und her schob, auch in die alte Heimatfirma im Westen. Und dass die Mittel dabei allerdings – da unterschied sich Greiner von Christus – auf die Dauer nicht mehr, sondern eher weniger wurden. Zuletzt

ergab eine gemeinsame Konferenz der Betriebsräte aller Greiner-Firmen: Überall wurden Gelder abgezogen.
Doch die Treuhand, die interessierte das nicht, es waren ja nicht mehr ihre Betriebe. Erst Günter Lorenz, der IG-Metall-Chef von Halle, nannte Greiner einen Betrüger und sprach von einer süddeutschen Mafia in Halle, zu der auch der dortige Treuhandchef Klaus Klamroth gehöre. Daraufhin ging Greiner vor Gericht, klagte, verlor und wurde am 22. Juni 1993 selbst ins Gefängnis gesteckt.
Wie radikal der Amtsschimmel bei der Treuhand in Halle abgesattelt war, bestätigte später die Revisionsgesellschaft: »Bei Durchsicht der Akten in der Niederlassung Halle war auffällig, dass die hier abgelegten Unterlagen, insbesondere in für die Beurteilung der Ordnungsmäßigkeit der Vertragsabschlüsse wichtigen Fächern der Akten, lückenhaft waren. Zum Teil fehlten in den vorgesehenen Ablagefächern Unterlagen völlig. Bei den uns vorliegenden Unterlagen über Verkäufe an Erwerber der Dr. Greiner-Gruppe waren weitestgehend keine Unterlagen zum Angebotsvergleich, zur Wertermittlung und zur Verkaufsentscheidung auffindbar.«
Auch kleine Geschenke, die die Freundschaft zwischen Treuhand und Greiner erhielten, wurden von der Revision bürokratisch beanstandet: »Nach Erwerb der Köthener Tief- und Hochbau GmbH wurde dem Erwerber auf den vereinbarten – und im Angebotsvergleich vertretbaren – Kaufpreis von DM 3,0 Mio eine nach unserer Beurteilung sachlich und vertraglich nicht begründete Gutschrift von DM 1,5 Mio gewährt.«
Von »ganz massivem Druck«, die »Privatisierungen« schnell durchzuziehen, sprach die Stuttgarter Rechtsanwältin Sylvia Birkhold, die damals eigentlich für eine rechtliche Überprüfung der Verträge in der Treuhandniederlassung Halle zuständig war. Wer sich sputete beim

großen Ausverkauf des DDR-Volksvermögens, dem winkten hohe Prämien – drei Monatsgehälter für Referenten, 40 000 Mark für Abteilungsleiter, 88 000 Mark für Direktoren. »Wenn die Juristen einige überhastet abgeschlossene Verträge beanstandeten, hieß es gleich: Sie versauen uns die Monatsstatistik, Sie gefährden meine Prämie, nun segnen Sie das mal schnell ab.« So erinnerte sich die Rechtsanwältin Birkhold im *Spiegel*,[4] während *Metall* daran erinnerte, dass ihr Ehemann Sozius des Stuttgarter Rechtsanwalts Karl Deffner war, der eiligst als Liqidator des Karosseriewerkes Halle bestellt wurde, für das eigentlich noch ein Sanierungskonzept vorlag.[5]

Fazit der Revisionsgesellschaft: »Abschließend lässt sich feststellen, dass ein ordnungsgemäßes Zustandekommen von Vertragsabschlüssen mit Erwerbern der Dr. Greiner-Gruppe in Halle (21 Fälle) – insbesondere in Hinblick auf Kaufpreisermittlungen, Verkaufsverhandlungen und Verwertungsentscheidungen – nicht nachgewiesen werden konnte ...«

Sie hatten den Amtschimmel abgesattelt, geschlachtet und Gulasch daraus gemacht.

»Mit Ihnen will ich was unternehmen«, sagte die Ansiedlungsberaterin von Halle und stellte dem Gast aus dem Westen das gute Pferdegulasch auf den Tisch.

9. Kapitel

»... beschlossene Ablehnung dieses Eindringens in die tiefsten Geheimnisse unserer Privatwirtschaft«

Die Treuhand regiert die Republik

Geschichte wiederholt sich nicht, aber es ist schon dürftig, wie sie sich variiert. Am 16. September 1916 platzte der Geheime Regierungsrat Prof. Dr. Carl Duisberg, Chef von Bayer und Spiritus rector der gerade entstandenen IG Farben, vor Wut, und er schrieb darum seinem Freund und Vertrauten im Generalstab, Oberstleutnant Max Bauer, aus Leverkusen einen Brief: »... wir wurden gebremst, wenn wir uns weiter betätigen wollten, wir wurden verärgert in die Schranken des bürokratischen, geschäftsordnungsmäßigen Betriebes zurückgewiesen, wir wurden geschimpft und gescholten, wenn wir uns rührten und regten und aus dem gewohnten Gleise heraustraten. Anstelle dankbarer Anerkennung, wie wir sie erwarten konnten, und wie sie zeitweise auch gewährt wurde, trat die übliche, nie Lob, aber wohl Tadel zeigende Amtsmiene, trat Kritellei und Nörgelei und von der Reichstagsmehrheit gewünschte Knauserei. Beweis hierfür ist ein vom 3. September datierter und von Coupette unterschriebener Brief ..., auf den es keine Antwort gibt als die von der gesamten Industrie beschlossene Ablehnung dieses Eindringens in die tiefsten Geheimnisse unserer Privatwirtschaft ...«

Generalmajor Karl Coupette aus dem Kriegsministerium hatte wissen wollen, wie die Industrie ihre Waffenpreise kalkulierte, die in der schlimmsten Not des Vaterlandes stiegen, stiegen und stiegen. Der Adressat des Bayer-Briefes, Oberstleutnant Bauer, war Vertrauensmann der Industrie im Großen Generalstab und hatte gerade erst ein Treffen des Kanonenkönigs Krupp und des Kaiserlichen Giftgaslieferanten Duisberg mit seinen Chefs vermittelt, mit Paul Hindenburg und Emil Ludendorff. Folge: Mit dem Bauer von Duisberg diktierten, sodann von den beiden Heerführern unterzeichneten Hindenburg-Programm stiegen die Industrieprofite noch höher, und das Kriegsministerium wurde ausgeschaltet, weil seine Neugier nur dazu, so Duisberg an Bauer, genutzt worden wäre, »um entweder die Schwachen, Ängstlichen und nicht auf der Höhe ihrer Leistungsfähigkeit Stehenden zu falschen Mitteilungen zu veranlassen, oder den Tüchtigen, Starken und Aufrichtigen aus den Einzelheiten ihrer Preisaufstellungen einen Strick zu drehen ...«[1]

Den Strick drehten Hindenburg und Duisberg, Ludendorff und Krupp gemeinsam den Schwächsten, nämlich dem gemeinen Volk durch das Hindenburg-Programm, das eine Verdoppelung der Munitionsfertigung innerhalb von sechs Monaten vorsah – es war ein Programm für den totalen Krieg: »Das ganze deutsche Volk darf nur im Dienste des Vaterlandes leben.«

Der US-Historiker Gerald D. Feldman schrieb über Hindenburg und Ludendorff: »Sie akzeptierten ganz einfach das Munitionsprogramm, das von Bauer und den Industriellen bevorzugt wurde ... Das Hindenburg-Programm

wurde ebenso von der Gewinnsucht der Industriellen und von Bauers Streben nach Macht bestimmt wie von dem Wunsch, aus dem Produktionskampf als alleiniger Sieger hervorzugehen, doch es waren Geld und Macht, die auf die Gestaltung des Programms entschieden einwirkten.«[2]
Um den Arbeitskräftemangel der Industrie zu beheben, sollten jetzt neben belgischen Zwangsarbeitern auch die Kriegerfrauen, die bisher zu nichts nütze waren und dem Vater Staat nur auf der Tasche lagen, herangezogen werden. So stand es in einem Forderungskatalog, den Hindenburg vier Tage nach dem Treffen mit Duisberg und Krupp an den Reichskanzler schickte:
»Es gibt ungezählte Tausende von kinderlosen Kriegerfrauen, die nur den Staat Geld kosten. Ebenso laufen Tausende Frauen und Mädchen herum, die nichts tun oder höchst unnützen Berufen nachgehen. Der Grundsatz ›Wer nicht arbeitet, soll auch nicht essen‹ ist in unserer jetzigen Lage mehr denn je berechtigt, auch den Frauen gegenüber.«
Selbst diejenigen, die sich für diesen Vaterlandsdienst schon zu Krüppeln hatten schießen lassen, durften nicht in Ruhe gelassen werden. Für sie war vorgesehen: »Zwangsweise, staatliche Ausbildung und Verwendung der Kriegsbeschädigten in Kriegsindustrie und Landwirtschaft.«[3]
Nach der Wende hatte sich die Geschichte umgestellt. In dem Krieg, den das Große Geld aus Westdeutschland gegen den ostdeutschen Habenichtsmehr führte, wurden gerade Frauen und Behinderte nicht zu Zwangsarbeit, sondern – Kehrseite derselben Medaille – zu Zwangsuntätigkeit verurteilt.
Nur sechs Prozent des Treuhandvermögens wurden an Ostdeutsche verkauft – es war einmal ihr eigenes Volksvermögen. Was sie einst wirklich besaßen, sichere Arbeits-

plätze, niedrige Mieten, Kindergärten, Urlaubshäuser, was sie sich unter Ulbricht und Honecker teuer erkauft hatten mit schlimmen Einschränkungen ihrer politischen Freiheit, das haben ihnen, nachdem sie sich selbst befreit hatten, Westdeutsche abgenommen. 2,5 Millionen Arbeitsplätze wurden vernichtet, die Betriebe zu Schrott verarbeitet.

Eines ist geblieben – genauso wie 1916: die Weigerung der Großindustrie, sich in die Karten schauen zu lassen. Doch heute gibt es kein Ministerium in Berlin, das eine unerlaubte Neugier zeigt, wer im Westen profitiert hat von der Verwandlung der ostdeutschen Industrielandschaft in eine Steppe, die selbst dort, wo wieder etwas blüht, die Menschen nicht mehr ausreichend ernährt. Im Gegenteil, die Bundesregierung lässt sich von niemandem übertreffen in ihrer Entschlossenheit, die tiefsten Geheimnisse der Privatwirtschaft bis zum letzten Atemzug des ganzen Kabinetts zu verteidigen. Niemand hat das besser erfahren als der parlamentarische Untersuchungsausschuss, der angetreten war, die Mysterien der Treuhand, die Transsubstantiation des ostdeutschen Volksvermögens in westdeutschen Besitz aufzuklären.

Es hatte lange genug gedauert, bis sich im Herbst 1993 die SPD endlich entschloss, im Bundestag – ein Viertel der Abgeordneten braucht es dazu – den Untersuchungsausschuss gegen die Treuhand durchzusetzen. Es gab zuvor schon einen ganz normalen Ausschuss »Treuhandanstalt« im Bundestag. Er war daraus entstanden, dass man sich im Bundestag einigte, den ursprünglichen Unterausschuss des Haushaltsausschusses, der der Kontrolle des Bundesfinanzministerium diente, im Bereich Treuhandanstalt aufzuwerten und zu einem ordentlichen Ausschuss zu machen, dem Treuhandausschuss.

Seine Aufgabe war und blieb es, das operative Geschäft

der Treuhandanstalt und des Bundesfinanzministeriums zu begleiten. Vorsitzender dieses Treuhandausschusses wurde ein bekennender Reserveoffizier, der Unternehmensberater Arnulf Kriedner, den die CDU aus Westberlin in den ostdeutschen Wahlkreis Meiningen exportiert hatte. Als Mitglied der Arbeitsgemeinschaft heimische Orchideen (AHO) und des Förderkreises Böhmisches Dorf e. V. ist Kriedner ein erfahrener Experte.[4] Kriedners SPD-Stellvertreter bei der Leitung des Treuhandausschusses, der Geschichtslehrer Wieland Sorge, vertrat über die Landesliste bis 2003 ebenfalls den Wahlkreis Meiningen, ist aber ein richtiger Ostdeutscher. Das kam auf dem Höhepunkt des Kampfes der Kumpel von Bischofferode heraus. Sorge machte einige Tage beim Hungerstreik mit. Grund: »Ich habe mich als Parlamentarier so ohnmächtig gefühlt. Jetzt will ich ein Zeichen setzen.«[5]

Als dann noch der Fall Greiner hochkam (der schwäbische Unternehmer, der seine Ostbetriebe, die ihm die Treuhand so gut wie geschenkt hatte, finanziell ausplünderte), da wurde es sogar Koalitionsabgeordneten zu viel. Die Auskünfte der Bundesregierung waren im Treuhandausschuss so unzureichend, dass der Unmut auf allen Seiten des Hauses wuchs, auch bei FDP- und CDU-Abgeordneten. Die SPD entschloss sich, endlich den Untersuchungsausschuss Treuhandanstalt zu beantragen. Unmittelbar erreichen kann ein Untersuchungsausschuss eher noch weniger als ein normaler Ausschuss, er kann allerdings, wenn der Grundgesetzartikel 44 (3) über Untersuchungsausschüsse greift (»Gerichte und Verwaltungsbehörden sind zur Rechts- und Amtshilfe verpflichtet.«), sehr viel mehr ans Licht bringen als ein normaler Parlamentsausschuss. Otto Schily (SPD), der zum Vorsitzenden des Untersuchungsausschusses gewählt wurde, hat das so unterschieden: »Wir können den Treuhandausschuss verglechen mit einem Arzt, der noch versucht, einen Patienten zu retten. Der Treuhanduntersuchungsausschuss ist nur noch der Gerichtsmediziner, der eine Leiche zu untersuchen hat darauf, an welchem Übel sie gestorben ist, und welche Lehren man daraus ziehen kann.«

Dass Schily der Oberpathologe wurde, ist immerhin ein Glücksfall. So konnte ihn kein anderer Ausschussvorsitzender am Erforschen der Wahrheit hindern. Das war ein Jahrzehnt zuvor noch ganz anders. Damals war Schily (noch als Abgeordneter der Grünen) einfaches Mitglied des Flick-Untersuchungsausschusses. Damals war einer Ausschussvorsitzender, der auf der Seite derer stand, die entschlossen das Eindringen in die tiefsten Geheimnisse unserer Privatwirtschaft zu verhindern suchten: der erfahrene Reserveleutnant Manfred Langner von der CDU. Jedesmal, wenn Schily den einstigen Flick-Generalbevollmächtigten Eberhard von Brauchitsch etwas ganz Bestimmtes fragte, fuhr dieser Ausschussvorsitzende dazwischen und bedeutete dem Chefpfleger der Bonner politischen Landschaft – damals wurde sie hier so gründlich gepflegt, dass sie trotz wiederholter Aufforderung heute im Osten überhaupt nicht blühen will –, darauf müsse er überhaupt nicht antworten.[6] Was Schily vom Flick-Mann Brauchitsch wissen wollte, aber gar nicht erst fragen durfte, das war das Geheimnis um Flicks seinerzeitigen Chefberater Otto Ambros: Was hatte der mit Auschwitz zu tun? Wir wissen inzwischen, was wir nach dem Willen des Ausschussvorsitzenden Langner nie hätten erfahren dürfen: Flick, der Finanzier nahezu des gesamten Politadels der Bundesrepublik Deutschland, hatte Ambros im Kriegsverbrechergefängnis Landsberg kennen- und schätzengelernt. Dieser hatte wenige Jahre zuvor als für Auschwitz zuständiges Vorstandsmitglied der IG Farben seinen Kollegen über »die Einschaltung des wirklich hervorragenden Betriebes des KZ-Lagers zugunsten der [IG-Farben-]Buna-Werke« vor Ort berichtet. Und hinzugefügt: »... außerdem wirkt sich unsere neue Freundschaft mit der SS sehr segensreich aus«. Der Brief ist handschriftlich abgezeichnet vom Empfänger, IG-Vorstandsmitglied Fritz ter Meer.[7] Er wurde wie Flick Gefängnisgenosse von Ambros und nach seiner Entlassung Aufsichtsratsvorsitzender der Bayer AG und dazu noch Schwiegervater von Walter Leisler Kiep, dem langjährigen, geschäftstüchtigen, tief in die Flick-Affäre verwickelten CDU-Schatzmeister, der wiederum – man trifft sich – Birgit Breuels engster Kabinettsgefährte bei jenem Ernst Albrecht wurde, der 1976 plötzlich – und keiner weiß, wer wem wie viel zahlte – ohne erkennbare Parlamentsmehrheit Ministerpräsident von Niedersachsen wurde.

Dass dieser Brief des Flickberaters vom 12. April 1941 bekannt wurde, war so unangenehm, dass der BND verbreiten ließ, der Ambros-Brief sei genauso von der Stasi gefälscht wie das Belastungsmaterial gegen Globke, Oberländer und Lübke, es stamme aus der »Fälscherhochburg« des »Militärgeschichtlichen Instituts des DDR« in Potsdam.[8] Da muss es sich wohl um eine vorgeburtliche Fälschung gehandelt haben, denn der Brief lag schon 1947 beim Nürnberger Prozess vor, lange bevor es eine DDR und die erwähnte »Fälscherhochburg« gegeben haben kann.[9]

Schily wusste, dass sein Treuhanduntersuchungsausschuss zu spät kam und bis zum Ende der Legislaturperiode im Herbst 1994 nicht mehr viel erforschen konnte, und schon gar nicht eindringen in die tiefsten Geheimnisse der Privatwirtschaft. Die waren der Bundesregierung so teuer, dass sie dem Untersuchungsausschuss nichts als Steine in den Weg legte.

Der Ausschuss sollte nach dem Willen der Sozialdemokraten untersuchen, ob und in welchem Umfang durch Maßnahmen oder Unterlassungen der Bundesregierung und der Treuhandanstalt überlebensfähige Treuhandbetriebe geschlossen und in noch existierenden Betrieben, die zur Treuhand gehörten, Arbeitsplätze vernichtet wurden, die hätten erhalten werden können. Er sollte auch untersuchen, erstens: inwieweit die Treuhandanstalt ihre Aufgaben nach dem Treuhandgesetz erfüllt hat. Zweitens: ob und inwieweit die zuständigen Ressorts der Bundesregierung ihre Recht- und Fachaufsicht gegenüber der Treuhandanstalt ordnungsgemäß wahrgenommen haben. Drittens: ob und in welcher Weise die Bundesregierung oder einzelne ihrer Mitglieder – jenseits ihrer Zuständigkeiten – Einfluss auf konkrete Entscheidungen der Treuhandanstalt genommen haben.

Die letzte Frage hätte ebensogut – wenn nicht besser – umgekehrt lauten können: welchen Einfluss die Treuhandanstalt auf die Entscheidungen der Bundesregierung genommen hat.

Von den ersten beiden – nichtöffentlichen – Sitzungen an suchten Unions- und FDP-Abgeordnete im Ausschuss die eigene Arbeit zu sabotieren. Das machte die erste öffentliche, die dritte Sitzung deutlich, als vier hohe Ministerialbeamte aus dem Wirtschafts- und Finanzministerium befragt wurden.

Gleich bei der ersten Zeugenvernehmung suchte der CSU-Abgeordnete Gerhard Friedrich von der Freiwilligen Feuerwehr und Schützengemeinschaft Erlangen-Tennelohne als stellvertretender Ausschussvorsitzender den Flächenbrand parlamentarischer Neugier mit Sandsäcken einzudämmen. »Wir haben ja schon eine Reihe von Beweisbeschlüssen gefasst und vor allem noch viel mehr Beschlüsse gefasst, Berichte anzufordern.« Ob er da nicht den Eindruck habe, so fragte der Volksvertreter besorgt den Beamten, dass jetzt »die Zahl der Berichte verfünffacht oder verzehnfacht« würde – wäre das nicht zu viel für die Beamten? Ja, und die ergebenste Frage nicht zu vergessen: »Ist so die operative Arbeit der Treuhand, die Sie ja überwachen müssen – das läuft ja immer parallel vom Aufwand –, ist die operative Tätigkeit schon so weit abgeschlossen, dass Sie diesen ganzen Bericht, ohne dass Ihre normale Arbeit leidet, uns in kürzester Zeit erstellen können?«[10]

Die vorgespielte Sorge, die Ministerialbeamten könnten durch die Neugier der Volksvertreter von ihrer eigentlichen Arbeit, dem Kontrollieren der Treuhand, abgehalten werden, erwies sich als völlig grundlos. Das Tun und Treiben der Leute von der Treuhand wurde, das ergab die Befragung der Ministerialbeamten, nur in homöopathischen Dosen von den zuständigen Ministerien kontrolliert. Denn, so formulierte es Ministerialdirigent Hans Heinrich Bubinger vom Finanzministerium: »Im Prinzip kann man davon ausgehen, dass die Treuhandanstalt uns nach bestem Wissen und Gewissen berichtete.« Und er beklagte, dass man ja allein schon zu den Fragestunden des Parlaments – jetzt auch noch dieser Ausschuss! – die stets in wichtigen Vertragsverhandlungen begriffene Treuhandanstalt (»Was wollen eigentlich die Abgeordneten!«) mit Bitten um Berichte behelligen müsse.[11]

Und wenn sich einer der geladenen Zeugen verplapperte, dann gab es sehr schnell Einmischung von außen, die einer Missachtung der Parlaments gleichkam. Das geschah, als Dr. Friedrich Homann, Beauftragter des Bundeswirtschaftsministers für die Treuhandanstalt, gerade ein sensationelles Geständnis ablegte. Schily hatte sich an Homann gewandt: »Ich habe kürzlich eine Abhandlung gelesen, die sagt: Eigentlich war die Wirtschafts- und Währungsunion eine Aufwertung in einer nicht alltäglichen Größenordnung. – Inwieweit hat denn dieser Gesichtspunkt bei Ihnen bei der Bewältigung der Ihnen obliegenden Aufgaben eine Rolle gespielt?«

Herr Vorsitzender, in der Tat, das sei ja alles sehr umstritten gewesen, sagte der Treuhandexperte und legte in verunglücktem Satzbau, aber deutlich genug los: »Es ist völlig klar, dass dieses natürlich zu Prozessen führte, die, wenn Sie so wollen, durch den Nichtaußenschutz, der nicht gegeben war, durch den Nichtaußenschutz in der Währung nicht gegeben war, im Prinzip die Unternehmen alle in Konkurs waren.« Homann setzte ein knappes, alles bestätigendes »So!« dahinter.

Und das meinte, dass bei der Währungsunion im Grunde alle DDR-Betriebe durch den von Bonn bestimmten Umrechnungskurs in die Pleite getrieben worden waren (der damalige Bundesbankpräsident Karl Otto Pöhl bestätigte das fünf Wochen später in der achten Ausschusssitzung uneingeschränkt). Schily konnte wohl nicht fassen, dass der Treuhand-Mann aus dem Wirtschaftsministerium ein so klares Geständnis abgelegt hatte, er tat darum so – ein alter Advokatentrick –, als habe er »akustisch nicht verstanden«, und bat Homann, seinen letzten Satz zu wiederholen.

Der versuchte es noch unverständlicher in hoch und verwinkelt aufgetürmten Satzbauten zu verstecken – half nichts, im Ergebnis wurde wieder klar, was er sicherlich so deutlich nicht sagen wollte und doch sagte: Bonn hat wissentlich die DDR-(Export-)Wirtschaft in den Abgrund gestürzt. Homann formulierte im zweiten Versuch: »Es war im Prinzip die unmittelbare Folge, dass durch den Nichtaußenschutz, der nicht gegeben war, etwa durch eine stufenweise Anpassung, diese Unternehmen aufgrund der Umstellung der Währung, unmittelbar wegen der Einseitigkeit der Passivseite, der Verschuldung, in Konkurs waren. Und dort wurden ja die Mechanismen unmittelbar getätigt. Das war bewusst getätigt.«

Und da half es nichts, dass Homann zugleich auf von Bonn gewährte Liquiditätskredite und Liquiditätsbürgschaften verwies, er sagte es selbst gleich noch einmal: »Das war eine Crash-Aktion, die auch unmittelbar wirkte.«[12]

Die Fachärztin Helga Otto (SPD) aus Clausnitz im Erzgebirge konnte einfach nicht fassen, was der Mann, der Fachmann aus dem Wirtschaftsministerium, ausgeplaudert hatte: »Ich habe, Herr Dr. Homann, vorhin von Ihnen einen Satz gleich zweimal gehört, der für mich politisch eigentlich sehr wichtig war, in dem Sie festgestellt haben, dass mit der Währungsunion praktisch sehenden Auges die Wirtschaft Ostdeutschlands in einen Abgrund gestürzt worden ist, indem sie praktisch in die Liquiditätsschwäche getrieben wurde.«

So direkt wollte es der Mann aus dem Wirtschaftsministerium nun doch nicht gesagt haben, und er wandte sich hilfesuchend an Schily: »Herr Vorsitzender, ich glaube, die Interpretation ›sehenden Auges‹, dieses habe ich sicherlich so nicht gesagt.« Aber: »Es« – nämlich der Sturz oder Stoß in den Abgrund – »ist ein objektiver Tatbestand, der sich daraus ergeben hat.«[13]

Also nicht sehenden Auges? Blind? Hatte man gar nicht erst lang hingeschaut, sondern gleich Ramsch mit der ostdeutschen Wirtschaft gespielt?

Schily wollte es – vom Fachmann – genau wissen: »Herr Dr. Homann, darf ich da noch einmal einhaken. Gab es denn in Ihrem Hause eine Ausarbeitung zu der Frage, wie hoch der Aufwertungseffekt ist – und vielleicht auch im Finanzministerium – und welche Folgen das haben könnte?«

Da antwortete der für die Ost-Wirtschaft kompetente Mann im zuständigen Wirtschaftsministerium: »Mir ist eine solche Ausarbeitung nicht bekannt, Herr Vorsitzender.« Ja, er hätte mal gehört, wie man in der Wissenschaft diskutierte, »wie man die Mark der DDR in einer Übergangsphase bewerten sollte – 1:3, 1:6, 1:10.« Aber dies seien nur Überlegungen im Vorfeld gewesen. Homann mit tumbem Bekennermut: »Die politische Entscheidung war es letztlich, die diesen nachher festzustellenden Tatbestand« – er sprach vom Sturz in den Abgrund für die DDR-Wirtschaft – »hervorgerufen hat, und die politische Entscheidung war es dann auch, zu sagen: Nein, wir haben dieses so gemacht, dazu steht auch die Politik.«

Wir haben dieses so gemacht. Und vergaß nicht hinzuzufügen, dass man danach ja gefragt habe: »Welche Unternehmen sind sanierungsfähig?« So erkundigt sich der edle Ritter, der seinem Nächsten beide Beine abschlägt und dann eine Prothese schenkt.

Schily fragte ganz kühl weiter: »Ja nur, Herr Dr. Homann – entschuldigen Sie, dass ich darauf insistiere: Einen so hohen Aufwertungseffekt verträgt möglicherweise ja keine Volkswirtschaft – nicht? –, wenn das in Größenordnungen dieser Dimensionen geht.« Deshalb wundere es ihn – »ein bisschen«, sagte Schily, – »dass in Ihren hochkompetenten Ministerien dieser Gesichtspunkt überhaupt nur eine Rolle gespielt hat in dem Sinne, dass Sie Salben und Verbandszeug bereitgelegt haben.«

Darauf konnte der Dr. Homann nur »noch einmal« sagen: »Aus meiner Sicht habe ich gesagt, dass ich eine solche konkrete Bewertung der Aufwertungseffekte nicht kenne.« Dies schließe aber nicht aus, »dass sie« – die konkrete Bewertung – »in der Grundsatzabteilung vorhanden war, die dafür letztlich zuständig war«. Und: »Verbandzeug und Salben« – das weise er zurück. Nein, er sagte es in seiner eigenen Sprache: »Es war nicht unbedingt aus meiner Sicht in der Wertung, dass es eben nur Verbands-

zeug und Salben waren. Es waren konkret wirkende Werkzeuge.« Keiner weiß mehr, was er mit »es« meinen könnte. Zugegeben, die Situation war für die Regierungsseite verzweifelt, soweit sie so etwas wahrzunehmen fähig war. Trotzdem rechtfertigte dies nicht den Affront gegen den Ausschussvorsitzenden des Parlaments. Irgendein Ministerialrat aus dem Finanzministerium, der nicht gefragt und überhaupt nicht zur Anhörung vorgeladen war, erhob sich an dieser Stelle und – Fiedler hieß er – sagte: »Herr Vorsitzender, ich wollte mir nur die Frage erlauben, darauf hinzuweisen, dass ich keinen Zusammenhang sehe zwischen dem Thema, das Sie angesprochen haben, und der Rechts- und Fachaufsicht über die Treuhandanstalt.«
Im britischen Unterhaus wäre so einer wegen Missachtung des Parlaments festgenommen und bestraft worden – doch Schily machte es mild: »Ich würde ja Ihre Rolle hier nicht darin sehen, dass Sie uns sozusagen in der Befragung unterstützen.«[14]

*

Clausnitz ist ein kleiner Ort im Erzgebirge, der weder im westdeutschen Brockhaus noch im westdeutschen Meyer steht, und schon gar nicht in Bertelsmanns Lexikothek. Aber dieses Städtchen liegt so weit von Bonn (und Berlin) entfernt, dass man dort noch selber denkt, und nicht von Wessis vordenken lässt. Darum hatte das kleine Städtchen gleich zwei SPD-Bundestagsabgeordnete in den Treuhand-Untersuchungsausschuss entsandt, die Ärztin Otto, die nicht fassen konnte, nicht fassen wollte, wie Bonn die DDR-Wirtschaft in den Abgrund stürzte, und den Agrotechniker Gerald Thalheim, der die Gretchenfrage nach dem Verschwinden des DDR-Volksvermögens an den Ministerialdirigenten Hans Heinrich Bubinger aus dem

Bundesfinanzministerium stellte. Der war von Anfang an, seit März 1990, also noch in Modrow-Zeiten, mit Treuhandangelegenheiten und auch mit dem Staatsvertrag zwischen DDR und BRD befasst. Thalheims konkrete Frage: »Können Sie eine Zeitleiste erstellen, in der man von den ursprünglich 650 oder 600 Milliarden plus zu den jetzt 275 Milliarden minus gekommen ist?« Er wollte also wissen, wann und auf welchem Wege die runde (0,925) Billion verschwunden war, die zwischen Rohwedders Positivbilanz im Herbst 1990 und Birgit Breuels Minussaldo klaffte: »Wann war der größte Sprung, dass man zu einer Umbewertung kam?«

Der Mann, der es wissen musste, konnte die Frage ganz einfach beantworten: »Dieser Unterschied lässt sich relativ leicht erklären. Das eine ist, dass natürlich nicht alle Aufwendungen, die seit dem 1. 7. 1990 oder danach anfallen, bereits berücksichtigt werden konnten« – richtig: Wer hätte schon gedacht, wie ungeniert schon ganz normale Kriminelle aus dem Westen die Bankguthaben der ihnen für eine Mark oder nichts übereigneten Betriebe leerräumen konnten, von den üppigen Gehältern und Bonuszahlungen für Treuhand-Direktoren ganz zu schweigen. Doch das waren die Pfennige, er nannte die Mark, die zu hohen Milliardensummen führten, nämlich: »beispielsweise Zinsen für aufgenommene Kredite.«[15] Warum sie aufgenommen wurden, wer die Zinsen einstrich, und wem das alles überhaupt nichts nützte – wir haben es gesehen (Seite 206).

Der Abgeordnete aus dem Erzgebirge wandte sich an den Ministerialrat aus dem Wirtschaftsministerium und wollte gern ein Zitat aus dem Herbstgutachten 1993 der Wirtschaftswissenschaftlichen Institute erläutert haben, nämlich dieses: »Gegenwärtig trägt die Industrie in Ostdeutschland noch 3 bis 4 v. H. zur gesamtdeutschen Industrieproduktion bei und spielt damit nur noch eine untergeordnete Rolle in der überregionalen Arbeitsteilung.« Das zitierte der Abgeordnete Thalheim und nannte es – nicht übertrieben – »eine katastrophale Bilanz mit erheblichen Folgewirkungen«, die die Treuhand zu verantworten habe, weil sie ja diese Industrie zu fast hundert Prozent in Händen hielt. Er wollte wissen, was der zuständige Mann im Wirtschaftsministerium dazu zu sagen habe.

Die Antwort ist schwarz auf weiß protokolliert, das Protokoll ist genehmigt, es lässt sich nicht abstreiten. Die Antwort von Dr. Friedrich Homann, Beauftragter des Bundeswirtschaftsministers für die Treuhandanstalt, lautete wörtlich: »Herr Abgeordneter Thalheim, zunächst einmal: Ich glaube, der Tatbestand 3 bis 4 Prozent ist für alle erschreckend, in der Tat. Ich sage jetzt mal, ich habe das Thema der aktiven Sanierung, Erhaltung, Erneuerung industrieller Kerne mehrfach angeregt.« Sagte er jetzt mal. Sagte er jetzt mal so.

Und was hatte er, was hatte das Wirtschaftsministerium, was hatte die Bundesregierung, was hatte die Treuhand getan? Homann fuhr unmittelbar fort: »Dazu gibt es ein gemeinsames Papier der Bundesregierung mit der Treuhandanstalt vom Dezember 1992. Ich glaube, das ist das, was man zu dem Zeitpunkt konzeptionell – Sie können uns vorwerfen, das hätte man früher machen können – und inhaltlich tun konnte und kann. Dies ist auch nicht bestritten.«

Ein Papier. Eine Volkswirtschaft stürzt in den Abgrund. Und ein gemeinsames Papier soll sie aufhalten. Zugegeben, man hätte das Papier vielleicht früher schon hinhalten sollen, aber das sei auch schon alles, was man Regierung wie Treuhand vorwerfen könnte.

Doch nein, hier fand er doch noch den Grund, warum man es ihr, der Treuhand, »nicht anlasten« kann, dass der ostdeutsche Anteil an der deutsch-deutschen Industrieproduktion Anfang der neunziger Jahre nur noch drei bis vier Prozent betrug (und sich bis heute nur schleppend steigern konnte): Die Überbeschäftigung zu DDR-Zeiten war schuld:

»Sie wissen auch, dass natürlich das Problem der Überbeschäftigung in den früheren DDR-Betrieben ein objektives war, was nicht wegzuleugnen ist, dass dies also sozusagen eine zwangsläufige Bereinigung war, die leider die Treuhandanstalt übernehmen musste.«[16]

Die ehemalige Überbeschäftigung ist immer noch schuld, dass der ostdeutsche Anteil an der deutsch-deutschen Industrieproduktion ebenso wie der Anteil am Bruttoinlandsprodukt die 10 %-Hürde nur mit Mühe überwindet. Und da nützt es auch nichts, dass die beachtlichen Anstrengungen der Treuhand zu einem imponierenden Beschäftigungsabbau geführt haben. Ganz offenbar greift der erfolgreiche Aufschwung der Arbeitslosenzahlen noch nicht ausreichend – der Treuhand, der Regierung darf man nichts vorwerfen, sie haben wirklich alles getan, was sie konnten.

Oder hätten sie anders gekonnt? Es wäre fataler Selbstbetrug, wollten wir glauben, dass Regierung und Treuhand tatsächlich so dumm waren, wie sie sich darstellten. Sie hatten im Gegenteil mit erheblicher intellektueller Energie an dem Eindruck wirtschaftspolitischer Ahnungslosigkeit und sozialpolitischer Ignoranz gebastelt, mit dem sie sich so eindrucksvoll umgaben. Doch mit Unerfahrenheit und Dummheit lässt sich das – gemessen an den Folgen – zielgerichtete und durchaus professionelle Handeln nicht erklären, mit dem sie in kürzester Zeit die ostdeutsche Volkswirtschaft ruinierten. Mit der Massenarbeitslosigkeit im Osten konnte man endlich die Gewerkschaften im Westen zähmen. Und das sorgsam gezüchtete Überlegenheitsgefühl der Wessis über die Ossis ließ jene viel leichter den Druck vergessen, dem sie selbst ausgesetzt waren.

*

Der Grundgesetzartikel 44 (3) schreibt vor, dass die Bundesregierung Untersuchungsausschüssen Amtshilfe zu leisten hat. Doch was die Regierung von den angeforderten Akten lieferte, war Hohn auf das Parlament: fast keine der angeforderten Akten, nur Organisationspläne, Listen von Gremienmitgliedern und Treuhandunternehmen bis hin zur Anzahl der Bierhumpen in den Räumen der früheren Stasi-Zentrale in der Normannenstraße. Dafür waren Monate nach ihrer Anforderung 80 Prozent der angeforderten Akten noch immer nicht übergeben. An die entscheidenden Privatisierungsakten war überhaupt nicht zu denken. Selbst die Unterlagen über straf- und disziplinarrechtliche Vorfälle in der Treuhandanstalt wurden verweigert, wobei die Bundesregierung, um ihre Obstruktion ganz deutlich zu machen, erst am Tage einer zwei Wochen zuvor anberaumten Zeugenvernehmung dem Ausschuss mitteilte, dass sie die dafür nötigen Akten nicht herausgebe.

Trotz aller Differenzen zwischen Regierung und Oppositionsabgeordneten, die von Anfang an die Arbeit im Untersuchungsausschuss nicht vorankommen ließen, war man sich Anfang Dezember noch einmal einig: Gemeinsam beschloss der gesamte Ausschuss auf Antrag seiner SPD-Mitglieder die Einsichtnahme in die Sitzungsprotokolle von Vorstand und Verwaltungsrat der Treuhandanstalt. Probleme schien das nicht zu machen – wie auch. Ohne diese Protokolle war der Untersuchungsauftrag nicht zu bewältigen, denn es hatte sich für den Ausschuss schnell herausgestellt, dass die Missstände und Fehlentwicklungen bei der Treuhand keine Einzelfälle waren, sondern, wie die SPD-Mitglieder erklärten, auf tiefliegende systematische Aufsichts- und Lenkungsmängel ebenso wie auf falsche Grundsatzentscheidungen von Bundesregierung und Treuhandgremien zurückzuführen waren. Selbst Finanzstaatssekretär Joachim Grünewald – er sollte sich noch als sehr wandlungfähig erweisen – sah kein Problem, und auch im Innenministerium sprach man von einer »Pflicht zur Herausgabe der Akten des Verwaltungsrates an den Untersuchungsausschuss«.[17] Doch da sperrte sich die Treuhandanstalt. Sie gab ein Gutachten in Auftrag, das sich bei seinem Erscheinen im Januar als verfassungspolitischer Sprengstoff erweisen sollte. Während die Bundesregierung vor dem Christfest noch die Rechtsmeinung vertreten hatte, sie könne sich nicht weigern, die Protokolle herauszurücken, wurde im neuen Jahr alles dichtgemacht. Bonner Gerüchte wollten wissen, dass der Treuhand-Verwaltungsratsvorsitzende Manfred Lennings an Helmut Kohl einen Weihnachtswunsch hatte, der prompt erfüllt wurde.

P.S. 2011: Ob Helmut Kohl da sein bekanntes Ehrenwort gab, über den Dank nicht zu sprechen, ist bis heute unbekannt.

Am 6. Januar schrieb Lennings, Aufsichtsratsmitglied bei den besten westdeutschen Wirtschaftsadressen, dem Bundestagsausschuss einen Brief, in dem er die Herausgabe der Protokolle glatt ablehnte. Stattdessen konnten die Abgeordneten am 10. Januar in allen großen Zeitungen eine 1,569 Millionen DM[18] teure Treuhand-Anzeigenserie lesen: »Deutschland (Ost): Die Weichen sind gestellt.«

Zwei Tage später appellierte Joachim Grünewald, Parlamentarischer Staatssekretär beim Bundesminister für Finanzen, an das Verständnis der Ausschussmitglieder. Sie müssten doch sehen, sagte Grünewald, dass sich die Verwaltungsratsmitglieder »ehrenamtlich, ja nahezu patriotisch« aus den unterschiedlichen gesellschaftlichen Gruppen bereitgefunden hätten, bei der Treuhandanstalt mitzuwirken. Und sie hätten darum, sorgte sich Grünewald in der nichtöffentlichen Sitzung, natürlich ein »berechtigtes Interesse«, dass es nicht herauskomme, wenn sie die Erwartungen derer, die sie entsandt hatten, nicht erfüllten. Damit ganz deutlich werde, wer da erpresst werden sollte, fügte der Staatssekretär hinzu: »Ich denke an unseren gemeinsamen Kollegen Hermann Rappe, Stichwort Bischofferode.« Er meinte das Bayer-Aufsichtsratsmitglied, den bekannten Vorsitzenden der IG Chemie, den allerdings die Bergleute auch ohne zusätzliche Enthüllungen kaum als ihren Schutzpatron betrachtet hätten. Und er nannte auch, um den eigenen Leuten den Mund zu stopfen, den Namen des thüringischen Ministerpräsidenten Bernhard Vogel, der aber seit Bischofferode keinen Ruf mehr zu verlieren hatte. Und dann erzählte der Staatssekretär, der noch im Dezember nie auf die Idee gekommen war, dass man dem Untersuchungsausschuss die Vorstands- und Verwaltungsratsprotokolle verweigern könnte, etwas ganz Neues.

Der Staatssekretär behauptete, dass die Opposition es wohl für normal halten würde, Einzelheiten und Hintergründe der von Bundesregierung und Treuhandanstalt getroffenen Entscheidungen über Unternehmensverkäufe in öffentlicher Beweisaufnahme zu erörtern – jedoch zu Unrecht. Empörte SPD-Abgeordnete wiesen das als bösartige Unterstellung zurück.

Schily hatte längst zugestanden, dass alles, was von der

Bundesregierung als »VS-Geheim« oder »VS-Vertraulich« bezeichnet werde – und da ist sie nicht sparsam –, vom Ausschuss auch so behandelt würde.
Wogegen also die Oppositionsvertreter sich wehrten, war eine diskriminierende Ausweitung des Geheimnisschutzes, wie man ihn in dieser Form bisher nicht einmal bei militärischen Geheimnissen kannte. In der Sitzung herrschte der Staatssekretär die Sozialdemokraten wegen ihrer »mangelnden Bereitschaft« an, sich, was es für Parlamentarier bisher im Westen noch nie gab, für »VS-Vertraulich« den Vorschriften des dafür nicht vorgesehenen Paragrafen 353 b des Strafgesetzbuches zu unterwerfen. Dies sei nötig, behauptete der Staatssekretär jetzt nach über vier Jahrzehnten Bundesrepublik, um »innerhalb des Parlaments einen dem Geheimschutz in der Verwaltung in etwa entsprechenden rechtlichen Schutzrahmen zu begründen«. Und fügte reichlich kryptisch hinzu: »Wir machen ungern Anleihen in diesem Punkt bei den Verhältnissen der ehemaligen DDR, sondern zur Herstellung der deutschen Einheit, der inneren Einheit Deutschlands gehört nach meinem Verständnis auch die uneingeschränkte Überführung unserer rechtsstaatlichen Prinzipien.«
Während die SPD-Vertreter zu allen möglichen und unmöglichen Kompromissen – was die Geheimhaltung der Akten betraf – bereit waren, wurde in die nichtöffentliche Sitzung, die gerade erst begonnen hatte, eine Presseerklärung – Überschrift: »Verbohrte SPD« – hereingereicht, die da anhob: »Der Obmann der CDU/CSU-Bundestagsfraktion im 2. Untersuchungsausschuss ›Treuhandanstalt‹, Dr. Dieter Schulte MdB, erklärt zur heutigen Sitzung ...« Der saß da und konnte und musste sich von seinem SPD-Kollegen, dem Theologen Hinrich Kuessner aus Greifswald, vorlesen lassen, was er gerade im allerfeinst gewen-

deten SED-Jargon verbreitete, dass nämlich die SPD mit dem Untersuchungsausschuss lediglich »Probleme bei der Umgestaltung jahrzehntelanger sozialistischer Misswirtschaft in soziale Marktwirtschaft für die Wahlkämpfe des Jahres 1994 ausschlachten möchte«.

Eine Woche später hielt Treuhand-Pressesprecher Schoede vor den wieder einmal verschlossenen Türen des Untersuchungsausschusses in der Charles-de-Gaulle-Straße 6 Hof für die wenigen dort versammelten Journalisten. Sie warteten schon seit über einer Stunde, dass die für zehn Uhr angesetzte öffentliche Sitzung endlich ihren Anfang nähme. Drinnen im Saal konnten die Ausschussmitglieder kein Ende finden mit ihrer vertraulichen Beratung über den richtigen Schutz für die tiefsten Geheimnisse der Privatwirtschaft. Draußen sprachen die Presseleute – darunter Vertreter großer deutscher Wirtschaftszeitungen – Schoede auf ein kurz zuvor erschienenes Treuhand-Buch ihres *Spiegel*-Kollegen Dieter Kampe über den Teltow-Skandal an. Der Treuhand-Sprecher machte ein paar abfällige Bemerkungen, so zwischen: »Stimmt alles nicht« und »Alles längst bekannt«, und vermerkte abschließend, im Fall Teltow genüge es doch zu wissen, das sage alles, dass einer der Investoren mit einer bestimmten Politikerin intime Beziehungen unterhalte. Schoede formulierte das sehr viel drastischer und nannte die weithin bekannten Namen klar und deutlich und auch noch über die ihn umgebende Gesprächsgruppe hinaus mühelos vernehmbar – Datenschutz nach Treuhand-Art.

Obwohl der Bundesbeauftragte für den Datenschutz, der Datenschutzbeauftragte für den Deutschen Bundestag und der Geheimschutzbeauftragte des Deutschen Bundestages alle den Standpunkt des Ausschussvorsitzenden Schily und der SPD-Ausschussmitglieder bestätigten, gab die Bundesregierung nicht nach. Die Regierung hat zwar als höchstes Organ der Exekutive in ihrem Kernbereich unstrittig eine Intimsphäre; in ihre Unterwäsche, die Kabinettsprotokolle, muss sie auch den neugierigsten Volksvertreter nicht hineingucken lassen. Doch diese Intimsphäre des Kanzler-Kabinetts beanspruchte auch das Breuel-Kabinett in Ostberlin. Zu Unrecht, meinte Schily, und sah in diesem Verhalten der Treuhand einen Verstoß gegen Artikel 44 Grundgesetz, der die Verwaltungsbehörden zu Rechts- und Amtshilfe für die Untersuchungsausschüsse des Parlaments verpflichtet.

Am 3. März 1994 verweigerte sich die Ausschussmehrheit von Union und FDP dem SPD-Antrag, jetzt endlich mit Hilfe der Gerichte durchzusetzen, was man im Dezember gemeinsam beschlossen hatte: die Einsichtnahme in die Protokolle von Vorstand und Verwaltungsrat der Treuhand. Die Mehrheit beschloss stattdessen, sich zu entmündigen. Ihr »Kompromiss«-Vorschlag: Die Bundesregierung möge doch, bitteschön, die beiden Ausschussvorsitzenden – Otto Schily von der SPD und seinen Vertreter Gerhard Friedrich von der CSU – hineinschauen lassen in die rund hundert Ordner umfassenden Protokolle des Verwaltungsrats, aber selbstverständlich ohne Notizblock und Kugelschreiber. Vom Treuhandvorstand war erst gar nicht die Rede.

Die Antwort der Koalition war eine Ohrfeige für die eigenen Parteien: Nein – nicht mal das. Die in der Geschäftsordnung des Bundestages nicht vorgesehene Selbstdemütigung der Ausschussmehrheit vor Regierung und Treuhand, auch sie wurde nicht in Gnade akzeptiert – für die Volksvertreter gab es nur das entschlossene Nein von Treuhand und Regierung selbst auf die schüchternste Annäherung an die Intimsphäre des Großen Geldes.

Als sich die SPD Ende März endlich im Alleingang zur Klage beim Bundesverfassungsgericht auf Herausgabe der

Akten entschloss, verkündete Schily, er habe den Eindruck, dass sich die Treuhand als »kontrollfreie Zone« verstehe. Doch die war längst schon ein Stück weiter.

P.S. 2011: Die Klage zeigte bemerkenswerte Resultate: Nach nur sechs Jahren, zwei neue Bundestage waren inzwischen gewählt, entschied das BVerfG am 22. August 2000 verständlicherweise ohne jede weitere Begründung – sein erster Präsident war der Justitiar der Haupttreuhandstelle Ost (HTO) zur Plünderung Polens, Hermann Höpker Aschoff (vgl. S. 158-168) –, dass eine solche Klage »unzulässig« sei. Das ist schlüssig – inzwischen war Hans-Jürgen Papier Präsident des BVerfG. Und der hatte zuvor als Oberbefehlshaber jener Unabhängigen Kommission zur Überprüfung des Vermögens der Parteien und Massenorganisationen der DDR im Verein mit der Treuhand am D-Day 1991 die Invasion gegen das *Neue Deutschland* exekutiert (vgl. S. 71ff.).

Nicht Zone, Regierung wollte die Treuhand sein, jedenfalls so gut wie. Und faktisch war sie ja auch schon die im Grundgesetz nicht vorgesehene Überregierung dieser Republik. Dazu verhalfen ihr 158 Seiten Papier, nämlich das sogenannte Schuppert-Gutachten, vor dem auch die Bundesregierung in Respekt auf die Knie sank. Dieses Gutachten war die wichtigste juristische, oder besser gesagt justizförmige Waffe der Treuhand in ihrem Kampf gegen das Parlament.

Gunnar Folker Schuppert, ein fantasievoller Verwaltungsrechtler, hatte sich der Privatisierungstruppe im Göring-Ministerium schon 1992 mit der ernsthaften wissenschaftlichen Lehrmeinung empfohlen, die Treuhandanstalt besitze einen Ermessensspielraum, der »von der unermesslichen Weite der Taiga zu sein« scheine.[19] Sie sei – und an diese Forderung hielt er sich sehr gründlich – »nicht mit der herkömmlichen und möglicherweise zu kleinkarierten Elle rechtsstaatlicher Standardanforderungen zu messen«.[20]

Mit solchen rechtsfreien Denkansätzen gehört Schuppert zu den karrierebedachten Akademikern, die durch die deutsche Einheit sehr viel gewonnen haben. Kaum irgendwo finden sich die Interessen der westdeutschen Besatzungsmacht in Ostdeutschland wissenschaftlich so klar, mutig, ja tollkühn vertreten wie bei diesem energischen Mann aus Augsburg, der für den Kürschner, das »Who is Who« der Gelehrten, bis dato unbekannt war und nun einen der begehrten Beute-Lehrstühle an der Humboldt-Universität besetzen durfte – und nicht vergaß, wem er das zu verdanken hatte.

Die Treuhand wollte sich nicht in die Akten gucken lassen und hätte das gern juristisch formuliert? Für Schuppert kein Problem. Er machte das hübsch kompliziert und damit einschüchternd: »... der harte Kern des Kernbereichs der Exekutive besteht in der Respektierung der Entscheidungsprozesse im gewollt autonomen Entscheidungsbereich einer verselbständigten Verwaltungseinheit von so hoher institutioneller Kompetenz wie der Treuhandanstalt.«

Und genau so, verkündete Schuppert, meinte es auch das Bundesverfassungsgericht, als es von dem geschützten Bereich der Willensbildung der Regierung selbst sprach. Es folgte, worauf der Treuhandgelehrte hinauswollte: »In ihrem Aufgabenbereich ist die Treuhandanstalt die Regierung, vom Gesetzgeber mit einem vagen Finalprogramm ›auf den Weg gebracht‹ und absichtsvoll ausgestattet mit einer Personal- und Organisationsstruktur, die ihr die institutionelle Kompetenz vermitteln soll, die vagen politischen Zielvorgaben eigenständig umzusetzen.«[21]

Kurz, die Treuhand könne sich mit ihrem – das ist zutreffend formuliert – Finalprogramm herausnehmen, was sie wolle, der Gesetzgeber – ursprünglich die Bürgerrechtler der DDR – wolle es so. Auch wenn er es gar nicht wusste. Die Treuhandanstalt wusste nämlich alles selbst am besten, sie besaß, wie ihr Gutachter formulierte, »institutionelle Autonomie«, und dazu gehörte auch, dass man nicht nur ihre Entscheidungen, sondern auch ihre »Entscheidungsprozesse« respektieren musste. Mehr noch, Schuppert verlangte auch die »Respektierung der Art und des Zustandekommens dieser Entscheidungen«.[22]

Und damit war das erwünschte Ergebnis klar: »Akten und Protokolle, die über vertrauliche Entscheidungsprozesse der Treuhandanstalt Auskunft geben, insbesondere Protokolle der Sitzungen des Verwaltungsrates gehören zum ausforschungsfesten Kernbereich der Treuhandanstalt und müssen nicht herausgegeben werden.«[23]

Schuppert beleuchtete alle Möglichkeiten des Widerstandes, die von den bisherigen Organen des Staates gegen die Treuhandanstalt ausgehen könnten.

Sollte etwa das Bundesverfassungsgericht trotzdem die Treuhandanstalt verpflichten wollen, die Akten an den Untersuchungsausschuss herauszurücken, so befände es sich, das schrieb der Treuhand-Gutachter schon zuvor, »in Widerspruch zu seiner eigenen Kernbereichsjudikatur«. Dies einmal festgestellt, war Sperrfeuer gegen die höchstrichterliche Entscheidung an allen Fronten erlaubt. Schuppert empfahl für diesen Fall: Erstens, den Maulkorb für alle, auch für die Presse. Nämlich – Schuppert zitierte zustimmend die Rechtsmeinung eines Kollegen zu einem völlig anderen Fall – eine »Art vertraglicher Regulation der Öffentlichkeitsteilhabe des ganzen Untersuchungsaus-

schusses, des Plenums des Parlaments und überhaupt der öffentlichen Meinung und ihrer Organe«.[24]
Wenn also beispielsweise die Verwaltungsratsakten Aufschluss darüber geben würden, wie es kam, dass zu Zeiten des Treuhand-Verwaltungsratsvorsitzenden Jens Odewald das Kaufhaus am Alexanderplatz gleich neben dem damaligen Sitz der Treuhand ganz schnell in den Besitz jener Kaufhof AG überging, deren Vorstandsvorsitzender Odewald war, dann gehört das weiterhin zu den tiefsten Geheimnissen der Privatwirtschaft – die Akte blieb zu. Dann hätten die Ausschussmitglieder darüber nicht in öffentlicher Sitzung sprechen, das Parlamentsplenum nicht darüber diskutieren und die Zeitung, die darüber berichtete, beschlagnahmt werden dürfen. Jedenfalls wenn es nach Schuppert ging.

P.S. 2011: Mit solchem Polizeistaatslibertinismus konnte dieser Rechtsgelehrte von 2001 bis 2003 als Oberbefehlshaber der »Vereinigung der Deutschen Staatsrechtslehrer« wirken. Seither betätigt er sich als Kuratoriumsmitglied und als – das passt – »adjunct professor« der »Hertie School of Gouvernance« (Hertie ist die Bezeichnung, die die Nazis den von ihnen nachhaltig arisierten Tietz-Kaufhäusern verliehen haben).

Der voll einsetzbare Rechtsgelehrte Schuppert über die Widerstandsmöglichkeiten der Treuhand gegen das Bundesverfassungsgericht: »Diese Idee einer Art vertraglichen Regulation der Öffentlichkeitsteilhabe könnte in der Tat weiterhelfen, wenn die Maginot-Linie des exekutiven Kernbereichs versagen sollte.« Die Maginot-Linie war ein System von stark befestigten Stützpunkten mit unterirdischen Verbindungen, Sperren, tiefgegliederten, teilweise versenkbaren Panzerbatterien, abgedeckten Beobachtungsständen und tief eingelagerter Munition, mit dem sich Frankreich gegen deutsche Eroberungsgelüste im Zweiten Weltkrieg absichern wollte.

Angesichts einer derartig befestigten Treuhandanstalt war es nur ein kurzer Schritt bis zur Ausrufung der Treuhand zur Regierung; Schuppert schaffte ihn so: »Die Aufgabe der Überführung des DDR-Wirtschaftserbes in ein marktwirtschaftliches Wirtschaftssystem ist eine genuine Regierungsaufgabe von großer politischer Bedeutung und besonderer politischer Sensibilität. Die Treuhandanstalt nimmt daher Regierungsfunktionen wahr.« Wieder ein Grund, keinen an die Akten zu lassen: »Gegenüber dem Aktenherausgabeanspruch des Untersuchungsausschusses kann sie sich daher wie die Regierung selbst auf einen exekutiven Kernbereich berufen, der auch vom Untersuchungsausschuss zu respektieren ist.«[25]

Dieser exekutive Kernbereich umschließe auch die Art und das Zustandekommen der Entscheidungen, mit denen die Treuhandanstalt »aus eigener institutioneller Kompetenz den ihr eingeräumten autonomen Handlungs- und Entscheidungsspielraum ausfüllt«. Was immer sie tat, selbst wenn ihr Abwicklungsdirektor Ludwig M. Tränker zur Belohnung für erfolgreiches Abwickeln mit seiner ganzen Mannschaft zum Münchner Oktoberfest und zum Kölner Karneval fuhr,[26] sie tat's aus eigner institutioneller Kompetenz, wenn auch auf Kosten der Steuerzahler, und musste es darum nicht verantworten. Wer sie doch dazu bringen wollte, betrieb ein Unternehmen am Rande des Hochverrats. Schuppert: »Der Ausforschung durch den Untersuchungsausschuss sind daher insbesondere die Entscheidungsprozesse des Verwaltungsrates der Treuhandanstalt entzogen: Der Zusammenhang von gesetzgeberischer Programmstruktur, interessenpluralistischer Organisationsstruktur der Treuhand und dadurch bedingter Entscheidungsstruktur des Verwaltungsrates erfordert eine Gewährleistung der Vertraulichkeit derjenigen Entscheidungen, in denen sich der Charakter der Treuhandanstalt als eigenständiger Akteur des politischen Prozesses mit materiellen Regierungsfunktionen dokumentiert.«[27] Kurz, die Bürgerrechtler, die damals die Treuhand erfanden, hätten auch gleich das Politbüro behalten können. Frei von jeder Kontrolle durch die Volksvertretung, war die Treuhand ein Staat im Staat geworden und zugleich eine zweite Regierung, eine Überregierung, die den Staat nicht nur politisch, sondern auch wirtschaftlich beherrschte. Da ihr gegenüber die parlamentarischen Kontrollen ausfielen – nach ihrem Rechtsgutachten auch ausfallen mussten –, die in einem freiheitlich-demokratischen Staat die Regierung in Grenzen halten, war das gutachterlich beschworene Treuhandregierungssystem ein letztlich diktatorisches System.

10. Kapitel

»Eine Belohnung erhält nicht, wer als Täter, Mittäter oder Anstifter ...«

Plädoyer für eine Erfassungsstelle von Treuhandunrecht

Der deutsche Immobilienkönig Dr. Jürgen Schneider blickt tief in die Kamera: »Wir sitzen alle im selben Boot«, sagt er seinen Ossis, besteigt stehenden Fußes seine Privatmaschine und entschwindet von Leipzig hoch in die Lüfte. So ist es geschehen. So ist es auf Film und auf Tonband festgehalten. So ist es verboten zu sehen.

Am Tag, an dem der große Investor mutmaßlich für immer ins Ausland entschwand (tatsächlich aber nur kurz; 1995 wurde er in Florida aufgespürt und verbüßte anschließend bis 1999 eine Haftstrafe in Deutschland), tat das Leipziger Landgericht – wie überall im Anschlussland tilgten dort Sondereinsatzkommandos westdeutscher Juristen die letzten Reste des Unrechtsstaats – seine Pflicht. Auf Antrag der Schneider-Anwälte zwang es den Dokumentarfilmer Andreas Voigt »Glaube, Liebe, Hoffnung« zu zerschneiden – so heißt sein Film – und alle Szenen herauszunehmen, in denen Dr. Jürgen Schneider zu sehen ist.[1]

Denn Dr. Jürgen Schneider, das ist der Aufschwung Ost.

Und entgegen allen Versprechungen habe Filmer Voigt einen »negativen Film« gedreht. Das musste geahndet werden.

Und für die Banken – von Anfang an Deutsche Bank – blieb Dr. Jürgen Schneider der Aufschwung Ost. In ihn hatten sie alles investiert, was sie den kleinen Handwerkern, den kleinen Geschäftsleuten an Kredit nun einmal nicht gewähren konnten – unsichere Existenzen, die nicht sagen konnten, ob der Grund und Boden ihnen auch wirklich gehört, auf dem sie vierzig Jahre lang – tut man das? haben die Banken das etwa getan? – im Unrechtsstaat gelebt hatten.

Die Handwerker kamen aus dem Osten – ihnen gehörte nichts. Die Banken kamen aus dem Westen – ihnen gehörte jetzt alles. So einfach war das. Und wenn die Handwerker brav waren und den Mund hielten, bekamen sie auch ein Almosen. Schließlich saßen wir ja alle in einem Boot.

Für eine Milliarde, so hatten die Banken frühzeitig und großmütig verkündet, wollten sie Treuhandfirmen erwerben, um so Arbeitsplätze zu sichern.

Zwei Monate vor Jürgen Schneiders Aufschwung meinte der Treuhand-Finanzvorstand Heinrich Hornef noch: »Die Geschichte der Bankenmilliarde ist alles andere als eine Erfolgsstory.« Seit ihrem Solidarpakt-Versprechen, für eine Milliarde zu kaufen, habe die deutsche Kreditwirtschaft gerade mal zwei Treuhandfirmen erworben: die Mitteldeutsche Fischhandelsunion und die Thüringer Nadel GmbH. Über den Preis schwieg Hornef höflich, angeboten hätte man den Banken seit April 1993 insgesamt 214 Firmen. Im Lager der Banken habe ein »Champion« gefehlt, der durch beispielhafte Abschlüsse die anderen hätte mitreißen können.

Wo kein Champion ist, da ist auch kein Weg, das muss man einsehen, doch damals wurde sogar die *Welt* wütend.

Sie packte aus: »Skandalös wirkt die Zurückhaltung der Banken vor dem Hintergrund der guten Geschäfte, die sie mit der Treuhand gemacht haben – ohne eigenes Risiko. Die Anstalt bürgte für Liquiditätskredite, die die Banken an Ostunternehmen ausgaben. Ein Millionengeschäft für die Banken.«[2]

Eher ein Milliardengeschäft. Denn die Treuhand hatte den deutschen Banken für ihren Marsch nach Ostdeutschland zusätzliches Geschäftsvolumen in zweistelliger Milliardenhöhe beschert. Nach einem von der *Welt* zitierten Treuhandpapier »wurden Bürgschaften von 30 Mrd. DM für 7331 Unternehmen gegenüber 100 Kreditinstituten übernommen«.

Und nun stand, klagte die *Welt*, »seit gut einem Jahr das Versprechen der deutschen Banken im Raum, rund eine Milliarde in Treuhandunternehmen zu investieren«.

Na und? Haben sie die Milliarde etwa nicht im Osten investiert? Dr. Jürgen Schneider, der den Aufschwung Ost verkörperte, hatte allein in Leipzig ein Investitionsvolumen von einer Milliarde Mark angeschoben. Und das nahm er doch nicht aus der eigenen Tasche – da war nichts, er hatte es von den Banken, von Anfang an Deutsche Bank. Es war ihre Milliarde, und sie war nicht verloren, die Banken holten sich alles, was der Aufschwung Ost beim schnellen Aufstieg in die Lüfte auf dem Boden zurückgelassen hatte.

Wie oft wurden die Ostdeutschen im Bundestagsuntersuchungsausschuss von Geldexperten bedauert, dass sie vor der Wende gar kein richtiges Bankensystem hatten – wie lebten die denn? Jetzt endlich konnten sie sehen, welch ungeheuren Vorteil die Existenz von Banken für die Banken hat. Sie konnten so schnell nichts verlieren, für sie war nahezu jeder Verlust abgesichert. Sie konnten eigentlich nur gewinnen.

Neun Monate vor ihrem offiziellem Ende veranstaltete die Treuhandanstalt einen Tag der Offenen Tür. Stolz berichtete Vorstandsmitglied Klaus-Peter Wild, dass die Koko-Milliarden Schalck-Golodkowskis fast vollständig gefunden seien, 20 Milliarden gleich bei der Wende, 1,5 Milliarden in den letzten Jahren, und die letzte Milliarde sei größtenteils bereits durch dreizehn anhängige Verfahren gesichert.[3]

Aber auf diesem Tag der Offenen Tür war wohl zu oft gefragt worden, wo denn das Volksvermögen der DDR geblieben sei, das die Treuhand verwaltete, das Treuhandpräsident Rohwedder dreieinhalb Jahre zuvor noch mit 600 bis 650 und Treuhandpräsidentin Breuel abschließend mit einem Minusbetrag 275 Milliarden angab; eine knappe Billion einfach weg?

Zehn Tage später fand die Treuhand eine Anwort. Sie klebte Plakate, inserierte in Tageszeitungen, sicherheitshalber sogar in der *tageszeitung*: »Bis zu 5 Mio. DM Belohnung!« Nein, nicht für das Wiederauffinden des DDR-Volksvermögens, sondern so verkündeten es die Plakate und Anzeigen: »Gesucht: DDR-Parteienvermögen!«

Das Volksvermögen wurde nicht gesucht. Wer weiß, wo es geblieben ist, bekommt keine Belohnung.

Helmut Kohl bekäme ohnehin keine. Denn, so hieß es in der Auslobung für das Parteivermögen: »Eine Belohnung erhält nicht, wer als Täter, Mittäter oder Anstifter an einer Straftat in Bezug auf den Vermögenswert beteiligt war.« Einen Teil des Vermögens hatte Kohls Schweinsgalopp in die unvorbereitete Einheit gekostet, der die meisten Betriebe dank der stümperhaften Währungsunion in die Illiquidität trieb.

Diejenigen, die erwählt wurden, vorerst oder auf einige Dauer zu überleben, bekamen Liquiditätskredite zugeteilt, deren Zinsen – nicht zu knapp – von der Treuhand vor allem mit der Deutschen und der Dresdner Bank ausgekungelt wurden. Dann kamen die Betrügereien in und mit der Treuhand, die Eine-Mark-Geschäfte, vor allem aber der überschnelle Verkauf einer ganzen Wirtschaft innerhalb kürzester Zeit.

Wer einmal das Glück hatte, eine Auktion zu besuchen, bei der es Versteigerungsgut in Mengen gibt, während nur wenige Bieter gekommen sind, der weiß, was für ein Schnäppchen die DDR war. Ein seriöser Auktionator hört allerdings mit dem Versteigern auf, wenn die Gebote zu niedrig werden, und verschiebt die Auktion, doch die Treuhand hatte es eilig. Die überhöhten Treuhand-Manager-Gehälter – bis 481 000 Mark bei Direktoren und bis 242 000 Mark bei Abteilungsleitern – waren zwar unfein, taten aber dem Volksvermögen den geringsten Abbruch. Und wären angebracht, wenn sie vor Unterschleif und Korruption schützten. Doch ausgerechnet gegen Ludwig Tränkner, den Chef der »Abwicklung«, der mit seinen Leuten als Lohn für gute »Arbeit« aufs Oktoberfest fuhr, ermittelte bei seinem Ausscheiden die Staatsanwaltschaft wegen rechtswidriger Absprachen und einer um eine halbe Million überhöhten Liquidationsrechnung. Doch das war nichts im Vergleich zu den Verlusten, die die vorwiegend adligen Großgrundbesitzer verursachten, deren Besitz nach 1945 enteignet wurde, und die jetzt alles zurückbekamen.

So enteignet man ein Volk. Man nimmt ihm seine Betriebe, vernichtet die Arbeitsplätze, schließt die Kindergärten und Ferienheime, macht die Universitäten zu Beutegut für westdeutsche Dozenten. Doch das alles geht auf Dauer nur, wenn möglichst viel unter der Decke bleibt.

Und unter dieser Decke pflegte ein altes Blockflötenorgan, jetzt Kolonialausgabe der *FAZ*, unter Berufung auf einen Weimarer Minister den so schnell wiedererworbenen beschränkten Untertanenverstand. Die bald darauf eingestellte *Neue Zeit*: »Jeder, der unbedingt wissen will, was die Welt im Innersten zusammenhält, der sollte sich tunlichst schon vorher Gedanken machen, wie viel er bereit ist, für dieses Wissen zu opfern, und auch, was er damit später einmal anfangen wird. Kein geringerer als Goethes Faust hat die Menschheit das gelehrt.«

Was hat er gelehrt? Goethes Faust hat die deutsche Menschheit gelehrt, dass sie – dies meint die Schmockerei – die Herausgabe der Treuhand-Protokolle nicht verlangen darf. Also: »Was also bezwecken die Sozialdemokraten mit einer Verfassungsklage, die ihnen Einblick in Sitzungsprotokolle des Kontrollgremiums der Treuhandanstalt verschaffen soll?«[4]

Es stimmt, die Herausgabe der Treuhandprotokolle könnte tatsächlich offenbaren, was unsere Welt im Innersten zusammenhält. Dass Kapitalisten einfach nicht mit unserem Geld umgehen können. Dass sie sich so dilettantisch anstellen können wie Günter Mittag, das wurde seit April 1994 sogar öffentlich von Dr. Günther Schneider und der Deutschen Bank gelehrt.

Um die Jahreswende 1993/94 drohten, so wollten Bundestagsabgeordnete erfahren haben, Mitglieder von Vorstand und Verwaltungsrat der Treuhand, sofort zurückzutreten, falls der Ausschuss die Protokolle ihrer Sitzungen bekäme. Sie konnten ihre Ämter unbesorgt behalten – die Akten blieben unter Verschluss. Und selbst wenn es einen positiven Bescheid des Bundesverfassungsgerichts gegeben hätte, wären die Akten wohl in einem Zustand gewesen, den der Treuhandausschuss von einzelnen Aktenlieferungen schon kannte: unübersichtlich, chaotisch, unvollständig. Schließlich standen schon bald wieder Wahlen ins Haus. Der Untersuchungsausschuss sollte nach dem Willen der Bundesregierung scheitern. Die Bürger im

Osten durften nicht erfahren, wo ihr Vermögen geblieben ist. Otto Schily nannte dieses Vorgehen eine »Kriegserklärung der Regierung ans Parlament«.

Da hilft nur eins: öffentlich machen, was zu Unrecht geheim gehalten wird.

Man sollte nicht vergessen, dass es auch einige ehrliche und anständige Treuhand-Mitarbeiter gab, und andere, die sich inzwischen schämen für das, was sie dort vollbrachten. Sie müssen heran an die Kopiergeräte und so viele Kopien wie möglich an Abgeordnete und Journalisten schicken. Keine Untat der Treuhand darf sicher sein, dass sie weiter im Verborgenen bleibt.

Wo der Staat das Untersuchungsrecht des Parlaments sabotiert, da hat er das Recht auf willkürlichen Geheimnisschutz verloren. Der Staat, der zum Großen Lauschangriff gegen den Bürger angetreten ist, der Datenschutz nur gewährt, wo es ihm passt, kann nicht verlangen, dass der Bürger immer und überall und ungefragt seine Geheimnisse für sich behält.

Es muss alles heraus. Es darf nichts mehr unter der Decke bleiben. Verhandlungsprotokolle, Kaufverträge, Nebenabsprachen, alles muss heraus, alles muss ans Licht der Öffentlichkeit.

Es muss aber auch eine Erfassungsstelle für Treuhandunrecht geschaffen werden, die alle Unterlagen systematisch nach Betrieben, nach Orten, nach den Daten der beteiligten Täter sammelt. Diese Erfassungstelle sollte zweckmäßigerweise ihren Ort in Berlin haben. Sie muss aber auch mindestens eine Filiale im sicheren Ausland unterhalten. Dafür sprechen die Erfahrungen, die Journalisten und Redaktionen mit Polizeirazzien und dem Verschleppen von Akten und Unterlagen bis zur Beschlagnahme ganzer Computerfestplatten machen mussten.

Die Treuhandanstalt war die größte Geschenk- und Enteignungsagentur der Welt, für wenige Tausend ein reicher Segen, für Millionen ein Fluch. Sie schuf Existenzen und vernichtete noch mehr.

Die Verbrechen der Haupttreuhandstelle Ost wurden nie aufgearbeitet. Einer ihrer übelsten Schreibtischtäter konnte höchster Verfassungsrichter der neuentstandenen Bundesrepublik werden, weil niemand auf seine Rolle in der NS-Zeit hinwies.

Rechtsanwendung wandelt sich – siehe DDR. Deshalb ist es wichtig, auch die staatliche Vereinigungskriminalität festzuhalten, wo sie bisher nicht verfolgt wurde. Die Täter dürfen sich nicht sicher fühlen.

Die schnelle Vereinigung, die überschnelle Währungsunion hat den Ostdeutschen geschadet, hat ihr Land kaputtgemacht. Wenn sie noch eine Zeitlang Herr im eigenen Haus geblieben wären, hätten die Ostdeutschen, dort wo sie es für nötig hielten, durchaus Berater aus dem Westen anstellen können, ohne dass sie ihr Land aus der Hand geben, ohne dass sie ihre Selbstbestimmung verlieren. Berater, nicht Herren. Nicht Diktatoren.

Jetzt ist es zu spät. Deutschlands Trennung war die längste Friedensperiode seiner Geschichte – doch heute hat es sich so unheilbar zusammengefunden, dass eine neue Spaltung Utopie bleiben muss. Im Inneren wird die Spaltung bleiben und sich stets vertiefen. Das Anschlussgebiet ist ausgeplündert und aufgegeben, der bleibenden Armut ausgeliefert. Ex-Bundesbankchef Pöhl, der inzwischen seine Nachgiebigkeit gegen Kohls Sturmlauf in die Einheit zu bereuen scheint, stellte dazu fest: »Wenn eine Region erst einmal deindustrialisiert ist, ist es außerordentlich schwierig, irgendetwas Neues wieder dort hinzubringen.«[5]

Doch das war nicht unerwünscht. Rückfall in den Manchester-Kapitalismus des 19. Jahrhunderts? Nein, Späth-Kapitalismus! Ob er die »bedingungslose wirtschaftliche

Kapitulation der DDR« fordere, wurde Lothar Späth, damals noch Ministerpräsident von Baden-Württemberg, gefragt. Klare Antwort: »Ich sage mal ganz brutal, ja.«
Die Ostdeutschen haben kapituliert.
Es reicht aber nicht, für die Generation, die nach uns kommt, die alles bezahlen muss, das Treuhand-Unrecht sorgfältig aufzuschreiben und zu registrieren. Es muss etwas geschehen, die Ostdeutschen müssen sich aus der Bevormundung befreien, die der Westen über sie verhängt hat.
Der Aufschwung Ost ist in die Lüfte entschwoben. Es ist Zeit für den Aufstand Ost.

Nachwort

»Unter Außerachtlassung einfachster und nächstliegender Überlegungen«

Die Treuhand als Zukunftsmodell

Von wegen Aufstand Ost. Mein leichtfertiger Aufruf aus dem Jahr 1994 ist zu revidieren. Es ist ja nicht alles schlechter geworden, es gab nicht überall in der immer ehemaliger werdenden DDR einen Grund zum neuen Volksaufstand, die Freiheit ist längst Endsieger im neuen Großen Deutschland geworden. Niemand konnte das besser beobachten als der einstige Staatssekretär Horst Köhler, der zusammen mit seinem Sarrazin in Bonn die deutsche Einheit ökonomisch vorbereitete. Später, als Bundespräsident, unternahm er in seiner Amtszeit immer mal wieder von seinem Westberliner Schloss aus Expeditionen in die angeschlossenen »Neuen Bundesländer«. Im Februar 2009 – zwei Jahrzehnte nach seinem Kampf für das Verbleiben der Ossis im Ostland, mit etwas D-Mark in der Tasche – informierte das Bundespräsidialamt: »Der Bundespräsident zu Besuch im Freistaat Sachsen – Görlitz und Bautzen waren die Stationen der Tagesreise zum demografischen Wandel.«

Zusammen mit seiner Gemahlin Eva Luise weilte er zu einem eintägigen Regionalbesuch in Sachsen. Begleitet wurden die beiden vom Ministerpräsidenten Stanislaw Tillich, dem ersten Eingeborenen, der sich dort in dieses Amt hochzuarbeiten vermochte. Er darf das gewaltige Erbe verwalten, das die beiden erfolgreichen Finanzkoryphäen Kurt Biedenkopf und Georg Milbradt mit ihrer Sächsischen Landesbank hinterlassen haben.
Der Bundespräsident besuchte in Bautzen und Görlitz »Modellprojekte«, die »dem Bevölkerungsschwund in der Region entgegenwirken« sollen. Anne Pfeil vom Kompetenzzentrum »Revitalisierender Städtebau« der Technischen Universität Dresden in Görlitz warb da mit einem »wandernden Sofa«, auf dem auch der Herr Bundespräsident, wie aus zuverlässiger Quelle zu erfahren war, samt seiner Gattin Platz nahm. Das wandernde Sofa soll Pensionäre aus Westdeutschland zum kostenlosen Probewohnen in Görlitz animieren. Dort stehen nämlich viele Wohnungen leer.
Warum, das ist unverständlich. Die D-Mark kam, auch dank der energischen Bemühungen von Horst Köhler und seinem Kobra-Team. Und sie blieb (bis sie vom Euro abgelöst wurde). Trotzdem sind heute viele Wohnungen verlassen, weil deren Bewohner in schuldhafter Ignoranz dorthin gegangen sind, wo sie herkam. Und so ist es eine schöne gesamtdeutsche Idee, diese leerstehenden Wohnungen im Osten mit nicht mehr optimal verwendungsfähigen Rentnern aus dem Westen zu füllen.
Aber man muss nicht Rentner sein, man kann auch noch als bereits Dahingegangener den Arbeitsmarkt im Osten wieder mit gesundem Leben erfüllen. Doch warum hat der Herr Bundespräsident auf seiner Tagesreise zum demografischen Wandel nicht auch die schöne Stadt Guben aufgesucht? Gruselt es ihn und seine werte Frau Gemahlin

dort? Warum sonst hat er nicht besichtigt, wie kämpferisch und aufbauend in dieser Stadt Bürgermeister und Landrat umgegangen sind mit jenem demografischen Wandel, den zu inspizieren Horst Köhler ausgezogen war?
In Guben gab es Wandel im Überfluss. Zwischen Einführung der D-Mark und 2007 hatte schon jeder Dritte der laut Eigenwerbung »traditionsreichen Stadt mit fleißigen Menschen und guten Nachbarn« den Rücken gekehrt. 2001 registrierte die *FAZ*: »Eigentlich ist man in Guben glücklich über jeden, der nicht fortgeht. Noch 24 809 Menschen leben hier, vor der Wende waren es rund 40 000. ›Die Umzugsunternehmer haben so gut zu tun wie nie zuvor‹, sagt Kerstin Geilich, die Leiterin des Jugendzentrums. Halbe Jahrgänge der Abschlussklassen, erzählt sie, ›ziehn nach'em Westen‹.«[1]
Heute, 2011, spricht die Stadt lieber nur noch vage von »ca. 20 000« Einwohnern. Circa, da werden es wohl einige weniger sein.
Trotzdem ist heute ein Aufschwung zu verzeichnen. Die Erfolgsbilanz: »Die Seniorinnen und Senioren, das ist der Personenkreis im Alter von 60 Lebensjahren und darüber, bilden eine große Gruppe innerhalb der gesamten Einwohnerschaft in unserer Stadt. Diese ist in den letzten Jahren kontinuierlich angewachsen. Der Anteil der Seniorinnen und Senioren in Guben stieg von 1995 bis 2006 von rd. 18 auf über 31 Prozent. Die Anzahl der Bevölkerungsgruppe über 60 Jahre nahm im genannten Zeitraum um 1476 von 5234 auf 6710 zu.«[2]
Das trifft sich gut, die Zunahme der älteren und damit in absehbarer Zeit sterbenden Mitmenschen dient, davon gleich, dem industriellen Aufschwung der Stadt, in die 1990 eilends die D-Mark kam, damit der Kanzler der Einheit seine Wahl gewinnt. 2009, als Horst Köhler nicht nach Guben kam, sprach die Stadtverwaltung längst schon von

einem »anhaltenden negativen Wanderungssaldo«. Saldo, kein Salto mortale – das hat nicht direkt mit der von Horst Köhler veranlassten Sturzgeburt (vgl. S. 30) zu tun.

»Guben ist nicht nur eine deindustrialisierte Stadt. Guben ist auch eine entstädterte Stadt«, schrieb 2006 die *Frankfurter Allgemeine Zeitung.*[3] Nun, Guben ist eine Stadt im Rückbau. »Rückbau« ist eine neue deutsche Sprachschöpfung, die weder das sechsbändige »Große Wörterbuch der Deutschen Sprache«, 1980 bei Duden erschienen, noch das ebenfalls sechsbändige »Wörterbuch der Deutschen Gegenwartssprache« (1977) aus der sozialistischen DDR kennt.

Doch eine »Gegenwartssprache«, die Rückbau nicht kennt, gehört der Vergangenheit an. Seit die D-Mark in den Osten gekommen ist, wird unentwegt rückgebaut, zurück in unsere Zeit. Am sinnfälligsten ist der Rückbau von Honeckers Palast der Republik zu Kaiser Wilhelms feudalem Schloss. Dieser Rückbau ist die verordnete Weltanschauung des Bürgers der damit immer ehemaliger werdenden DDR.

Der Rückbau in Guben verlief vorbildlich. »Stadtumbau kommt voran: 1000. Wohnung in Guben abgerissen«, freute sich schon 2003 das Ministerium für Infrastruktur und würdigte: »Guben ist vorn beim Stadtumbau in Brandenburg« und habe »schon fast die Hälfte der notwendigen Abrisse« realisiert, um so »schnell den Wohnungsmarkt zu stabilisieren«.

Minister Frank Szymanski froh: »Halbzeit erreicht, weil alle an einem Strang ziehen.« Welcher Strang? Der, an dem bei Staatssekretär Köhler alle mitzogen?

Nein, es geht vielmehr um einen Hut, jedenfalls laut Ministerlob: »Guben ist Vorbild für den Stadtumbau in Brandenburg. Den lokalen Akteuren ist es gelungen, ihre Interessen unter einen Hut zu bringen.«

Das war 2003. Der Minister – inzwischen ist er Bürgermeister von Cottbus – hatte die Gabe des Zweiten Gesichts. Denn der Hut kam erst drei Jahre später. Der Hut ist ein breiter Schlapphut, er ist das (dem Joseph Beuys gestohlene) Markenzeichen des Doktor Tod.

Denn siehe, nach der D-Mark 1990 kam im Jahr des Herrn 2006 noch einmal Erlösung aus dem Westen: Klaus-Dieter Fuhrmann, der weitsichtige Stadtverordnetenvorsitzende von der Christlich Demokratischen Union, hat die Epiphanie so formuliert: »Kommt von Hagens nach Guben, kommt auch Arbeit.«

Da hat dann wohl viel Gubener Volk auf einer mächtigen Kundgebung dem Erlöser das schöne alte Volkslied gesungen: »Kommt von Hagens, bleiben wir ...« Und von Hagens kam. Die Stadt nahm den Dr. Tod mit offenen Armen auf, weil er ihr Zukunft brachte, die bisher vergangen schien.

Der Heidelberger Gunther von Hagens, von dem nicht ganz klar ist, ob man ihn Professor nennen darf, kam gerade aus Polen. Dort hatte er vergebens versucht, eine Fabrik zur Herstellung von Dauerleichen und Dauerleichenteilen (Plastinierung) zu errichten. Die Polen hatten ihre Erfahrungen mit solchen Deutschen und deren Handwerk und haben ihn davongejagt.

Doch Deutschland ist – das wusste Bundespräsident Horst Köhler als Schirmherr gut – das »Land der Ideen«. Seit der Wende, seit Kobra Ostdeutschland übernahm, stand gleich an der Neiße das 17 000 Quadratmeter große Fabrikgelände der Gubener Wolle leer, ein Textilbetrieb, der zuvor als Volkseigener Betrieb Tausenden von Familien Lohn und Brot gegeben hatte.

Da war Rückbau geboten. Eine große Fabrikhalle blieb noch stehen – dort blüht jetzt, perfekt plastiniert, das neue Leben aus den Ruinen. Bundeswehrsoldaten dürfen – so gehört es sich – für ermäßigten Eintritt ins Plastinarium, ein Museum für konservierte Leichen und Leichenteile.

»Mein Ziel ist es, Anatomie zu demokratisieren und menschliche Präparate an Menschen zu verkaufen«, sagt Gunther von Hagens.[4] Die plastinierte Volksscheibe vom Menschen, zum erschwinglichen Preis, sichert die Arbeitsplätze in Guben.

Gunther von Hagens blickt, so versichert er, »optimistisch in die Zukunft«. Er plant bauliche Investitionen in Höhe von einer Million Euro. Eine weitere Million will er für die Herstellung von Körperscheiben von Mensch und Tier aufwenden. Und Gubens FDP-Bürgermeister Klaus-Dieter Hübner rühmt die vertrauensvolle Zusammenarbeit mit Doktor Tod, der dazu beitrug, die Attraktivität und das Image der Stadt in kurzer Zeit zu erhöhen.

Und diese Stadt mied nun Bundespräsident Köhler bei seiner Expedition zum demografischen Wandel. Hatte er etwa Vorurteile, der Herr Bundespräsident? Dies ist sein Land, das Land der Ideen des Horst Köhler.

Gunther von Hagens ist ein Großinvestor: Langfristig strebt der Plastinator die Herstellung von 500 000 Menschenscheiben pro Jahr an.

Aber man muss in Guben nicht bei Doktor Tod arbeiten. Die Website der IBA, der Internationalen Bauausstellung, würdigt, was sonst noch bleibt: »Durch die Rückbaumaßnahmen ist eine innerstädtische Freifläche entstanden, die den Gubener Bürgern den Zugang zur Neiße eröffnet.« Freier Weg ins Wasser – das kann natürlich auch eine Lösung für die Gubener sein, die keine Arbeit in der Leichenfledderei finden.

Guben ist Mittelpunkt eines neuen aufstrebenden Gewerbes geworden. Leichen aus der ganzen Welt werden in die schöne Neißestadt gebracht und gewinnbringend plastiniert. Gubener Frauen und Männer arbeiten sich seither unter der Anleitung von Doktor Tod am Menschen ab. Bis Juni 2008 wurden bereits 140 Mitarbeiterinnen und Mitarbeiter eingestellt, in den nächsten Jahren sollen es insgesamt 200–300 werden.

Ach, hätte Bundespräsident Horst Köhler sich bei seiner Suche nach dem demografischen Wandel bis nach Guben vorgewagt, er hätte sich aus seinem IWF-Ersparten ein schönes Stück fürs Schloss Bellevue und nunmehr fürs traute Heim leisten können: Einen echten Ostdeutschen, vollplastiniert, der kniet und dankend die Hände hebt, weil der Staatssekretär Horst Köhler ihm D-Mark und Freisetzung brachte.

Der Plastinierte muss ja nicht gewusst haben, was Bundesfinanzminister Theo Waigel gemeinsam mit seinem Staatssekretär Horst Köhler einst Birgit Breuels Treuhand ausdrücklich erlaubte: »grob fahrlässig« mit dem DDR-Volksvermögen umzugehen.

Als Birgit Breuel am 30. Dezember 1994 nach getaner Arbeit mit dem Lachen der Siegerin das Treuhandschild vom ehemaligen Göringministerium abschraubte, war eine Billion verschwunden. Schon vorher, am 22. Juni, verlieh die sachkundige Rechtswissenschaftliche Fakultät der Universität Köln Birgit Breuel ihren Ehrendoktor.

Warum? Der beim Tatgeschehen anwesende Rektor Professor Dr. Ulrich Matz meinte: »Allein der Mut, diese Aufgabe zu übernehmen, ist preiswürdig.« Welche Aufgabe? Die Überführung einer »bankrotten Zentralverwaltungswirtschaft in eine florierende Marktwirtschaft«. Und das unter prekären Umständen: »Ohne Lehrbuch, ohne Vor-Erfahrung, ohne bewährte Leitlinien war für Sie ein Problem ohne Beispiel im Medium des Ungefähren zu lösen.« Der Rektor kannte sich mit so etwas aus und erinnerte drei Sätze später auch gleich »an den Beitrag der Universitäten der alten Bundesrepublik zur Erneuerung der Universitäten in der ehemaligen DDR«:[5] Ost-Professoren raus, den schon mit den Füßen scharrenden Westnachwuchs jeglicher Qualität rein (und das ohne jede entsprechende Vor-Erfahrung aus der Zeit des Übergangs vom Dritten Reich in den Nachfolgestaat).

Kurz, der verleihende Dekan Professor Dr. Norbert Horn sprach zu Recht: »Ich bin optimistisch, dass das, was wir mit dieser Ehrung zu sagen haben, verstanden werden wird«. So viel zum hochwertigen Filz des nie von einer Abwicklung bedrohten westdeutschen Universitätswesens, von dem gleich noch mehr zu berichten sein wird.

Professor Horn verfügte über eine ehrliche Begründung für den Verleihungsakt: »In der Amtsführung hat Frau Breuel Prinzipienfestigkeit hinsichtlich des Privatisierungsauftrags mit Flexibilität, auch bei der Abfederung sozialer Härten, verbunden. Zugleich hat sie das Problem einer angemessenen Außendarstellung der Treuhand trotz der ständigen und vielfältigen Kritik erfolgreich gelöst.«[6]

Letzteres ist lautere Wahrheit. Denn die Ehrung hatte ein solides ökonomisches Fundament. Vier Professoren dieser Universität Köln waren als Mitarbeiter an der ein Jahr zuvor erschienenen Treuhandjubelschrift beteiligt, die sich mit dem Titel »Das Unmögliche wagen« allen Nörglern mutig entgegenstellte. Es war ein Geschäft, das alle Beteiligten befriedigte. Die Treuhand hatte vor der Ehrenpromotion ihrer Chefin den größten Teil der Auflage dieses schmeichelhaften Werkes aus dem angesehenen Akademie-Verlag angekauft. Diese Institution war einst der manchmal für den Geschmack der Blockparteien-Regierung zu weltoffene Großverlag der Akademie der Wissenschaften der DDR. Mit der nachhaltigen Abwicklung der Akademie in Berlin geriet der Verlag damals in den Besitz der VCH-Gruppe in Weinheim, die westdeutschen Chemie-Konzernen nahesteht.

Insgesamt 23 völlig unabhängige westdeutsche Professoren machten bei dieser Festschrift mit. Zwei der drei Herausgeber, der inzwischen verstorbene Professor Herbert Hax (»Wir haben nicht das Problem, dass Unternehmen fünf Millionen Bürger ausbeuten, sondern fünf Millionen Bürger in diesem Land haben das Problem, keinen Ausbeuter zu haben«[7]) und der Professor Hans Karl Schneider, kamen von der verleihenden Universität Köln. Beide waren auch lange Jahre amtierende »Wirtschaftsweise« im Sachverständigenrat zur Begutachtung der gesamtwirtschaftlichen Entwicklung der Bundesrepublik. Alle drei Herausgeber – der dritte war der Wirtschaftshistoriker Wolfram Fischer von der immer noch Freien Universität in Westberlin – hoben hervor, dass in ihrem Sammelband auch die »Rekrutierung des Personals« und die »schnelle Ausbildung eines esprit de corps« in der Treuhandanstalt[8] behandelt werden. Vor allem hatten sie das gewiss nicht unverdiente Glück, den durchaus angesehenen Tübinger Wirtschaftswissenschaftler Eckhard Wandel zu gewinnen, der sich in seinem grundlegenden Beitrag mit Organisation und Verfahrensweise der Treuhand beschäftigte.

Nun war allerdings Professor Wandel in der Zeit, als er seinen Beitrag für »Das Unmögliche wagen« schrieb, »manisch-depressiv«. Das war nicht weiter schlimm. Denn das behauptet nur eines der vielen ärztlichen Atteste, die dazu dienten, den gelehrten Mann vor Unannehmlichkeiten zu schützen. Es waren – nach Erkenntnis der zuständigen Staatsanwaltschaft – »Falschbeurkundungen von Krankheit«, die dem guten Zweck dienten, den Wissenschaftler vor einem Strafverfahren zu schützen, das 1993 gegen ihn eröffnet wurde. Jedenfalls ergab die Untersuchung durch einen Amtsarzt, dass der Professor gesund genug war, um ein sicherlich anstrengendes Verfahren wegen Bankrotts und Konkursverschleppung in je zwei Fällen, wegen Kreditbetrugs in fünf Fällen, wegen Betrugs in achtzehn Fällen und wegen Untreue in acht Fällen durchzuhalten, das ihm schließlich vier Jahre und sechs Monate Haft einbrachte. Dies alles, darunter auch komplizierte Bilanzfälschungen, hatte der Betriebswissenschaftler bei der Abwicklung seines väterlichen Unternehmens vollbracht.

Ein solches Talent durfte nicht ungenutzt bleiben. Und so stellte die Treuhandanstalt diesen hochqualifizierten Fachmann auch noch als Großliquidator ostdeutscher Betriebe an – mit durchschlagendem Erfolg: Rund zwanzig Ostbetriebe brachte er zwischen 1991 und 1994 unter die Erde und kassierte dafür, er brauchte ja nun das Geld dringend, rund 20 Millionen Mark. Und dann machte er – während die Staatsanwaltschaft schon wieder wegen Untreue hinter ihm her war – aus seiner gutgehenden Totengräberpraxis eine Wissenschaft für die »Das Unmögliche wagen«-Triumphschrift.

Bereits nach kurzer Tätigkeit der Treuhandanstalt sei deutlich geworden, schrieb dieser Experte Wandel, »dass eine Reihe von Unternehmen in den neuen Bundesländern nicht sanierungsfähig ist und die Abwicklung dieser Unternehmen eine der umfangreichsten und umstrittensten Aufgaben der Treuhand darstellen wird«. Viele Presseveröffentlichungen, so rügte er, hätten dazu beigetragen, dass »Abwicklung« mit »Plattmachen« gleichgesetzt werde. Und insbesondere »Menschen« in den »neuen Bundesländern« stünden – undankbar – dem »Phänomen ›Abwicklung‹ kritisch gegenüber«.[9]

Eine Erkenntnis hatte sich der Professor mit eigener Strafprozesserfahrung mühelos selbst erarbeitet, nämlich dass «Vermögensschädigung, die durch frühere Geschäftsführer oder Berater verursacht wurde, negative Auswirkungen auf das im Abwicklungsgutachten ermittelte Liquidationsergebnis haben«[10] kann.

Aber das waren Peanuts. 1998, als Ex-Professor Wandel – die Universität Tübingen hatte ihm seinen Titel aberkannt – wieder auf freiem Fuß war, formulierte er durchaus sachverständig: »Die ökonomische Lage der DDR war nicht nur marode, sondern katastrophal und aussichtslos. Die ostdeutsche Wirtschaft war zahlungsunfähig und damit konkursreif.«[11] Dies schrieb er in der Festschrift zum 65. Geburtstag des Göttinger Wirtschaftswissenschaftlers Karl Heinrich Kaufhold – wie muss der sich über dieses Geburtstagsgeschenk seines Kollegen gefreut haben, zumal Wandel in seinem teilweise auf eigenem Erleben basierenden Beitrag (»Transformationsprobleme bei der deutschen Wiedervereinigung«) erkannte, die »Annahme, dass die DDR-Wirtschaft durchaus noch eine Chance gehabt hätte, wenn nur die richtigen Strategien verfolgt worden wären, gehört zu den ab 1991 einsetzenden Mythen- und Legendenbildungen. Eine Alternative zur sozialen Marktwirtschaft existierte jedoch nicht.«[12] Die DDR-Bürger hatten sich nach den Feststellungen des verurteilten Konkursbetrügers klar geäußert: »Vorbild war die westdeutsche demokratische Gesellschaftsordnung und die soziale Marktwirtschaft. Auf den Montagsdemonstrationen tauchten Transparente auf: ›Kommt die D-Mark, bleiben wir – kommt sie nicht, gehen wir‹.«[13] – »gehen wir«, statt »gehen wir zu ihr«. Wandel benutzte eine Variation des amtlichen Transparenttextes, wie er aus der Bonner CDU-Zentrale geliefert wurde.

Indes seien, so Wandels frohe Botschaft von 1993 – erste staatsanwaltschaftliche Ermittlungen gegen ihn selbst hatten schon 1986 begonnen –, »strafrechtliche und zivilrechtliche Maßnahmen gegen die Schädiger nicht nur kosten- und zeitintensiv«. Vor allem aber: »Die Erfolgsaussichten derartiger Klagen sind hingegen sehr stark von einer lückenlosen Beweisführung abhängig, die sich« –

darauf hatte Wandel gebaut – »in den meisten Fällen sehr problematisch gestaltet.«[14]

Und wie! Der rechtliche Rahmen für die Tätigkeit der Treuhandgesellschaft wurde so einladend gestaltet, dass Professor Wandel ebenso wie sein Chef, der affärenüberreiche Leiter der Abwicklungsdirektion, Ex-*Bild*-Reporter Ludwig Tränkner, bequem damit leben konnte. Die Treuhand stand nämlich vor dem selbstgeschaffenen Problem, ob es überhaupt möglich sein könnte, dass ein leitender Mitarbeiter an ihr Betrug und Untreue verübe, oder ob man entsprechende Tatbestände als durchaus erlaubte Fahrlässigkeit bei der nicht unerwünschten Deindustrialisierung Ostdeutschlands interpretieren müsse.

Am 22. August 1990 hatte das Herbstgutachten der Wirtschaftsforschungsinstitute empfohlen, die Treuhandanstalt von Sanierungsaufgaben freizustellen: Ungeniert sollte die Ostwirtschaft abgewickelt werden. Und dazu verbat sich die Treuhandchefriege juristische Fisimatenten. Eilends stellte Bundesfinanzminister Theodor Waigel noch im Monat des Anschlusses der Treuhand-Führung einen Freibrief aus für alle nur möglichen legalen oder weniger legalen Praktiken bei der Vernichtung der ostdeutschen Wirtschaft.

Minister Waigel schrieb am 26. Oktober 1990 dem sehr geehrten Herrn Dr. Rohwedder:

»Sie haben den Wunsch an mich herangetragen, die Mitglieder des Verwaltungsrats und des Vorstands der Treuhandanstalt in vollem Umfang von jeder persönlichen Haftung freizustellen. Im Verlauf der Vorgespräche haben Sie auf die Dringlichkeit der Angelegenheit sowie darauf hingewiesen, eine Freistellung nur von der Haftung für leichte Fahrlässigkeit sei nicht ausreichend«.

Im Ministerium hatten rechtskundige Beamte offensichtlich so erhebliche Bedenken erhoben, dass Waigel seine

Entscheidung nur nach Absicherung durch Helmut Kohl traf. Und so schrieb er:

»Nach Überprüfung und Abstimmung mit den Bundesressorts habe ich mich – unter Zurückstellung von Bedenken – im Einvernehmen mit dem Herrn Bundeskanzler entschlossen, der extremen Ausnahmesituation, die Sie und alle anderen Organmitglieder bei der Aufnahme der Tätigkeit vorgefunden haben, Rechnung zu tragen. Ich gehe davon aus, die folgende Erklärung entspricht Ihrem Anliegen und auch der besonderen temporären Situation:

›Hiermit ermächtige ich den Vorstand, namens der Treuhandanstalt die Mitglieder des Verwaltungsrats von der Haftung für grobe Fahrlässigkeit bis zum 30. Juni 1991 freizustellen. Ferner werden Sie ermächtigt, für die zweijährige Laufzeit der Bestellung der Verwaltungsratsmitglieder eine Freistellung für leichte Fahrlässigkeit vorzusehen. Die Freistellung erfasst im gleichen Umfang die (eher theoretische) persönliche Inanspruchnahme durch Dritte.‹

Eine entsprechende Ermächtigung zur Haftungsfreistellung des Vorstands habe ich heute dem Vorsitzenden des Verwaltungsrats erteilt.«

Allerdings fügte der Minister ausdrücklich hinzu: »Bei dieser Haftungsfreistellung handelt es sich um eine außerordentliche Maßnahme, die auf die Mitglieder des Verwaltungsrats und des Vorstands beschränkt ist. Für die übrigen Mitglieder der Treuhandanstalt verbleibt es bei den allgemeinen arbeitsrechtlichen Regeln.«

Ein Jahr später, sechs Tage vor Ablauf dieses Jagdscheins, bekam Rohwedders Nachfolgerin Birgit Breuel begründete Angst, wie sie und der Vorstand ihre Arbeit fortsetzen könnten, wenn man ihnen eines Tages das »Außerachtlassen einfachster und nächstliegender Überlegungen« – das nämlich bedeutet die erlaubte «grobe Fahrlässigkeit« in ihrer juristischen Definition – vorhalten dürfte. Sie schrieb dem sehr geehrten Herrn Minister unmissverständlich, dass die üblichen Haftungsmaßstäbe für die Entscheidungsträger der Treuhand auch weiterhin nicht angewandt werden könnten:

»Da die Gerichte jedoch erst in der Zukunft solche Maßstäbe setzen werden und schlechthin nicht abzusehen ist, ob die Besonderheiten ausreichend gewürdigt werden, hält der Vorstand eine Haftungsfreistellung in Fällen grober Fahrlässigkeit für erforderlich. Andernfalls kämen die Entscheidungsträger in eine äußerst prekäre Entscheidungslage.«

Damit das Betriebsklima in der Treuhandanstalt angenehm bleibe und keiner in den Knast müsse, forderte die Treuhandpräsidentin entgegen der bisherigen Anordnung des Ministers obendrein noch gleiche Verantwortungslosigkeit für alle: Der Vorstand solle ermächtigt werden, »die Haftungsfreistellung an andere Entscheidungsträger in der Treuhandanstalt weiterzugeben.«

Waigel schickte zur Beantwortung des Breuel-Briefes zunächst seinen Staatssekretär Horst Köhler vor. Der schrieb ihr am 12. Juli 1991 erst mal:

»Die Bundesressorts haben sich inzwischen eingehend mit der Frage einer Verlängerung befasst. Angesichts der heutigen Situation – die Pionierzeit der Treuhandanstalt ist inzwischen überwunden – haben sie große Vorbehalte, die Freistellung zu verlängern, da ›grobe‹ Fahrlässigkeit auf Extremfälle mit schwerem Verschulden beschränkt ist ... Mir ist nicht bekannt, ob es angesichts des inzwischen erreichten Organisationsgrades der Treuhandanstalt überhaupt noch einzelne Bereiche gibt, bei denen der Vorstand meint, dass er insoweit grob fahrlässig handeln könnte. Ich wäre Ihnen dankbar, wenn Sie mir hierzu die möglichen Fälle nennen könnten.«

Dies empfand Birgit Breuel offensichtlich als Frechheit. Sie beschwerte sich am 13. August 1991 beim Minister über dessen Staatssekretär:
»Seine Bitte, ihm die möglichen Haftungsfälle zu nennen, zeigt meinen Kollegen im Vorstand und mir, dass wir das für die Arbeit und den Erfolg der Treuhandanstalt ungemein wichtige Thema bisher nicht ausreichend verdeutlicht haben.«
Birgit Breuel schien es unmöglich, die unermessliche Breite und Vielfalt grob fahrlässigen Treuhandverhaltens, bei dem sie und ihr Vorstand einfachste und nächstliegende Überlegungen – an und für sich sträflich – außer Acht lassen dürfen, in ein enges Regelwerk zu korsettieren:
»Eine Auflistung aller Fallgruppen, in denen die Gefahr besteht, dass der Vorwurf eines grob fahrlässigen Handelns erhoben wird, würde bei einem künftigen Fehlverhalten geradezu den Vorwurf vorsätzlichen Handelns provozieren.«
Sie drohte dem Minister mit Arbeitsverweigerung bei der zügigen Entindustrialisierung Ostdeutschlands auch durch die Treuhandmitarbeiter unterhalb der Vorstandsebene: »In Gesprächen haben wir erfahren, dass sich auch bei Mitarbeitern Vorbehalte aufbauen, ohne eine Verlängerung der Haftungsfreistellung in gleicher Weise wie bisher die unbedingt erforderlichen zügigen Entscheidungen insbesondere bei der Privatisierung zu treffen. Bekanntlich hatten wir die bisherige Haftungsfreistellung an unsere leitenden Mitarbeiter weitergegeben.«
Bekanntlich! Obwohl der Minister eben dies ausdrücklich untersagt hatte.
Birgit Breuel war – sicherlich nicht ohne Grund – in Sorge, dass »die Ausnahmesituation, in der wir zu arbeiten haben«, in späteren Jahren von den Gerichten nicht gebührend gewürdigt werden könnte; sie befürchtete

»persönliche Schuldzuweisungen verbunden mit vehement verfolgten Schadenersatzansprüchen«.

Für solche Fälle hatte die Chefin mit ihrem Vorstand am selben Tag sogenannte Insider-Regeln beschlossen, wonach für die Zukunft der Erwerb von Treuhand-Objekten für Mitarbeiter oder deren Verwandte »strikten Aufsichtsbestimmungen« unterworfen, allerdings nicht verboten wurde.

Es hatte zu viel Aufsehen erregt, dass das große Warenhaus am Alexanderplatz – gleich neben dem ersten Sitz der Treuhand – in den Besitz der Kaufhof AG überging und dass der Vorsitzende des Verwaltungsrates der Treuhand der damalige Kaufhof-Chef (und Kanzlerfreund) Jens Odewald war. Breuel am Ende ihres Briefes von 13. August 1991:

»Schon die Sorge vor einer bloßen Drohung mit Schadenersatzansprüchen in der Öffentlichkeit muss aber bei hiervon Betroffenen Vorsorgemaßnahmen auslösen, die persönlich und finanziell belastend sind.«

Da könnte dem Minister bedrohlich klar geworden sein, welch horrenden Fehler er mit der schriftlichen Ausfertigung seines allumfassenden Freibriefes begangen hatte. Um den Schaden zu begrenzen, schrieb Waigel am 18. Oktober 1991 der Frau Präsidentin:

»Die Freistellung von grober Fahrlässigkeit bis zum 30. Juni 1991 war eine Sonderregelung, die angesichts der extremen Ausnahmesituation in der Anlaufphase der Treuhandanstalt noch vertretbar war. Nach einem Jahr Treuhandanstalt lässt sich eine Freistellung von der Außerachtlassung ›einfachster und naheliegendster Überlegungen‹ nicht länger verantworten. Vor neue Gesetze, neue Situationen und neue Probleme sind alle in der Wirtschaft und Verwaltung Tätigen gestellt, namentlich auch Unternehmer, Geschäfts- und Behördenleiter in den neuen Bundesländern, die oft nicht einmal von der Haftung für einfache Fahrlässigkeit freigestellt sind. Bei meiner Einwilligung vom 26. Oktober 1990 bin ich davon ausgegangen, alle bei der Treuhandanstalt Beschäftigten würden im Rahmen des Möglichen die erforderliche Sorgfalt anwenden und schon aus diesem Grund nicht grob fahrlässig handeln ...«

Solch zur Schau gestellte Ahnungslosigkeit machte achtzehn Jahre später den Siemenskonzern – Korruption ist sein Hauptprodukt – zuversichtlich. Um in den USA einer Anklage in seinen milliardenschweren Schmiergeldaffären zu entgehen, einigte sich das Unternehmen mit den dortigen Behörden auf eine Strafzahlung von einer Milliarde Dollar, verbunden mit der Einsetzung eines Korruptionswächters. Die Suche nach einem geeigneten Mann fiel Siemens nicht schwer. Sie fand die brauchbare und willige Anstandsdame in dem allseits bekannten Ex-Minister Theo Waigel.

Strafsumme und Korruptionswächter als milde Strafe dafür, dass Siemens, wie das *Handelsblatt* am 16. Dezember 2008 formulierte, »viel zu wenig gegen die Korruption im Konzern unternommen« habe.

Waigel wirkte gut. Schon nach knapp zweijähriger Tätigkeit im Augiasstall konnte ntv am Sonntag, dem 7. November 2010, melden: »Waigel stellt Persilschein aus: Siemens ist ›sauber‹.« Interessant ist eine *dpa*-Meldung, die ntv bei dieser Gelegenheit mitlieferte: »Über seine bisherigen Ergebnisse habe Waigel ... auch einem Untersuchungsausschuss des griechischen Parlaments berichtet, der Schmiergeldzahlungen von Siemens in Athen aufklären soll. Die Aussage sei von großer Bedeutung, weil Politiker in Athen Siemens Staatsaufträge entziehen und das Unternehmen mit Strafzahlungen in Milliardenhöhe belangen wollten.«

Aber, gemach, noch sind wir bei der Treuhand im zusam-

mengeworfenen Deutschland und nicht in Griechenland. Damals, 1991, ließ der Kobra-Teamboss auch der Treuhandpräsidentin eine Hintertür offen:
»Angesichts der besonderen Verhältnisse in den neuen Bundesländern ... ist bei der Beurteilung des Verschuldens ein anderer, großzügigerer Maßstab anzulegen als in den alten Bundesländern. Ich sehe daher nicht die Gefahr, dass zu einem späteren Zeitpunkt Gerichte bei einem evtl. Vorwurf grober Fahrlässigkeit die heutige Ausnahmesituation nicht ausreichend würdigen ... Sollte es tatsächlich später zu einem Verfahren kommen, wird sich das Bundesministerium der Finanzen dafür einsetzen, dass die einmaligen Schwierigkeiten für die Arbeiten der Treuhandanstalt in vollem Umfang gewürdigt werden – Ich bitte deshalb um Ihr Verständnis, wenn ich über die nach wie vor geltende Freistellung von der Haftung wegen einfacher Fahrlässigkeit hinaus die Regelung wegen grober Fahrlässigkeit nicht weiter verlängern kann. Es ist auch nicht länger vertretbar, unterhalb der Vorstandsebene Mitarbeiter weiterhin von grober Fahrlässigkeit freizustellen. Soweit derartige Freistellungen von grober Fahrlässigkeit noch bestehen sollten, bitte ich, sie sobald wie möglich zu beenden.«
So Waigel »mit freundlichen Grüßen« im Oktober 1991. Doch noch bis mindestens Ende 1992 gab es Verträge mit hochdotierten Beratern, denen umstandslos zugestanden wurde, einfachste und nächstliegende Überlegungen zu missachten. So verstieß der Haftungs-Paragraf 11 eines vom 11. Dezember 1991 datierten Vertrages – »Die Haftung wegen einfacher und grober Fahrlässigkeit wird ausgeschlossen« – gegen die ausdrückliche und zwei Monate zuvor wiederholte Anordnung des Ministers.
Darum antwortete am 18. Dezember 1991 die Präsidentin, die ohne Außerachtlassen einfachster und nächstliegender Überlegungen ihre Abwicklungswut im Anschlussgebiet

nicht ausleben konnte, ruhig und gefasst dem Minister mit dem Kobra-Team: »Der Vorstand respektiert Ihre Entscheidung. Andererseits sind wir gehalten, die Funktionsfähigkeit der Treuhandanstalt in gleicher Weise zu beachten wie die Fürsorgepflicht gegenüber unseren leitenden Mitarbeitern.«

Waigel sollte sich überlegen, so setzte sie nach, dass »seit Auslaufen der Haftungsfreistellung einer Entscheidungsfreudigkeit insbesondere in Privatisierungsfällen Grenzen gesetzt werden, die zwangsläufig zu einer Verlangsamung des Prozesses führen. Mitarbeiter fürchten, unabsehbaren Haftungsrisiken ausgesetzt zu sein. Das Bestimmen der Trennlinie zwischen einfacher und grober Fahrlässigkeit im Einzelfall wird angesichts der differenzierten wirtschaftlichen und rechtlichen Fragen als schwierig angesehen. Der Vorstand kann sich solchen Überlegungen nicht verschließen.«

Sehr gut. Man »respektiert« den zuständigen Minister, macht ihm aber klar, dass man sich nicht an seine Vorgaben hält. Und der lässt es sich bieten. Erst ein halbes Jahr später – Birgit Breuel wurde im März für ihre Volksvermögensvernichtung zur »Managerin des Jahres« erwählt –, am 6. Juli 1992, raffte sich Waigel zu einem neuen Versuch auf, die Treuhand von grober Fahrlässigkeit abzuhalten. Dazu sei sie bis zum 30. Juni 1991 berechtigt gewesen, jetzt müsse Schluss sein, aber:

»Angesichts der nach wie vor herrschenden besonderen Verhältnisse in den neuen Bundesländern halte ich die Verlängerung der Haftungsfreistellung für leichte Fahrlässigkeit bis zum 31. Dezember 1993 für vertretbar.«

Und diese Freistellung verlängerte Waigel noch am 21. Dezember 1993 für ein weiteres Jahr, bis zum 31. Dezember 1994. Da war ohnedies Schluss, und Birgit Breuel schraubte vergnügten Sinnes das Treuhandfirmenschild vom

Göring-Ministerium ab. Das Zerstörungswerk war vollbracht.

*

Es geht weiter, anderswo. »Ich würde es sehr begrüßen, wenn unsere griechischen Freunde nach dem Vorbild der deutschen Treuhandanstalt eine regierungsunabhängige Privatisierungsagentur gründen würden«, erklärte im Mai 2011 Helmut Kohls guter Freund, der Euro-Gruppenchef und luxemburgische Ministerpräsident Jean-Claude Juncker, in einem Interview mit dem *Spiegel*.[15] Er warnte aber auch gleich davor, bei einer Hilfsaktion die Banken mitzahlen zu lassen. Juncker verkündete dies auf einem Höhepunkt der nicht zuletzt durch deutsche Banken mitverursachten Griechenlandkrise. Sie finanzierten besonders gern deutsche Rüstungsexporte nach Griechenland. Besonders schlimm traf es den Siemenskonzern, denn die Griechen zahlen einfach ihre Schulden nicht zurück. »Wir haben in Griechenland nicht unerhebliche ausstehende Forderungen«, klagte Siemens-Vorstand Peter Solmssen.[16] Das stimmt, seit das ehemalige Zentralvorstandsmitglied Volker Jung aus Griechenland geflohen ist und sich so einem seit 2009 anhängigen Verfahren wegen der Bestechung von Politikern und Beamten entzogen hat.
Anfang Juli verlangte Juncker im *Focus*, die Souveränität Griechenlands müsse deutlich eingeschränkt werden, und wiederholte seine *Spiegel*-Forderung. Denn: Für die anstehende Privatisierungswelle benötige Athen eine Lösung nach dem Vorbild der deutschen Treuhandanstalt.
Der Euro-Einsatzgruppenchef präzisierte nicht, welcher. Denn so wie die erste, die Haupttreuhandstelle Ost, mit Polen umging, so hatten die Deutschen auch in Griechenland gewütet von April 1941 bis November 1944. Erfahre-

ne Spitzenkräfte der deutschen Wirtschaft saßen in der Athener Zweigstelle des Wehrwirtschafts- und Rüstungsamtes im Oberkommando der Wehrmacht. Aufgrund seit längerer Zeit vorbereiteter Unterlagen hatte diese Wehrwirtschaftsorganisation – so der Historiker und Griechenlandexperte Martin Seckendorf[17] – die Aufgabe, »schnellstmöglich alles Brauchbare, alle Vorräte an Lebensmitteln, Treibstoffen, agrarischen und mineralischen Rohstoffen und Tabak sowie Bergbau- und Industriebetriebe zu erkunden und zu beschlagnahmen«.

Dazu gehörten auch 40 Tonnen Silbergeld. Seckendorf weiter: »Der Beauftragte des Kruppkonzerns in Athen meldete nach Essen, in der Zeit vom 1. bis 10. Mai 1941 sei die gesamte griechische Bergbauproduktion ›für Deutschland gesichert‹ worden. Von besonderer Bedeutung erschien den Deutschen dabei« – damals schon – »die Kontrolle über die Elektrizitätserzeugung und -versorgung sowie über alle griechischen Mineralölgesellschaften und vor allem über die Banken.«

Neben dem unverhohlenen Raub und dem, so Seckendorf, »weitgehend gelungenen Versuch, die Verfügungsgewalt über die griechische Wirtschaft zu erhalten, war diese Phase auch gekennzeichnet von einer aktiven Deindustrialisierungspolitik. Auf Initiative der deutschen Großwirtschaft wurden den griechischen Betrieben von deutschen Besatzungsbehörden die Rohstoffe und Halbfabrikate durch Beschlagnahmungen entzogen, so dass sie geschlossen werden mussten. Die deutsche Privatwirtschaft wollte auf diese Weise an die begehrten Rohstoffe gelangen und gleichzeitig für die deutsche Fertigwarenindustrie lästige Konkurrenten beseitigen.«

Genau, Juncker hat recht, Griechenland muss auch heute nach dem Vorbild der beiden deutschen Treuhandanstalten saniert werden. Die Drachme haben die Deutschen

auch schon heruntergewirtschaftet. Die Preise für Bedarfsgüter stiegen für die Griechen um das 100- bis 250-fache, Gehaltserhöhungen nur um das 6- bis 8-fache.
Seckendorf: »Die Größenordnung der über die Drachme vollzogenen Ausbeutung zeigt das Verhältnis des Wehrmachtsbedarfs an Drachmen zum Banknotenumlauf. Die Drachmenanforderung der Wehrmacht machte im Mai 63 Prozent und im August 1944 über 90 Prozent des gesamten Banknotenumlaufs aus. Häufig wurde die Obergrenze des Wehrmachtsbedarfs nur noch von der Kapazität der Notenpresse bestimmt.«
Wiedergutmachung, Rückgabe des Geraubten sollte es erst nach einem Friedensvertrag nach der »Wiedervereinigung« geben. Dass der nicht zustande kam, dafür sorgte im Anschlusstaumel Juncker-Freund Helmut Kohl.

*

Der Aufstand Ost fand nicht statt. Ob aber der Aufstand Südost ausbleibt, wenn nach dem Juncker-Befehl Griechenland seine Souveränität verliert und von der Treuhand nach deutschem Vorbild regiert wird, das ist ungewiss.

Anhang

Die Treuhandmanager

Funktionen der THA-Vorstands- und der in der Wirtschaft tätigen westdeutschen Verwaltungsratsmitglieder nach ihren eigenen Angaben für den Treuhanduntersuchungsausschuss des Bundestages.

I. VORSTAND

Dr.-Ing. Gohlke, Reiner Maria
Eintritt in den Vorstand der THA: 15. 7. 1990
Austritt aus dem Vorstand der THA: 29. 8. 1990

a) Vor Eintritt in den Vorstand:
Geschäftsführer und Vorstandsmitglied IBM
Vorstandsvorsitzender Deutsche Bundesbahn

b) Während der Amtszeit in der Treuhand:
Aufsichtsratsvorsitzender Schenker & Co. GmbH, Berlin, bis 24. 9. 1990
Aufsichtsratsmitglied Schenker & Co. GmbH, Berlin, seit 24. 9. 1990
Aufsichtsratsmitglied Lufthansa Commercial Holding AG, Köln
Verwaltungsratsvorsitzender Eurofima Finanzierungsgesellschaft, Basel
Aufsichtsratsmitglied Preussag Salzgitter, Hannover
Aufsichtsratsmitglied BP Benzin und Petroleum AG, Hamburg
Aufsichtsratsmitglied DEVK Lebensversicherungsgesellschaft, Köln
Beirat Hapag Lloyd AG, Hamburg
Beirat Dresdner Bank AG, Frankfurt/Main
Beirat Allianz-Versicherung AG, München
Board of Governors des World Management Council, NewYork

c) Nach Beendigung der Amtszeit:
Linienfunktion als Geschäftsführer beim Süddeutschen Verlag, seit 2. 4. 1990

Breuel, Birgit
Eintritt in den Vorstand der THA: 18. 9. 1990

a) Vor Eintritt in den Vorstand:
Finanzministerin in Niedersachsen (in dieser Funktion Wahrnehmung von Aufsichtsratsmandaten von Amts wegen), bis zum 21. 6. 1990
Abgeordnete im Niedersächsischen Landtag
Mitglied im Bundesvorstand der CDU
Vorsitzende der Mittelstandsvereinigung der CDU

b) Während der Amtszeit in der Treuhand:
Aufsichtsratsmitglied PreussenElektra AG, bis 31. 12. 1990
Beiratsmitglied Hamburg-Mannheimer Versicherungs AG, bis 6. 12. 1991
SmithKline Beecham Member of Board (Non executive), 25. 1. 1991 bis 3. 8. 1991
Beiratsmitglied der Hermes Kreditversicherungs AG, seit 11. 11. 1991
Beiratsmitgleid Allgemeine Kreditversicherungs AG, seit 22. 11. 1991
Aufsichtsratsmitglied Daimler-Benz AG, seit 26. 5. 1993
im Frühjahr 1991 für ein Mandat im Aufsichtsrat der IBM Deutschland vorgeschlagen; nach Ernennung zur Präsidentin der THA niedergelegt
Beiratsmandate wurden 1990 bis 1993 in der Regel nicht wahrgenommen

Brahms, Hero
Eintritt in den Vorstand der THA: 1. 6. 1991

a) Vor Eintritt in den Vorstand:
alle Mandate sind unmittelbar vor Amtsantritt oder im Verlauf 1991 ausgelaufen
Vorstandsmitglied Hoesch AG, Dortmund
Aufsichtsratsvorsitzender Hoesch Maschinenfabrik Deutsche AG, Dortmund

Aufsichtsratsvorsitzender Hoesch Rothe Erde-Schmiedag AG, Dortmund
Beiratsvorsitzender mbp GmbH, Dortmund
Beiratsvorsitzender Berco S.p.a., Copparo, Italien
Beiratsvorsitzender Vacmetal GmbH, Dortmund
Aufsichtsratsmitglied Hoesch Stahl AG, Dortmund
Aufsichtsratsmitglied Hoesch Hohenlimburg AG, Hohenlimburg
Aufsichtsratsmitglied Hoesch Rohr AG, Hamm
Aufsichtsratsmitglied Eisen und Metall AG, Gelsenkirchen
Aufsichtsratsmitglied Dittmann & Neuhaus AG, Herbede
Aufsichtsratsmitglied O & K Orenstein & Koppel AG, Dortmund
Aufsichtsratsmitglied Dolomitwerke GmbH, Wülfrath
Vorsitzender des Arbeitgeberverbandes der Eisen- und Stahlindustrie, Düsseldorf
Vorstandsmitglied VIK, Vereinigung für industrielle Kraftwirtschaft

b) Während der Amtszeit in der Treuhand:
Aufsichtsratsmitglied Simonbank AG, Düsseldorf, ausgelaufen 1992
Beiratsmitglied Dresdner Bank AG, Düsseldorf
Beiratsmitglied HDI Haftpflichtverband der Deutschen Industrie WaG, Hannover
Beiratsmitglied Ruhrgas AG, Essen
Beiratsmitglied Gerling-Konzern, Köln
Mitglied des Beraterkreises Rhenus AG, Dortmund
Aufsichtsratsmitglied Deutsche Bundespost Postdienst, Bonn
Mitglied des erweiterten Vorstands DSW Deutsche Schutzvereinigung für Wertpapierbesitz e.V., Düsseldorf

Dr. Föhr, Horst
Eintritt in den Vorstand der THA: 1. 5. 1992

a) Vor Eintritt in den Vorstand:
Vorstandsmitglied ARAL AG, zuständig für Personalwesen und Auslandsgeschäft, Finanz- und Rechnungswesen, Controlling, Logistik, 1980 bis 1991
Aufsichtsrats-/Beiratsmitglied ausländischer Tochtergesellschaften der ARAL AG

Aufsichtsratsmitglied/-vorsitzender Wever + Co. GmbH, 1989 bis 1991
Personalvorstand und Recht TAKRAF AG Leipzig, 1991 bis 1992
Aufsichtsratsmitglied/-vorsitzender von Tochtergesellschaften der TAKRAF AG

b) Während der Amtszeit in der Treuhand:
Beiratsvorsitzender der Treuhand-Osteuropa-Beratungsgesellschaft TOB, ab November 1993
Mitglied Kuratorium QUEM (Ehrenamt)
Beiratsmitglied Management KG (Ehrenamt)

Dr. Hornef, Heinrich
Eintritt in den Vorstand der THA: 1. 6. 1992

a) Vor Eintritt in den Vorstand:
Geschäftsführer der Boehringer Mannheim GmbH, Mannheim
Aufsichtsratsmitglied Laborchemie Apolda GmbH
Aufsichtsratsmitglied Erste Baugesellschaft Leipzig AG, Leipzig
Vorsitzender des Finanzausschusses / Mitglied des Hauptausschusses des Verbandes der Chemischen Industrie e.V., seit April 1989
Mitglied der Etatkommission des Bundesverbandes der Pharmazeutischen Industrie, seit 1982
Vizepräsident der Industrie- und Handelskammer Rhein-Neckar, seit Mai 1989, und Mitglied der Vollversammlung, seit 1985
Stellvertretender Vorsitzender des Vereins zur Förderung der wissenschaftlichen Weiterbildung an der Universität Mannheim e.V., seit Januar 1987
Vorstandsmitglied der Gesellschaft für Finanzwirtschaft in der Unternehmensführung e.V. (GEFUI), seit November 1982

b) Während der Amtszeit in der Treuhand:
Aufsichtsratsmitglied SAP, Walldorf, seit 1988
Beiratsmitglied Deutsche Bank AG, Mannheim, seit Oktober 1974
Beiratsmitglied Colonia Versicherung AG, seit Oktober 1977
Vorstandsmitglied Frankfurter Institut für wirtschaftliche Forschung e.V./Kronberger Kreis, seit November 1987

Mitglied des Kuratoriums des Instituts »Finanzen und Steuern« e.V., seit Juni 1983
Mitglied des Kreisvorstandes und Schatzmeister der CDU Rhein-Neckar-Kreis

Dr. Klinz, Wolf R.
Eintritt in den Vorstand der THA: 1. 11. 1990

a) Vor Eintritt in den Vorstand:
Mitglied der Konzernleitung Landis & Gyr, Zug, Schweiz, September 1984 bis November 1990
Mitglied diverser Aufsichtsräte von Landis & Gyr-Tochtergesellschaften

b) Während der Amtszeit in der Treuhand:
Vorstandsmitglied Handelskammer Deutschland-Schweiz, Zürich, seit 1986
Aufsichtsratsmitglied IKB Industriebank AG, Düsseldorf, Herbst 1991 bis Herbst 1993
Aufsichtsratsmitglied DMS GmbH, Rostock, seit Juni 1993
Aufsichtsratsmitglied DWA AG, Berlin, seit August 1993
Mitglied des Rotary Clubs Zug-Zugersee, Schweiz, Februar 1986 bis Februar 1993
Gründungspräsident des Rotary Clubs Berlin-Brandenburger Tor, seit März 1993
Mitglied des Ehemaligen-Verbandes des Ratsgymnasiums Hannover e.V.
Mitglied der INSEAD Alumni Association Deutschland
Mitglied des Treuhand Alumni Clubs, Berlin, seit 1992

Dr. Krämer, Hans
Eintritt in den Vorstand der THA: 15. 11. 1990

a) Vor Eintritt in den Vorstand:
Vorstandsvorsitzender STEAG AG, Essen

b) Während der Amtszeit in der Treuhand:
Aufsichtsratsvorsitzender Liegenschaftsgesellschaft der Treuhandanstalt mbH, seit 19. 12. 1991
Beiratsmitglied EFBE Verwaltungs GmbH, 12. 11. 1993 bis 1. 12. 1993
Beiratsmitglied EREL Verwaltungs GmbH, 27. 10. 1993 bis 1. 12. 1993
Aufsichtsratsvorsitzender Aachener und Münchener Beteiligungsgesellschaft AG, seit 5. 7. 1993
Verwaltungsratsmitglied Marcard Stein & Co., seit 26. 3. 1992
Aufsichtsratsmitglied Rheinboden Hypothekenbank AG, seit 16. 8. 1991
Aufsichtsratsmitglied Hamburg-Mannheimer Versicherungs AG, seit 27. 6. 1988
Beiratsmitglied Deutsche Bank AG, Essen, seit 1. 7. 1981
Beiratsmitglied Allianz Versicherungs AG, Köln, seit Juli 1977
Mitglied des Wirtschaftsbeirates der WestLB, seit 1. 5. 1986
Vorstandsmitglied VIK, Verband der Industriellen Energie- und Kraftwirtschaft e.V., seit 21. 10. 1977
Beiratsmitglied NGW, Niederrheinische Gas- und Wasserwerke GmbH, seit Juli 1977
Beiratsmitglied Verbindungsstelle Landwirtschaft-Industrie e.V., seit 1. 2. 1979
Mitglied der Arbeitsgemeinschaft für Umweltfragen e.V., seit 12. 9. 1985

Dr. Schucht, Klaus
Eintritt in den Vorstand der THA: 6. 5. 1991

a) Vor Eintritt in den Vorstand:
Vorstandssprecher Ruhrkohle Westfalen AG
Vorstandsmitglied UVR
Ausschussmitglied Tarifwesen
Vorstandsmitglied DMT
Vorsitzender der BBG Vertreterversammlung
Vizepräsident der IHK
Vorsitzender des Industrieausschusses der IHK

Ausschussmitglied WVB Ausschuss Berge- und Rohstoffwirtschaft
Beiratsmitglied Montan Consulting
Beiratsmitglied Montan-Grundstücksgesellschaft
Beiratsmitglied Meuwen & Brockhausen
Beiratsmitglied Montana
Beiratsmitglied Ruhrkohle Versicherungsdienst
Beiratsmitglied Ruhrcarbo
Aufsichtsratsmitglied Heinrich Robert Verwaltungs AG
Aufsichtsratsmitglied Friedrich Heinrich Verwaltungs AG
Beiratsmitglied Hansa-Haus Verwaltungs GmbH
Beiratsmitglied Vereinigung der Freunde von Kunst und Kultur im Bergbau e.V., Bochum
Kuratoriumsmitglied der Gesellschaft für Technik und Wirtschaft e.V., Dortmund

b) Während der Amtszeit in der Treuhand:
Aufsichtsratsvorsitzender Rank Xerox Deutschland
Aufsichtsratsmitglied Eschweiler Bergwerksverein AG
Vorsitzender des Verbandsrates Lippeverband
Mitglied des Lenkungsauschusses IBA
Beiratsmitglied des Sekretariats für Zukunftsforschung NRW
Beiratsmitglied Technologiezentrums Dortmund GmbH

Dr. Wild, Klaus-Peter
Eintritt in den Vorstand der THA: 9. 8. 1990

a) Vor Eintritt in den Vorstand:
Leiter der Abteilung »Industrie« im Bayerischen Staatsministerium für Wirtschaft und Verkehr
Leiter des Arbeitsstabes »Mittlere Oberpfalz« der Bayerischen Staatsregierung
Aufsichtsratsmitglied Neue Maxhütte, Sulzbach-Rosenberg

b) Während der Amtszeit in der Treuhand:
Aufsichtsratsmitglied Deutsche Maschinen- und Schiffbau GmbH (DMS), Rostock, seit April 1992

Dr. Koch, Alexander
Eintritt in den Vorstand der THA: 1. 10. 1990
Austritt aus dem Vorstand der THA: 31. 5. 1992

a) Vor Eintritt in den Vorstand:
Vorstandsmitglied Vereinigte Haftpflichtversicherung AG, Hannover, bis 30. 9. 1990

c) Nach Beendigung der Amtszeit:
Vorsitzender der Geschäftsführung des Internationalen Bundes für Sozialarbeit – Jugendsozialwerk e.V., Frankfurt/Main

Dr. Halm, Gunther
Eintritt in den Vorstand der THA: 9. 8. 1990
Austritt aus dem Vorstand der THA: 31. 5. 1991

b) Während der Amtszeit in der Treuhand:
Staatssekretär im Ministerium für Wirtschaft der Regierung de Maizière und Mitglied der Verhandlungsdelegation zur Ausarbeitung des Einigungsvertrages
Mitglied des Präsidiums des Bundes Freier Demokraten bis zum Vereinigungsparteitag der FDP
Geschäftsführender Minister für Wirtschaft in der Regierung de Maizière, 16. 8. 1990 bis 2. 10. 1990

Krause, Wolfram
Eintritt in den Vorstand der THA: 15. 7. 1990
Austritt aus dem Vorstand der THA: 26. 6. 1992

a) Vor Eintritt in den Vorstand:
Leiter der Arbeitsgruppe »Wirtschaftsreform« beim Ministerrat der DDR, 1. 12. 1989 bis 29. 3. 1990
Staatssekretär für Wirtschaftsreform beim Ministerrat der DDR, 22. 2. 1990 bis 29. 3. 1990
Mitglied und Stellvertreter des Vorsitzenden des Direktoriums der Treuhandanstalt vom 15. 3. 1990 bis 15. 7. 1990

b) Während der Amtszeit in der Treuhand:
Vorstandsmitglied Ressort Finanzen, 15. 7. 1990 bis 20. 5. 1992
Vorstandsmitglied Ressort Osteuropa und Geschäftsführer Treuhand Osteuropa Beratungsgesellschaft mbH (TOB), 20. 5. 1992 bis 26. 6. 1992

c) Nach Beendigung der Amtszeit:
selbständige Beratertätigkeit

Dr. Rexrodt, Günter
Eintritt in den Vorstand der THA: 1. 9. 1991
Austritt aus dem Vorstand der THA: 31. 1. 1993

a) Vor Eintritt in den Vorstand:
Vorstandsvorsitzender der Citibank AG, Frankfurt

b) Während der Amtszeit in der Treuhand:
Stellvertretender Vorsitzender der FDP, Berlin
Mitglied des Bundesvorstandes der FDP
Aufsichtsratsmitglied TLG
Beiratsvorsitzender TOB mbH
Mitglied des Kuratoriums Olympia 2000 Berlin GmbH
Mitglied des Kuratoriums Schindler GmbH, Berlin

c) Nach Beendigung der Amtszeit:
Bundesminister für Wirtschaft

II. TREUHAND-VERWALTUNGSRAT

Dr. Odewald, Jens
Verwaltungsratsvorsitzender THA vom 29. 8. 1990 bis 20. 4. 1993

1. Berufliche Tätigkeit

Vor, während und nach der Amtszeit im Verwaltungsrat:
Vorsitzender des Vorstandes der Kaufhof-Holding AG, Köln

2. Mandate (Aufsichtsräte, Verwaltungsräte, Beiräte)

a) Vor Eintritt in den Verwaltungsrat:
Philips GmbH, Hamburg
DVKB AG, Frankfurt
konzerninterne Mandate Hapag-Lloyd AG, Hamburg
Albingia Lebensversicherungs-AG, Hamburg
Euro Disney S.A., Paris

b/c) Während und nach der Mitgliedschaft im Verwaltungsrat:
wie unter *a),* nur Philips GmbH und DVKB AG aus Zeitgründen aufgegeben

3. Sonstige Funktionen im Bereich der Wirtschaft

Gesellschaft zum Studium strukturpolitischer Fragen e.V.
Präsidiumsmitglied Hauptverband des Deutschen Einzelhandels
Präsidiumsmitglied Bundesarbeitsgemeinschaft der Mittel- und Großbetriebe des Einzelhandels e.V.

4. Politische Funktionen (freigestellt)

Mitglied der Christlich Demokratischen Union

P.S. 2011: Nachdem die Treuhand unter dem Verwaltungsratvorsitz des Vorstandsvorsitzenden der Kaufhof AG eben der das lukrative Kaufhaus am Alexanderplatz zuschob, zeigte sich Odewald erkenntlich und spendierte zusammen mit seiner Ehefrau dem eigentlichen Urheber solcher Bescherung, dem Einheitskanzler Helmut Kohl, 650 000 DM, als der in der CDU-Spendenaffäre sein »Ehrenwort« gegeben hatte.

Dr. Pastuszek, Horst
Verwaltungsratsmitglied der THA vom 15. 7. 1990 bis 18. 12. 1992

1. Berufliche Tätigkeit

a) Vor Eintritt in den Verwaltungsrat:
Vorstandsmitglied der Tchibo Holding AG, Hamburg

b) Während der Mitgliedschaft im Verwaltungsrat:
wie unter *a)* bis 31. 12. 1991; ab 1. 1. 1992 im Ruhestand

2. Mandate (Aufsichtsräte, Verwaltungsräte, Beiräte)

a) Vor Eintritt in den Verwaltungsrat:
Aufsichtsratsmitglied Beiersdorf AG, Hamburg
Aufsichtsratsmitglied Dralle Holding AG, Hamburg
Aufsichtsratsmitglied Reemtsma Cigarettenfabriken GmbH, Hamburg
Aufsichtsratsmitglied Tchibo Frisch-Röst-Kaffee GmbH, Hamburg
Beiratsmitglied Peek + Cloppenburg, Hamburg
Beiratsmitglied Deutsche Bank, Hamburg

b) Während der Mitgliedschaft im Verwaltungsrat:
Aufsichtsratsmitglied Dralle Holding AG, Rosenheim bis August 1991
Aufsichtsratsmitglied Gebr. März AG, Rosenheim, November 1990 bis August 1991
Aufsichtsratsmitglied Rathenow Optische Werke GmbH, Rathenow, Januar 1991 bis Januar 1992
Aufsichtsratsmitglied Beiersdorf AG, Hamburg
Aufsichtsratsmitglied Reemtsma Cigarettenfabriken GmbH, Hamburg
Aufsichtsratsmitglied Tchibo Frisch-Röst-Kaffee GmbH, Hamburg
Aufsichtsratsmitglied Tchibo Holding AG, Hamburg, ab Januar 1993
Beiratsmitglied Peek + Cloppenburg, Hamburg
Beiratsmitglied Deutsche Bank, Hamburg, bis Dezember 1991

c) Nach Beendigung der Amtszeit:
Aufsichtsratsmitglied Beiersdorf AG, Hamburg
Aufsichtsratsmitglied Reemtsma Cigarettenfabriken GmbH, Hamburg
Aufsichtsratsmitglied Tchibo Holding AG, Hamburg
Aufsichtsratsmitglied Tchibo Frisch-Röst-Kaffee GmbH, Hamburg
Beiratsmitglied Peek + Cloppenburg, Hamburg

Henkel, Hans-Olaf
Verwaltungsratsmitglied der THA vom 15. 7. 1990 bis 18. 12. 1992

1. Berufliche Tätigkeit

Vor, während und nach der Amtszeit im Verwaltungsrat:
Vorsitzender der Geschäftsführung IBM Deutschland GmbH (und andere Funktionen im IBM-Konzern)

2. Mandate (Aufsichtsräte, Verwaltungsräte, Beiräte)

a) Vor Eintritt in den Verwaltungsrat:
Aufsichtsratsmitglied Deutsche Aerospace AG
Beiratsmitglied Bayerische Hypotheken- und Wechselbank AG
Verwaltungsbeiratsmitglied Commerzbank AG
Aufsichtsratsmitglied Continental Aktiengesellschaft
Beiratsmitglied Karlsruher Lebensversicherung AG
Beiratsmitglied Allianz-Versicherungs AG

b) Während der Mitgliedschaft im Verwaltungsrat:
Beiratsmitglied Hermes Kreditversicherungs-AG
Aufsichtsratsmitglied Deutsche Aerospace AG
Beiratsmitglied Bayerische Hypotheken- und Wechselbank AG

P.S. 2011: Es handelt sich um eben den Olaf Henkel, der seither – ebenso wie Arnulf Baring – ein mehr als regelmäßiges Talkshowmandat bei ARD und ZDF ausübt.

---

van Tilburg, J. J. G. Ch.
Verwaltungsratsmitglied der THA vom 15. 7. 1990 bis 18. 12. 1992

1. Berufliche Tätigkeit

a) Vor Eintritt in den Verwaltungsrat:
Vorstandsvorsitzender Grundig AG, Fürth

b) Während der Mitgliedschaft im Verwaltungsrat:
Vorstandsvorsitzender Grundig AG, Fürth, bis 31. 12. 1991
ab 1. 1. 1992 keine Tätigkeit

2. Mandate (Aufsichtsräte, Verwaltungsräte, Beiräte)

Vor, während und nach der Amtszeit im Verwaltungsrat:
Beiratsmitglied Allianz AG
Beiratsmitglied Deutsche Bank AG, Region Süd

3. Sonstige Funktionen im Bereich der Wirtschaft

Vorstandsmitglied Deutsch-Niederländische Handelskammer
Vorstandsmitglied Z.V.E.I.

Lennings, Dr. Manfred
Verwaltungsratsmitglied der THA seit 18. 12. 1990
Verwaltungsratsvorsitzender der THA seit 20. 4. 1993

1. Berufliche Tätigkeit

a) Vor Eintritt in den Verwaltungsrat
Direktor im GHH Aktienverein, Oberhausen
Stellvertretendes Vorstandsmitglied GHH Aktienverein
Vorstandsvorsitzender GHH Aktienverein
Vorstandsmitglied Deutsche Wert AG, Hamburg
Vorstandsvorsitzender Howaldtswerke – Deutsche Werft AG, Hamburg/Kiel
Berater Westdeutsche Landesbank Girozentrale, Düsseldorf

b) Gegenwärtige Mandate:
Berater Westdeutsche Landesbank Girozentrale, Düsseldorf

2. Mandate (Aufsichtsräte, Verwaltungsräte, Beiräte)

a) Frühere Mandate:
Aufsichtsratsvorsitzender Hamburger Stahlwerke GmbH, Hamburg, bis 8. 10. 1993
Aufsichtsratsvorsitzender Prisma-Werkzeugmaschinengesellschaft mbH, Chemnitz
Aufsichtsratsmitglied Preussag AG, Hannover
Aufsichtsratsmitglied DMS – Deutsche Maschinen- und Schiffbau AG

b) Gegenwärtige Mandate:
Aufsichtsratsvorsitzender Friedrich Krupp AG Hoesch-Krupp, Essen
Aufsichtsratsvorsitzender Gildemeister AG, Bielefeld
Aufsichtsratsvorsitzender IVG AG, Bonn
Aufsichtsratsvorsitzender kabelmetal electro GmbH, Hannover
Aufsichtsratsmitglied Alcatel SEL AG, Stuttgart
Aufsichtsratsmitglied Bayer AG, Leverkusen
Aufsichtsratsmitglied Deutsche Shell AG, Hamburg
Aufsichtsratsmitglied Lufthansa Consulting GmbH, Köln
Aufsichtsratsmitglied Rheinisch-Westfälische Grundstücks-Investment GmbH, Düsseldorf
Beiratsmitglied Allianz-Versicherung AG, München
Beiratsmitglied Privatbrauerei Diebels GmbH + Co. KG, Issum
Beiratsmitglied Krause Biagosch GmbH, Bielefeld
Beiratsmitglied Küttner GmbH + Co. KG, Essen

3. Sonstige Funktionen im Bereich Wirtschaft

Präsident des Instituts der Deutschen Wirtschaft, Köln
Mitglied des Präsidiums des Bundesverbandes der Deutschen Industrie (BDI) und der Bundesvereinigung der Deutschen Arbeitgeberverbände (BDA)

4. Politische Funktionen (freigestellt)

keine

Gellert, Dr. Otto
Stellvertretender Verwaltungsratsvorsitzender der THA

1. Berufliche Tätigkeit

a) Vor Eintritt in den Verwaltungsrat:
Wirtschaftsprüfer, Steuerberater, Unternehmensberater
Gesellschafter und Gesprächspartner der Gellert Wirtschaftsprüfung GmbH, Hamburg
Dozent an der Universität Hamburg

b) Gegenwärtig:
wie unter *a)*; seit 1. 1. 1992 nicht mehr Gesellschafter und Gesprächspartner der Gellert Wirtschaftsprüfung GmbH, Hamburg

2. Mandate (Aufsichtsräte, Verwaltungsräte, Beiräte)

a) Frühere Mandate
siehe Anlage – die Anlage umfasst 28 Schreibmaschinenseiten, die hier nicht wiedergegeben werden können

b) Gegenwärtige Mandate:
Aufsichtsratsvorsitzender Bankhaus M. M. Warburg & Co., Hamburg, seit 1988
Aufsichtsratsvorsitzender BICC – KWO Kabel GmbH, Berlin, seit 11. 10. 1993
Aufsichtsratsvorsitzender ECO-Stahl AG, Eisenhüttenstadt, seit 1. 9. 1990
Aufsichtsratsmitglied Euro Medien GmbH, Babelsberg, seit 20. 9. 1993
Aufsichtsratsmitglied Horten AG, Düsseldorf, seit 30. 6. 1993
Aufsichtsratsmitglied Friedrich Krupp AG Hoesch-Krupp, Essen, seit 25. 8. 1993

Aufsichtsratsmitglied Kühne & Nagel International AG, Zürich, seit 1. 3. 1992
Aufsichtsratsmitglied Gebrüder März AG, Rosenheim, seit Mai 1992

4. Politische Funktionen (freigestellt)

keine

Leibinger, Dr. Berthold
Verwaltungsratsmitglied der THA seit 8. 3. 1991

1. Berufliche Tätigkeit

a) Vor Eintritt in den Verwaltungsrat:
Geschäftsführender Gesellschafter der Trumpf GmbH & Co.

b) Gegenwärtig:
wie unter *a)*

2. Mandate (Aufsichtsräte, Verwaltungsräte, Beiräte)

b) Frühere Mandate:
Aufsichtsratsmitglied Maho AG bis September 1993
Aufsichtsratsmitglied Telekom bis August 1991

a) Gegenwärtige Mandate:
Geschäftsführender Gesellschafter Trumpf GmbH & Co. Ditzingen
Verwaltungsratsvorsitzende in verschiedenen Trumpf-Tochtergesellschaften
Verwaltungsratsvorsitzender Landesgirokasse Stuttgart
Verwaltungsratsmitglied Karl Huber Verpackungswerke, Öhringen
Verwaltungsratsmitglied Bankhaus Trinkhaus & Burkhardt, Düsseldorf
Beiratsmitglied Fritz Hüttinger Elektronik GmbH, Freiburg – hier besteht eine 75-prozentige Beteiligung von Trumpf GmbH & Co.
Aufsichtsratsmitglied Alcatel SEL AG, Stuttgart

3. Sonstige Funktionen im Bereich der Wirtschaft

Präsident des VDMA, bis 1992
Präsident IHK Stuttgart, 1985-90
Stellvertretender Vorsitzender VDW

4. Politische Funktionene (freigestellt)

keine

Prof. Dr. h. c. Köhler, Claus
Verwaltungsratsmitglied der THA seit 15. 7. 1990

1. Berufliche Tätigkeit

a) Vor Eintritt in den Verwaltungsrat:
Mitglied des Direktoriums der Deutschen Bundesbank

b) Gegenwärtig:
Professur an den Universitäten Frankfurt/M. Und Hannover

2. Mandate (Aufsichtsräte, Verwaltungsräte, Beiräte)

a) Frühere Mandate:
Mitglied des Beirates der Deutschen Unilever GmbH, Hamburg

b) Gegenwärtige Mandate:
Aufsichtsratsmitglied DVKB Deutsche Verkehrs-Kredit-Bank AG, Frankfurt am Main
Beiratsmitglied Westfälische Hypothekenbanken AG, Dortmund
Mitglied des Board of Directors des Germany Fund des Future Germany Fund, New York

3. sonstige Funktionen im Bereich der Wirtschaft

keine

Leysen, Dr. André
Verwaltungsratsmitglied der THA seit 15. 7. 1990

1. Berufliche Tätigkeit

a) Vor Eintritt in den Verwaltungsrat:
Aufsichtsratsvorsitzender Agfa-Gevaert

b) Gegenwärtig:
Aufsichtsratsvorsitzender Agfa-Gevaert

2. Mandate (Aufsichtsräte, Verwaltungsräte, Beiräte)

a) Gegenwärtige Mandate:
Verwaltungsratsvorsitzender Gevaert N.V., Mortsel
Aufsichtsratsvorsitzender Agfa Gevaert
Aufsichtsratsvorsitzender Hapag Lloyd AG, Hamburg
Vorsitzender des Direktionskomitees der Zeitungsgruppe *De Standaard*
Aufsichtsratsvorsitzender Reedereigesellschaft Ahlers N.V., Antwerpen
Aufsichtsratsvorsitzender SHV Utrecht
Stellvertretender Aufsichtsratsvorsitzender Philips Electronics Eindhoven
Aufsichtsratsmitglied Bayer AG, Leverkusen
Aufsichtsratsmitglied AG, Düsseldorf
Aufsichtsratsmitglied AG, Berlin / Bonn
Aufsichtsratsmitglied AG, München
Aufsichtsratsmitglied WTAG,Dortmund
Aufsichtsratsmitglied N.V., den Haag
Verwaltungsratsmitglied Kreditbank N.V., Brüssel
Verwaltungsratsmitglied „Cobepa" (Compagnie Belge de Participations Paribas S.A.), Brüssel
Verwaltungsratsmitglied Group Brüssel
Verwaltungsratsmitglied Chemie
Verwaltungsratsmitglied C.P.I. SA (Compagnie de Participations Internationales)
Verwaltungsratsmitglied Comipar (Compagnie Industrielle Pallas)

Niethammer, Dr. Frank
Verwaltungsratsmitglied der THA seit 15. 7. 1990

1. Berufliche Tätigkeit

a) Vor Eintritt in den Verwaltungsrat:
Vorstandsvorsitzender AGIV AG für Industrie und Verkehrswesen Frankfurt am Main, bis 30. 8. 1991

b) Gegenwärtig:
Geschäftsführer der Niethammer Unternehmensbeteiligung GmbH, Königstein im Taunus

2. Mandate (Aufsichtsräte, Verwaltungsräte, Beiräte)

a) Frühere Mandate:
Aufsichtsratsvorsitzender der Barmag AG, Remscheid, bis 13. 11. 1991
Aufsichtsratsmitglied der Barmag AG, Remscheid, bis 30. 11. 1991
Aufsichtsratsvorsitzender der Kraftanlagen AG, Heidelberg, bis 7. 10. 1991
Aufsichtsratsvorsitzender der Württembergischen Elektrizität AG, München, bis 31. 12. 1990
Aufsichtsratsmitglied der Kraftanlagen AG, Heidelberg, bis 17. 5. 1993
Aufsichtsratsvorsitzender Wayss & Freytag AG, Frankfurt, bis 1. 4. 1992
Aufsichtsratsvorsitzender Gaggenau Werke, Haus-und Lufttechnik GmbH, Gaggenau/Baden, bis 12. 2. 1993
Aufsichtsratsvorsitzender Carl Schenck AG, Darmstadt, bis 31. 8. 1993
Aufsichtsratsvorsitzender Triton-Belco AG, Hamburg, bis 31. 8. 1991
Stellvertretender Aufsichtsratsvorsitzender Bayerischen Zugspitzbahn AG, Garmisch-Partenkirchen, bis 31. 8. 1991
Aufsichtsratsmitglied Maschinenfabrik Andritz AG, Graz
Aufsichtsratsmitglied DLT Deutsche Luftverkehrsgesellschaft mbH, Frankfurt am Main, bis 20. 6. 1991

Aufsichtsratsmitglied Überlandwerk Unterfranken AG, Würzburg, bis 13. 5. 1991
Beiratsmitglied Gesellschaft für Elektrische Anlagen GmbH, Fellbach, bis 30. 6. 1990

b) Gegewärtige Mandate:
Aufsichtsratsvorsitzender Kübler & Niethammer Papierfabrik Kriebstein AG, Kriebethal/Sachsen
Aufsichtsratsvorsitzender Körber AG, Hamburg
Stellvertretender Aufsichtsratsvorsitzender AGIV, Frankfurt
Ehrenvorsitzender des Aufsichtsrats der Wayss & Freytag AG, Frankfurt
Aufsichtsratsmitglied Binding Brauerei, Frankfurt
Aufsichtsratsmitglied Deutschen Bundesbahn Holding, Frankfurt am Main
Aufsichtsratsmitglied FPB Holding, Düsseldorf
Aufsichtsratsmitglied Stora Feldmühle AG, Düsseldorf
Beiratsmitglied Friedrich Weissheimer Malzfabrik, Andersnach
Beiratsmitglied Deutsche Bank AG, Filiale Leipzig
Beiratsmitglied Deutsche Vermögensberatung AG DVAG, Frankfurt am Main
Stellvertretender Verwaltungsvorsitzender BHF-Bank, Frankfurt am Main

3. Sonstige Funktionen im Bereich der Wirtschaft

Präsident der Industrie- und Handelskammer, Frankfurt am Main

4. Politische Funktionen (freigestellt)

keine

Strenger, Hermann Josef
Verwaltungsratsmitglied der THA seit 19. 5. 1993

1. Berufliche Tätigkeit

a) Vor Eintritt in den Verwaltungsrat:
Vorstandsvorsitzender Bayer AG

b) Gegenwärtig:
Aufsichtsratsvorsitzender Bayer AG

2. Mandate (Aufsichtsräte, Verwaltungsräte, Beiräte)

a) Frühere Mandate:
Aufsichtsratsmitglied Daimler-Benz AG, Stuttgart
Aufsichtsratsmitglied Hapag Lloyd AG, Hamburg

b) Gegenwärtig Mandate:
Aufsichtsratsvorsitzender Allgemeine Kreditversicherung AG, Mainz
Aufsichtsratsvorsitzender VEBA AG, Berlin/Düsseldorf
Aufsichtsratsmitglied Commerzbank AG, Frankfurt am Main
Aufsichtsratsmitglied AG,Frankfurt amMain
Aufsichtsratsmitglied Karstadt AG, Essen
Aufsichtsratsmitglied AG, Wiesbaden
Aufsichtsratsmitglied AG, München
Aufsichtsratsmitglied Siemens AG, Berlin/München
Vorsitzender des Beirats Hapag Lloyd AG, Hamburg
Beiratsmitglied Bankhaus Reuschel & Co., München
Beiratsmitglied Hermes Kreditversicherung AG, Hamburg

3. Sonstige Funktionen im Bereich der Wirtschaft

keine

4. Politische Funktionen (freigestellt)

keine

Tandler, Gerold
Verwaltungsratsmitglied der THA seit 18. 12. 1992

1. Berufliche Tätigkeit

a) Vor Eintritt in den Verwaltungsrat:
Vorstandsmitglied Linde AG, Wiesbaden

b) Gegenwärtig:
Vorstandsmitglied Linde AG, Wiesbaden

2. Mandate (Aufsichtsräte, Verwaltungsräte, Beiräte)

a) Frühere Mandate:
unmittelbar vor Amtszeit bei der Treuhandanstalt:
keine

b) Gegenwärtige Mandate:
Verwaltungsratsmitglied TÜV Bayern-Sachsen
Beiratsvorsitzender Bayerischen Beamtenversicherung
Beiratsmitglied Deutsche Bank AG, Frankfurt
Aufsichtsratsmitglied Aachen Münchener Beteiligungs AG, ab 1. 1. 1994

Sonstige Funktionen im Bereich der Wirtschaft

Hessen-Metall-Verband der Metall- und Elektro-Unternehmen Hessen e.V.:
Mitglied im Mitgliederrat des Landesverbandes
Stellvertretendes Mitglied im tarifpolitischen Ausschuss
Mitglied im Beirat der Bezirksgruppe Wiesbaden

Pieroth, Elmar
Verwaltungsratsmitglied der THA seit 8. 3. 1991

1. Berufliche Tätigkeit

a) Vor Eintritt in den Verwaltungsrat:
Senator für Wirtschaft und Verkehr von Juni 1981 bis April 1985
Senator für Wirtschaft und Arbeit von April 1985 bis März 1989
Stadtrat für Wirtschaft im Magistrat von Berlin (Ostberlin) von Juni 1990 bis Januar 1991
Vorsitzender des Sachverständigenrates zur Einführung der sozialen Marktwirtschaft in der DDR beim Ministerpräsidenten de Maizière von Mai bis Oktober 1990
Mitglied des Abgeordnetenhauses von Berlin, seit Juni 1981
Senator für Finanzen des Landes Berlin, seit 24. Januar 1991

b) Gegenwärtig:
Senator für Finanzen des Landes Berlin

2. Mandate (Aufsichtsräte, Verwaltungsräte, Beiräte)

a*) Frühere Mandate:*
EBAG
Wohnungsbaukreditanstalt

b) Gegenwärtige Mandate:
Aufsichtsrat BEWAG
Aufsichtsrat Wirtschaftsförderung Berlin GmbH
Berlin Pfandbriefbank (ab 1/1993: Berlin Hyp. AG)
Verwaltungsrat Feuersozietät Berlin
Aufsichtsrat Landesbank Girozentrale
Aufsichtsrat Berliner Bank, ab 1. 7. 1993
Aufsichtsrat GASAG, ab Dezember 1993
Stiftungsrat Deutsche Klassenlotterie (DKLB)
Beirat Landeszentralbank
Aufsichtsrat Berliner Wasserbetriebe
Aufsichtsrat Berliner Hafen- und Lagerhausbetriebe (Bhla)

Schiffbauer, Dr. Siegfried
Verwaltungsratsmitglied THA seit 21. 4. 1993

1. Berufliche Tätigkeit

a) Vor Eintritt in den Verwaltungsrat:
Vorstandsmitglied MAN

2. Mandate (Aufsichtsräte, Verwaltungsräte, Beiräte)

b) Gegenwärtige Mandate:
Aufsichtsratsvorsitzender Mansfeld AG

Anmerkungen

1. Kapitel

[1] Köhler, in: Waigel 1994, S. 119.

[2] Köhler 2004, S. 138.

[3] Impossible Missions Force, http://www.kobra-uebernehmen-sie.de, abgerufen am 12. Februar 2009.

[4] Waigel 1994, S. 97 (unpaginiert neben S. 96).

[5] Http://www.nachdenkseiten.de/?p=995, 18. Dezember 2005, aberufen am 22. Mai 2011.

[6] Haller, in: Waigel 1994, S. 150f.

[7] Köhler, in: Waigel 1994, S. 120.

[8] *Stuttgarter Zeitung*, 4. Juni 1964.

[9] Köhler 2004, S. 93.

[10] Ebd. S. 138.

[11] Köhler 2008, S. 276.

[12] Lambsdorff 1987, S. 73.

[13] Köhler 2004, S. 152.

[14] Ebd. S. 100f.

[15] Sarrazin, in: Waigel 1994, S. 163.

[16] Küsters 1998, S. 510.

[17] Köhler, in: Waigel 1994, S. 188.

[18] Sarrazin, in: Waigel 1994, S. 174.

[19] Teltschik 1991, S. 41.

[20] Attali 1995, S. 391.

[21] Köhler 2004, S. 102.

[22] *Die Zeit*, 17. November 1990.

[23] Kohl 2005, S. 1020.

[24] Ebd. S. 1023.

[25] Teltschik 1991, S. 91.

[26] Http://www.euractiv.de/druck-version/artikel/kohls-balanceakt-in-dresden-002548, abgerufen am 28. Juni 2011.

[27] *Der Spiegel*, 20. Dezember 2000.

[28] Kohl 2005, S. 1025.

[29] Duisburg 2005, S. 137.

[30] *Die Zeit*, 13. Juli 1995.

[31] Köhler, in: Waigel 1994, S. 119.

[32] Haller, in: Waigel 1994, S. 151.

[33] Ebd. S. 149.

[34] Attali 1995, S. 392.

[35] Liman 1904, S. 3.

[36] Http://www.youtube.com/watch?v=BGOZKGXSC3Y&NR=1, abgerufen am 20. Mai 2011.

[37] Köhler 2008, S. 225-233.

[38] De Maizère 1996, S. 169.

[39] Http://www.bpb.de/publikationen/RUPO66,2,0,Politikbedingungen_und_politische_Bildung_in_Ostdeutschland.html#art2, abgerufen am 2. März 2009.

[40] 17. Januar 2007: Zum Tod Karl Schumacher. CDU Rhein-Erft trauert um ehemaligen Hauptabteilungsleiter. Http://www.cdu-rhein-erft.de/ci_2004/viewpm.php?PE_ID=516, abgerufen am 28. Februar 2009.

[41] Dreher 1998, S. 503.

[42] Ebd. S. 504.

[43] Http://www.2plus4.de/chronik.php3?date_value=02.90+Anfang&sort=005-000, abgerufen am 25. Juni 2011.

[44] De Maizière 1996, S. 76.

[45] Kohl 1996, S. 287ff.

[46] Attali 1995, S. 401.

[47] Sarrazin, in: Waigel 1994, S. 182.

[48] Wirsching 2006, S. 678.

[49] Waigel 1994, S. 249.

[50] Sarrazin, in: Waigel 1994, S. 187.

[51] Ebd. S. 188.

[52] Universität Heidelberg; http://www.archiv.ub.uni-heidelberg.de/volltextserver/frontdoor.php?source_opus=10618, abgerufen am 11. Juli 2011.

[53] Sarrazin 1974, S. 71.

[54] Ebd. S. 71f.

[55] Ebd. S. 72.

[56] Sarrazin 1974, S. 72.

[57] Sarrazin, in: Waigel 1994, S. 188.

[58] Duisberg 2005, S. 235.

[59] Köhler 1977, S. 1.

[60] Sarrazin, in: Waigel 1994, S. 162.

[61] Ebd. S. 184.
[62] Zit. nach: Driftmann 2005, S. 230.
[63] Klemm, in: Waigel 1994, S. 135.
[64] Ebd. S. 143.
[65] Jäger 1998, S. 110.
[66] Waigel 1994, S. 249.
[67] Attali 1995, S. 416.
[68] *FAZ*, 10. Februar 1990.
[69] Dahn 1994, S. 47ff.
[70] Teltschik 1991, S. 125.
[71] Dahn 1994, S. 48.
[72] *manager magazin*, 1. Juli 2010.
[73] Kempski 1999, S. 325.
[74] Kohl 2005, S. 684.
[75] *Berliner Zeitung*, 7. Dezember 1999; auch *Die Zeit* 13. Juli 2000.
[76] Luft 1991, S. 163.
[77] Luft 2005, S. 22.
[78] *Die tageszeitung*, 5. März 2004.
[79] *Süddeutsche Zeitung*, 5. März 2004.
[80] Luft 2005, S. 22.
[81] De Maizière 1996, S. 83.
[82] Waigel 1994, S. 22.

2. Kapitel

[1] Festschrift, S.13.
[2] Holdermann 1953, S. 145, und Heine 1990, S.75.
[3] Festschrift, S.2f.
[4] Kombinate 1993, S. 84f.
[5] *Hamburger Abendblatt*, 4. März 1991.
[6] Ebd.
[7] *Börsen-Zeitung*, 26. April 1991.
[8] *Handelsblatt*, 26. April 1991.
[9] *Die Welt*, 18. November 1991.
[10] *Der Spiegel*, 1. Februar 1993.
[11] *Börsen-Zeitung*, 26.8.1992.
[12] BASF. 41. ordentliche Hauptversammlung am 29. April 1993. Aus-

führungen von Dr. Jürgen Strube, Vorsitzender des Vorstands der BASF Aktiengesellschaft, S. 1.

[13] *Börsen-Zeitung* 9. Dezember 1992.

[14] *Handelsblatt*, 17. Dezember 1992.

[15] Beschlussvorlage für die Sitzung des Verwaltungsrates der Treuhand vom 9. Dezember 1992.

[16] *Handelsblatt*, 9. August 1993.

[17] Kali+Salz Aktiengesellschaft Kassel. Geschäftsbericht 1992.

[18] Plumpe 1990, S. 217.

[19] Vgl. Köhler 1990, S. 205-214.

[20] *Frankfurter Allgemeine Zeitung*, 2. August 1993.

[21] Ebd. 16. Juli 1993.

[22] Ebd. 4. August 1993.

[23] *Handelsblatt*, 2. August 1993.

[24] August 1993 im Gespräch mit dem Autor.

[25] Filmer/Schwan 1985, S. 23 und S. 57.

[26] *Frankfurter Rundschau*, 28. Juli 1993.

[27] *Freitag*, 6. August 1993.

[28] Arnold 1993, S. 3.

[29] *Der Spiegel*, 19. Juli 1993.

[30] Ebd.

[31] Ebd. 26. Juli 1993.

[32] Thüringer Landesregierung. Staatskanzlei. Presseinformation Nr. 56 vom 21. Mai 1993.

[33] Ebd. Presseinformation Nr. 88 vom 1. Juli 1993.

[34] Thüringer Landtag, Plenarprotokoll 1/86, 14. Juli 1993 S. 6446f.

[35] Ebd. S. 6426.

[36] Ebd. S. 6446.

[37] Ebd. S. 6449.

[38] Ebd. S. 6460.

[39] *Die tageszeitung*, 15. Juli 1993.

[40] *Neues Deutschland*, 22. Juli 1993.

[41] Thüringer Landtag, Protokoll, S. 6440f.

[42] Ebd. S. 6434.

[43] Ebd. S. 6462f.

[44] Ebd. S. 6455.

[45] *FAZ*, 16. Juli 1993.

[46] *Hamburger Abendblatt*, 19. Juli 1993.

[47] *FAZ*, 20. Juli 1993.
[48] *Frankfurter Rundschau*, 3. Juli 1993.
[49] *Die Zeit*, 17. Dezember 1993.
[50] Kombinate 1993, S. 89.
[51] *Die tageszeitung*, 18. August 1993.
[52] *FAZ*, 16. Juli 1993.
[53] Luther nach Flugschriften 332 DtG3 175.
[54] Müntzer, Schriften, S. 471.
[55] Deutsche Geschichte, Band 3, S. 177.
[56] Hamburger Abendblatt 2. August 1993.

3. Kapitel

[1] Hochhuth 1993, S. 52.
[2] *FAZ*, 16. März 1990, Faksimile bei Hochhuth 1993, S. 53.
[3] Zit. nach: Herles/Rose 1990, S. 223-233.
[4] *Wirtschaftswoche*, 9. März 1990, S. 240.
[5] Fischer 1993, S. 26.
[6] Zit. nach: Herles/ Rose 1990, S. 110.
[7] Luft 1992, S. 19f.
[8] Luft-Interview in: *Neues Deutschland*, 3./4. Februar 1990.
[9] Luft 1991, S. 188f.
[10] Luft 1991, S. 191.
[11] *FAZ*, 7. Februar 1990.
[12] *Der Spiegel*, 12. Februar 1990, S. 25.
[13] *FAZ*, 7. Februar 1990.
[14] *Die Welt*, 9. Februar 1990.
[15] Ebd. 10./11. Februar 1990.
[16] *Frankfurter Rundschau*, 12. Februar 1990.
[17] *FAZ*, 12. Februar 1990.
[18] *Die Welt*, 12. März 1994.
[19] Ebd.
[20] Luft 1991, S. 192.
[21] *Metall*, 17. November 1989.
[22] *FAZ*, 28. Januar 1988.
[23] *Die Welt*, 28. November 1990.
[24] Luft 1991, S. 166f.

[25] Fischer 1993, S. 6.
[26] Breuel 1993, S. 404.
[27] Fischer 1993, S. 34.
[28] *Der Spiegel*, 30. Mai 1988, S. 27, und 14. Mai 1984, S. 57.
[29] Fischer 1993, S. 37.
[30] *Neues Deutschland*, 20. Juni 1990.
[31] *Die Welt*, 25. Juni 1976.
[32] Schily 86, S. 178.
[33] *Metall*, 8. Januar 1988.
[34] *Metall*, 21. September 1990, S. 16.
[35] Bundestag, Untersuchungsausschuss »Treuhandanstalt«, 5. Sitzung, 11. November 1993, S. 10f.
[36] Ebd. S. 12.
[37] Ebd. S. 14f.
[38] Ebd. S. 22.
[39] Ebd. S. 21.
[40] Ebd. S. 23.
[41] Ebd. S. 24f.
[42] Ebd. S. 26.
[43] Breuel 1993, S. 62.
[44] Untersuchungsausschuss, 5. Sitzung, S. 26f.
[45] Ebd. S. 27f.
[46] Ebd. S. 29.
[47] Ebd. S. 30f.
[48] Ebd. S. 31f.
[49] Ebd. S. 34.
[50] Breuel 1993, S. 85.
[51] Untersuchungsausschuss, 5. Sitzung, S. 72.
[52] Ebd. S. 83.
[53] Ebd. S. 78.
[54] Ebd. S. 73.
[55] Ebd. S. 74.
[56] Ebd. S. 75.
[57] Ebd. S. 81.
[58] Ebd. S. 55.
[59] Ebd. S. 56f.
[60] Ebd. S. 58.
[61] Ebd. S. 60.

[62] Ebd. S. 62.
[63] Ebd. S. 66.
[64] Fischer 1993, S. 37.
[65] Breuel 1993, S. 102.
[66] *Metall*, 9. Juli 1993.
[67] *Frankfurter Rundschau*, 24. Oktober 1990.

4. Kapitel

[1] *Frankfurter Allgemeine Zeitung*, 22. Februar 1992.
[2] Zit. nach: Döscher 1990, S. 101.
[3] Lösener 1961, S. 288.
[4] IMT-28, S. 500.
[5] Turner 1978, S. 460.
[6] IMT-28, S. 500ff.
[7] Ebd. S. 503ff.
[8] Turner 1978, S. 373.
[9] IMT-28, S. 511ff.
[10] Ebd. S. 517.
[11] Ebd. S. 520f.
[12] IMT Bd. 9, S. 597.
[13] Ebd. S. 225.
[14] Ebd. S. 528f.
[15] Lösener 1961, S. 289.
[16] IMT Bd. 28, S. 538.
[17] Ebd. S. 533.
[18] Breuel 1993, S. 175.
[19] Müller 1991, S. 51f.
[20] Müller 1968, S. 34.
[21] Wulf 1966, S. 31f.
[22] Goebbels Bd. 3, S. 664.
[23] OMGUS: Dresdner, S. VII.
[24] Luczak 1969, S. 46.
[25] Ebd. S. 49f.
[26] Ebd. S. 71.
[27] Müller 1991, S. 28.
[28] Luczak 1969, S. 54.

[29] Ebd, S. 66f.
[30] Ebd. S. 70.
[31] Ebd. S. 155.
[32] Ebd. S. 163.
[33] Ebd. S. 175.
[34] Ebd. S. 155.
[35] Ebd. S. 36f.
[36] Ebd. S. 41.
[37] Madajczyk 1988, S. 358 und S. 362.
[38] BAK/415.
[39] Bundesverfassungsgericht 1963, S. 2.
[40] Henkels 1953, S. 107.
[41] Heuss 1955, S. 240f.
[42] Fricke 1983, Bd. 1, S. 607f.
[43] Heuss 1967, S. 103.
[44] MdR 1991, S. 292.
[45] BAK RI 144/640 R 144/17.
[46] BAK NL Höpker Aschoff 129/49.
[47] Heuss 1955, S. 238.
[48] BAK, R144/319, S. 32f.
[49] Wer ist wer? 1951, S. 263.
[50] Bundesverfassungsgericht 1971, S. 227.
[51] Ritterspach 1983, S. 58f.
[52] Hellmuth Auerbach, in: Biographisches Lexikon 1988, S. 149.
[53] Heuss 1955.
[54] Baring 1991, S. 50.
[55] Ebd. S. 53.
[56] Ebd. S. 59.
[57] Ebd. S. 108.
[58] Ebd. S. 63.
[59] Ebd. S. 64f.
[60] Ebd. S. 68.
[61] Ebd. S. 200.
[62] Ebd. S. 14.

5. Kapitel

[1] Treuhanddirektor Josef Dierdorf bei einem Pressegespräch am 18. Juli 1991, laut *Neues Deutschland*, 19. Juli 1991.
[2] *Neues Deutschland*, 25. Oktober 1991.
[3] *Frankfurter Rundschau*, 2. November 1993.
[4] *Neues Deutschland*, 23. August 1993.
[5] Ebd. 26. August 1993.
[6] Ebd. 16. September 1993.
[7] Dierdorf zum Autor am 3. September 1993.
[8] *FAZ*, 7. Februar 1986.
[9] Papier 1984.
[10] *Der Spiegel*, 8. Dezember 1986.
[11] *FAZ*, 27. Juni 1990, 12. Oktober 1989.
[12] *Die Zeit*, 1. März 1991.
[13] *Der Spiegel*, 25. März 1991.
[14] *FAZ*, 30. April 1991.
[15] Werben und verkaufen, 14. Juni 1991.
[16] Breuel 1993, S. 237.

6. Kapitel

[1] Marsh 1992, S. 280.
[2] Ebd. S. 244.
[3] *Frankfurter Allgemeine Zeitung*, 2. Juli 1990.
[4] Untersuchungsausschuss »Treuhandanstalt«, 11. Sitzung, 9. Dezember 1993, S. 6f.
[5] Ebd. S. 8.
[6] Ebd. S. 24f.
[7] Ebd.
[8] Ebd. S. 101ff.
[9] Vgl. Köhler 1989, S. 153-163.
[10] Untersuchungsausschuss, 11. Sitzung, S. 61.
[11] *Der Spiegel*, 26. Februar 1990.
[12] Untersuchungsausschuss, 11. Sitzung, S. 26.
[13] Breuel 1993, S. 64.
[14] Untersuchungsausschuss, 11. Sitzung,

[15] Marsh 1992, S. 71.

[16] IMT 28, S. 539.

7. Kapitel

[1] *Hamburger Abendblatt*, 19. März 1983.

[2] Viereck 1988, S. 137ff.

[3] Ebd. S. 293.

[4] Ebd. S. 141.

[5] Ebd. S. 147.

[6] Ebd. S. 154f.

[7] Ebd. S. 188.

[8] Ebd. S. 212f.

[9] Ebd. S. 342.

[10] *Die Welt*, 22. Juni 1992.

[11] Breuel 1993, S. 43.

[12] Viereck 1988, S. 293.

[13] *Die Zeit*, 17. Oktober 1986.

[14] Viereck 1988, S. 348.

[15] Ebd. S. 349.

[16] Breuel 1983, S. 56.

[17] *FAZ-Magazin*, 27. März 1992.

[18] Breuel 1979, S. 14f.

[19] Viereck 88, S. 344.

[20] Breuel 1987.

[21] Breuel 1979, S. 65.

[22] *Metall*, 17. April 1986.

[23] *Metall*, 7. Oktober 1983.

[24] Breuel 79, S. 110.

[25] Vgl. Wisnewski, S. 230-279.

[26] *Metall*, 15. April 1983.

[27] *Frankfurter Rundschau*, 5. April 1991.

[28] *Metall*, 9. Dezember 1988.

[29] Breuel 1993, S. 162.

[30] Ebd. S. 172.

[31] Ebd. S. 194f.

[32] *Wochenpost*, 14. April 1993.

8. Kapitel

[1] *Die Welt*, 23. Oktober 1990.
[2] *FAZ*, 15. April 1994.
[3] *Die Zeit*, 2. Juli 1993.
[4] *Der Spiegel*, 12. Juli 1993.
[5] *Metall*, 3. September 1993.

9. Kapitel

[1] Duisberg an Bauer, 10. September 1916. Das Bundesarchiv Koblenz (Nachlass Bauer. Nr. 11) hat nur die erste Seite des Briefes, der Rest, zitiert nach Feldman 1985, S. 142, befindet sich im Bayer-Archiv.
[2] Feldman 1985, S. 143.
[3] Ebd.
[4] Kürschner Bundestag 1993, S. 149.
[5] *Der Spiegel*, 9. August 1993, S. 55.
[6] Vgl. Köhler 1990, S. 279-282.
[7] Schily 1986, S. 172ff.
[8] Koch 1990, S. 282.
[9] Nürnberg Staatsarchiv NI-11118, sowie ins Englische übersetzt Trials 52, S. 388f.
[10] Untersuchungsausschuss, 3. Sitzung, S. 90 II.
[11] Ebd. S. 87f.
[12] Ebd. S. 83f.
[13] Ebd. S. 92f.
[14] Ebd. S. 94f.
[15] Ebd. S. 96ff.
[16] Ebd. S. 135f.
[17] *Der Spiegel*, 28. März 1994, S. 41.
[18] Presseerklärung MdB Hinrich Kuessner, 31. Januar 1994.
[19] Schuppert 1992, S. 460.
[20] Ebd. S. 457.
[21] Schuppert 1994, S. 123.
[22] Ebd. S. 124.
[23] Ebd. S. 130.

[24] Ebd. S. 131.
[25] Ebd. S. 157.
[26] Breuel 1993, S. 300.
[27] Ebd. S. 157.

10. Kapitel

[1] *FAZ*, 16. April 1994.
[2] *Die Welt*, 15. Februar 1994.
[3] *Berliner Zeitung*, 22. März 1994.
[4] *Neue Zeit*, 24. März 1994.
[5] *FAZ-Magazin*, 22. April 1994.

Nachwort

[1] *FAZ*, 16. August 2001, S. BS1.
[2] Http://www.guben.de/stadt/st_start.html, abgerufen am 12. Juli 2011.
[3] *FAZ*, 18. November 2006.
[4] Spiegel online, 4. Februar 2008, abgerufen am 12. Juli 2011.
[5] Universität Köln: jura-foerderverein.uni-koeln.de/publikationen/1994_ehrenpromotion_breuel.pdf.
[6] Ebd.
[7] *Handelsblatt*, 7. Dezember 2005.
[8] Fischer 1993, S.7.
[9] Ebd. S. 283.
[10] Ebd. S. 295.
[11] In: Gerhard 1998, S. 210.
[12] in: Gerhard 1998, S. 330f.
[13] Ebd. S. 316.
[14] Fischer 1993, S. 293.
[15] *Der Spiegel*, 23. Mai 2011.
[16] Ntv, 8. Dezember 2010.
[17] *Junge Welt*, 6. April 2011.

Register

Literatur

Arnold, Peter: Studie, erstellt im Auftrag der Thüringer Landeswirtschaft. 1993.

Attali, Jacques: Verbatim. Tome 3: Chronique des années 1988-1991. Paris 1995.

Baring, Arnulf: Deutschland, was nun? Ein Gespräch mit Dirk Rumberg und Wolf Jobst Siedler. Berlin 1991.

Benz, Wolfgang und Hermann Graml (Hrsg.): Biographisches Lexikon zur Weimarer Republik. München 1988.

Breuel, Birgit: Den Amtsschimmel absatteln. Weniger Bürokratie – mehr Bürgernähe. Düsseldorf 1979.

Breuel, Birgit: Der Mensch lebt nicht von Umsatzzahlen. Wie ich Politik verstehe. Herford 1987.

Breuel, Birgit: Perspektiven des Aufbruchs. Aus Fehlern lernen. Düsseldorf 1983.

Breuel, Birgit (Hrsg): Treuhand intern. Tagebuch. Berlin 1993.

Bundesverfassungsgericht (Hrsg.): 1951-1971. Karlsruhe 1971.

Dahn, Daniela: Wir bleiben hier oder Wem gehört der Osten. Vom Kampf um Häuser und Wohnungen in den neuen Bundesländern. Reinbek 1994.

Deutsche Geschichte in zwölf Bänden. Band 3. Köln 1988.

Döscher, Hans-Jürgen: »Reichskristallnacht«. Die November-Pogrome 1938. Frankfurt 1988.

Dreher, Klaus: Helmut Kohl. Leben mit Macht. Stuttgart 1998.

Driftmann, Markus: Die Bonner Deutschlandpolitik 1989/90. Eine Analyse der deutschlandpolitischen Entscheidungsprozesse angesichts des Zerfalls der DDR. Münster 2005.

Duisberg, Claus J.: Das deutsche Jahr. Einblicke in die Wiedervereinigung 1989/1990. Berlin 2005.

Feldman, G. D.: Armee, Industrie und Arbeiterschaft in Deutschland 1914 bis 1918. Berlin 1985.

Festschrift Leuna. 25 Jahre im Kampf um Deutschlands Freiheit. (1941; nicht erschienen – MS-Kopie im Besitz des Verfassers.)

Filmer, Werner; Schwan, Heribert: Helmut Kohl. Düsseldorf 1985

Fischer, Wolfram; Hax, Herbert; Schneider, Hans Karl (Hrsg.): Treuhandanstalt. Das Unmögliche wagen. Berlin 1993.

Fricke, Dieter (Hrsg.): Lexikon zur Parteigeschichte. Köln 1984.

Fröhlich, Elke (Hrsg.): Die Tagebücher von Joseph Goebbels. Sämtliche Fragmente. München 1987.

Gerhard, Hans-Jürgen: Struktur und Dimension. Festschrift für Karl Heinrich Kaufhold zum 65. Geburtstag. Bd.2. Stuttgart 1998.

Heine, Jens Ulrich: Verstand & Schicksal. Die Männer der IG Farbenindustrie AG in 161 Kurzbiographien. Weinheim 1990.

Herles, Helmut; Rose, Ewald (Hrsg.): Vom Runden Tisch zum Parlament. Bonn 1990.

Heuss, Theodor: Würdigungen, Reden, Aufsätze und Briefe 1949-1955. Tübingen 1955.

Heuss, Theodor: Die großen Reden. München 1967.

Hochhuth, Rolf: Wessis in Weimar. Szenen aus einem besetzten Land. Berlin 1993.

Holdermann, Karl: Im Banne der Chemie. Carl Bosch. Düsseldorf 1953.

Höpker Aschoff, Hermann: Unser Weg durch die Zeit. Gedanken und Gespräche über den Sinn der Gemeinschaft. Berlin 1936.

IMT – Der Prozess gegen die Hauptkriegsverbrecher vor dem Internationalen Militärgerichtshof Nürnberg 1949. Band 9 und 28.

Jäger, Wolfgang; in Zusammenarbeit mit Walter, Michael: Die Überwindung der Teilung. Der innerdeutsche Prozeß der Vereinigung 1989/90. Stuttgart 1998.

Kampe, Dieter: Wer uns kennen lernt, gewinnt uns lieb. Nachruf auf die Treuhand. Berlin 1993.

Kempski, Hans Ulrich: Um die Macht. Sternstunden und sonstige Abenteuer mit den Bonner Bundeskanzlern 1949 bis 1999. 2. Aufl. Berlin 1999.

Koch, Peter Ferdinand: Der Fund. Hamburg 1990.

Kohl, Helmut: »Ich wollte Deutschlands Einheit« Dargestellt von Kai Diekmann und Ralf G. Reuth. Berlin 1996.

Kohl, Helmut: Erinnerungen 1982–1990. München, 2005.

Kohl, Helmut: Erinnerungen 1990–2007. München 2007.

Köhler, Horst: Freisetzung von Arbeit durch technischen Fortschritt. Tübingen 1977.

Köhler, Horst: »Offen will ich sein und notfalls unbequem«. Ein Gespräch mit Hugo Müller-Vogg. Hamburg 2004.

Köhler, Horst: Reden und Interviews. Bd. 4: 1. Juli 2007 – 30. Juni 2008. Berlin 2008.

Köhler, Otto: Wir Schreibmaschinentäter. Journalisten unter Hitler – und danach. Köln 1989.

Köhler, Otto: ... und heute die ganze Welt. Die Geschichte der IG Farben Bayer, BASF und Hoechst. Köln 1990.

Kombinate – Was aus ihnen geworden ist. Berlin 1993.

Kürschners Volkshandbuch: Deutscher Bundestag. 12. Wahlperiode. 71. Auflage. Rheinbreitbach 1993.

Küsters, Hans Jürgen; Hofmann, Daniel (Bearb.): Deutsche Einheit. Sonderedition aus den Akten des Bundeskanzleramtes 1989/90. München 1998.

Lambsdorff, Otto Graf: Frische Luft für Bonn. Eine liberale Politik mit mehr Markt als Staat. Stuttgart 1987.

Langguth, Gerd: Horst Köhler. Biografie. München 2007.

Liman, Paul: Fürst Bismarck nach seiner Entlassung. Leipzig 1901.

Lösener, Bernhard: Aufzeichnungen. In: Vierteljahrshefte für Zeitgeschichte, Bd. 9, 1961, S. 262-313.

Luczak, Czeslaw: Grabiez polskiego miena na ziemiach zachodnich rzeczypospolitej »wcielonych« do rzeszy. 1939-45. Posnan 1969.

Luft, Christa: Zwischen Wende und Ende. Eindrücke, Erlebnisse, Erfahrungen eines Mitglieds der Modrow-Regierung. Berlin 1991.

Luft, Christa: Treuhand-Report. Berlin 1992.

Luft, Christa: Wendeland. Fakten und Legenden. Berlin 2005.

Madajczyk, Czeslaw: Die Okkupationspolitik Nazideutschlands in Polen 1939 bis 1945. Köln 1988.

Maizière, Lothar de: Anwalt der Einheit. Ein Gespräch mit Christine de Mazières. Berlin 1996.

Marsh, David: Die Bundesbank. Geschäfte mit der Macht. München 1992.

Müller, Hans Dieter: Der Springer-Konzern. München 1968.

Müller, Rolf-Dieter: Hitlers Ostkrieg und die deutsche Siedlungspolitik. Die Zusammenarbeit von Wehrmacht, Wirtschaft und SS. Frankfurt 1991.

Omgus: Ermittlungen gegen die Dresdner Bank. Nördlingen 1986.

Papier, Hans Jürgen: Parlamentarische Demokratie und die innere Souveränität des Staates. In: Das parlamentarische Regierungssystem der Bundesrepublik Deutschland auf dem Prüfstand. Seminar zum 70. Geburtstag von Karl August Beltermann. Berlin 1984.

Plumpe, Gottfried: Die IG Farbenindustrie AG. Wirtschaft, Technik, Politik 1904-1945. Berlin 1990.

Ritterspach, Theo: Hermann Höpker Aschoff. Der erste Präsident des Bundesverfassungsgerichts 1883-1954. In: Jahrbuch des Öffentlichen Rechts. Neue Folge. Bd. 32. Tübingen 1983.

Sarrazin, Thilo: Ökonomie und Logik der historischen Erklärung (als Dissertation unter dem Titel: Logik der Sozialwissenschaften an den Grenzen der Nationalökonomie und Geschichte). Bonn-Bad Godesberg 1974.

Schily, Otto: Politik in bar. Flick und die Verfassung unserer Republik. München 1986.

Schumacher, Martin (Hrsg.): M.d.R. Die Reichstagsabgeordneten der Weimarer Republik. Düsseldorf 1991.

Schuppert, Gunnar F.: Öffentlich-rechtliche Vorgaben für die Treuhandanstalt bei der Leitung der Treuhandunternehmen. In: Zeitschrift für Unternehmens- und Gesellschaftsrecht. Bd. 21, Heft 3, 1992, Seiten 454–476.

Schuppert, Gunnar F.: Die Rechtsstellung der Treuhandanstalt im Verfahren parlamentarischer Untersuchungsausschüsse. Rechts- und verwaltungswissenschaftliches Gutachten. Humboldt-Universität zu Berlin. 10. Januar 1994.

Trials of War Criminals. Washington, Vol. 8. 1952.

Turner, Henry A. (Hrsg.): Hitler aus nächster Nähe. Aufzeichnungen eines Vertrauten. Frankfurt 1978.

Viereck, Stefanie: Hinter weißen Fassaden. Alwin Münchmeyer – Ein Bankier betrachtet sein Leben. Reinbek 1988.

Waigel Theo; Schell, Manfred: Tage, die Deutschland und die Welt veränderten. Vom Mauerfall zum Kaukasus – die deutsche Währungsunion. München 1994.

Wirsching, Andreas: Abschied vom Provisorium. München 2006.

Wisnewski, Gerhard; Landgraeber, Wolfgang; Sieker, Ekkehard: Das RAF-Phantom. Wozu Politik und Wirtschaft Terroristen brauchen. München 1993.

Wulf, Joseph: Presse und Funk im Dritten Reich. Frankfurt 1966, Neuauflage 1983.

Quellen aus dem Bundesarchiv Koblenz

Haupttreuhandstelle Ost: R 144 (jetzt im Bundesarchiv Berlin)

Nachlass Höpker Aschoff: NL 129.

Politik kontra Finanzindustrie

Edgar Most
Sprengstoff Kapital
Verschwiegende Wahrheiten zum Aufschwung
256 S., 14.95 €
ISBN 978-3-360-02111-3

Was ist dran am Gerede vom Aufschwung und wer hat das Sagen – Politik oder Großbanken? Im Gespräch mit dem Wirtschaftsjournalisten Steffen Uhlmann liefert Banker und Bestsellerautor Edgar Most Antworten und unbequeme Wahrheiten über die gefährliche Finanzsituation und die Irrwege der gegenwärtigen Politik.

»Edgar Most ist eine Legende der Finanzwirtschaft …«
Tagesspiegel

ISBN 978-3-360-02127-4

Umschlaggestaltung: Buchgut, Berlin, unter Verwendung von Fotos der picture alliance / dpa
Druck und Bindung: CPI Moravia Books GmbH

Ein Verlagsverzeichnis schicken wir Ihnen gern:
Das Neue Berlin Verlagsgesellschaft mbH
Neue Grünstr. 18, 10179 Berlin
Tel. 01805/30 99 99
(0,14 Euro/Min., Mobil max. 0,42 Euro/Min.)

Die Bücher des Verlags Das Neue Berlin erscheinen in der Eulenspiegel Verlagsgruppe.

www.das-neue-berlin.de